나의 두 번째 교과서
×
이진우의 다시 만난 경제

나 의 두 번째 교과서

×

이진우의
다시 만난
경제

EBS 제작팀 기획
이진우 지음

page2

차례

PART 1

돈의 속성: 계속 늘어나고, 늘어나야만 한다

PART 6

금융 위기: 무엇이 위기이고, 어떤 점을 관찰해야 하나?

이진우의 다시 만난 경제

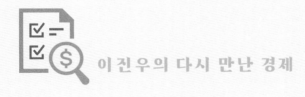
이진우의 다시 만난 경제

PART 8

게임의 본질과 선택의 역설:
더 현명한 인생을 위해

고등학교 경제 교과서 목차를 펼쳐 보면 이런 내용들이 나온다. 생산과 소비, 시장경제의 특성, 수요-공급과 가격, 국민경제의 3요소, 무역의 필요성과 원리, 세계 속의 대한민국. 아마도 고등학교 경제 교과서의 교육 목표가 '책임 있는 민주 시민' 양성이므로 그럴 수도 있겠다 싶기는 하다. 그러나 어른이 된 우리 삶의 목표는 책임 있는 민주 시민만은 아니지 않을까 하는 생각도 함께 든다.

우리의 욕망을 좀 더 솔직하게 마주해 보자. 우리는 돈을 벌고 싶고, 좋은 집과 좋은 차도 갖고 싶다. 주식투자도 성공하고 싶고, 아무튼 가난하고 힘들게 살고 싶지는 않다. 적은 시간을 일하고도 남보다 많은 돈을 벌면 좋겠고, 어느 날 갑자기 큰돈을 잃고 가난해지는 것도 피하고 싶다. 사실은 이렇게 되고 나야 민주 시민의 책임 같은 것도 다 할 수 있을 것 같기도 하다. 그렇다면 무엇을 배우면 이렇게 될 수 있을까?

이 책도 비슷한 고민에서 출발했다. 책임 있는 민주 시민은 좀 뒤로 미루더라도 일단 부자가 되려면, 아니 적어도 상대적으로 매우 가난해지지 않으려면 우리는 어떤 걸 알아야 할지를 생각해 봤다. 경제 교과서의 교육 목표가 '책임 있는 민주 시민'이 아니라 '경제를 잘 이해하는 부유한 국민'의 양성이라면 경제 교과서는 어떻게 달라져야 할까?

그런데 그렇게 접근하다 보니 넣어야 할 내용이 너무 많았다. ETF나 청약통장의 종류에서부터 보이스피싱을 피하는 법까지 돈을 벌기 위해 우리가 알아야 하는 건 정말 너무 많았다. 그러나 그것이 부자와 가난한 사람을 가르는 요인은 아니었다. 생각해 보니 청약통장의 종류 같은 건 가난한 사람들도 잘 알고 있을 수 있고, ETF의 종류나 보이스피싱을 피하는 법 같은 건 사실 부자들도 잘 모를 수 있다.

부자와 가난한 사람을 가르는 경제 지식은 뭘까? 그러니까 부자들은 의외로 꽤 알고 있는 것 같은데, 가난한 사람들은 잘 모르고 있는 것은 어떤 것들일까? 반대로도 생각해 봤다. 가난한 사람들은 그게 꽤 그렇다고 믿고 있지만, 부자들은 그게 꼭 그렇지만은 않다고 생각하는 건 어떤 것들일까?

이 책은 그 질문에 가장 부합하는 주제를 고르기 위해 오랜 시간을 할애했다. 첫 장을 돈의 양이 늘어나는 원리로 정한 것도 절약과 저축의 차이를 이해하는 게 돈을 모으고 불리는 첫 단계라고 생각했기 때문이다. 돈을 모으는 방법과 돈을 불리는 방법은 전혀 다르다는 것. 모으는 것보다 불리는 게 더 중요한 세상이 된 까닭을 이해하고 절약은 부자가 되기 위해 꼭 필요하지만 저축으로는 부자가 될 수 없다는 모순적인 문장의 속뜻을 이해해야 한다는 것. 그러기 위해서는 19세기 경제와는 전혀 다른, 그래서 과거의 이론을 적어 놓은 고등학교 경제 교과서에서는 결코 배울 수 없는 21세기의 금융 중심 경제를 알아야 한다는 것. 그러기 위해 가장 먼저 이해해야 하는 게 세상에 돈의 양이 늘어나는 원리라는 것을 전달하려고 했다. 부자들은 꽤 알고 있지만 가난한 사람들은 죽을 때까지 모를 수 있는 게 그런 것이다.

돈의 양이 점점 늘어나고 그 위에 떠서 움직이는 게 경제 시스템이라면 돈의 양이 늘어나는 데 필수적인 부채와 빚도 새로운 시각에서 접근해야 한다. '절약이 미덕이므로 빚은 나쁜 것'이라는 농업 경제의 패러다임을 아직도 계속 답습하고 있는 건 안타까운 일이다. 부채가 늘어나는 속도로 성장하는 현대 경제 시스템에서 부채를 활용하지 않고 돈을 불리겠다는 건 마치 버스나 지하철은 교통사고 리스크가 있으니 이용하지 않고 오직 걸어서 다닐 수 있는 일터에서만 일하겠다는 고집과 비슷하다.

현대사회에서 돈을 많이 번 부자들은 모두 리스크를 기꺼이 떠안은 사람들이다. 착한 부자도 있고, 나쁜 부자도 있지만 안전하게만 살아온 부자는 없다. 리스크는 떠안는 요령을 배워야 할 개념이지, 피하는 방법을 배우는 게 중심이 아니다. 둘의 미묘한 차이를 이해하는 게 정말 중요하다.

이런 것들을 다 안다고 부자가 될 수는 없다. 아는 것과 행동하는 것이 다르기 때문이기도 하지만, 부자가 되는 것은 리스크를 감수하는 것의 부분집합이기 때문이다. 부자가 되려면 리스크를 감수해야 하지만 리스크를 떠안는다고 모두 부자가 되는 건 아니다. 많은 부분에서 행운이라는 요인이 과거보다 더 크게 작용한다. 그 역시 현대 경제가 과거의 경제와 구별되는 특징이다.

학교에서 이런 내용을 가르쳐 주기는 어려울 것이다. 부유함이란 상대적인 개념이고, 항상 소수만이 가질 수 있는 특성이기 때문에 경제 교과서가 추구하는 '책임 있는 민주 시민'과는 거리가 멀 수밖에 없다. 학교에서 배우는 경제 교과서가 현실에서 마주하는 고민에 답을 주지 못한 이유도, 아니 늘 반대의 답만을 던져 왔던 이유도 거기에 있을 것이다. 어색하고 좀 생소한, 그러나 진실에 좀 더 가까운 경제 이야기를 지금부터 들어보자.

PART 1

돈의 속성:
계속 늘어나고,
늘어나야만 한다

"직원이라는 건 참 신기해요. 뽑을수록 계속 더 많이 뽑아야 돼. 이만큼 직원을 뽑아 놓았으니 이제 사업이 잘 돌아가겠구나 싶은데, 며칠 지나면 또 사람이 모자란다고 해요. 가만히 보면 이 직원이 이 일 끝내고 빨리 저 일도 같이 하면 될 거 같은데, 그건 어렵다면서 안 해요. 그렇다고 일 안 하는 직원을 자꾸 다그치자니 나도 힘들고 그 직원도 힘들잖아요. 그래서 그냥 새 직원을 또 뽑고. 그런데 그렇게 직원을 뽑으니까 일이 더 많아져요. 신기하더라고. 일이 많아서 직원을 뽑았는데 직원을 뽑으니 일이 더 많아져요. 뽑아 놓은 직원이 새로운 일을 또 만들거든. 그렇게 일이 늘어나면 그럼 그 직원이 또 아래 직원을 뽑아 달라고 해서 눈 깜짝할 사이에 회사에 직원이 몇백 명이 됐어요."

30년간 사업을 하면서 큰 사업체를 일군 창업자를 만나 들은 이야기다. 사업이라는 게 일이 많아지고 직원이 늘어나는 것을 반복하는 게 속성이라는 말이다. 회사가 커질수록 직원이 많이 필요해진다는 것. 경제도 이와 비슷하다. 인구가 늘어나고 사람들이 다양한 경제활동을 하다 보면 경제 규모가 점점 커지고, 그러면 (   )이 더 많이 필요해지게 된다. 이 (   ) 안에 들어갈 단어가 바로 '돈'이다. 경제가 성장하면 돈은 계속 늘어날 수밖에 없는데 이걸 잘 이해하는 게 경제를 이해하는 첫 단계다. 돈이 왜, 어떻게 늘어나는지부터 알아보자.

자꾸만 돈이 늘어나는 비밀, 3개의 수도꼭지

　먼저 간단한 퀴즈로 시작해 보자. 우리나라에는 지금 어느 정도의 돈이 풀려 있을까? 이를 보통 '금융기관 유동성'이라고 말하는데, 2024년 여름 한국은행 통계에 따르면 약 5,500조 원 정도가 된다. 대략 국민 1인당 1억 원이 조금 넘는 수준이라고 볼 수 있다. 그런데 이 금액은 과거부터 지금까지 꾸준하게 늘어났다. 10년 전에는 대략 2,700조 원이었으니까, 10년 만에 두 배가 늘어난 것이다. 그렇다면 앞으로 10년 뒤라면? 대략 1경 원 정도가 시중에 풀려 있을 가능성이 있다. 증가율로 따지면 연 7%로 돈이 매년 늘어나는 것이며, 이는 경제 성장률과 물가 상승률보다 더 빠른 속도다.

그렇다면 과연 우리나라에서만 이렇게 돈이 계속 늘어나면서 시중에 풀리는 것일까? 그렇지 않다. 많은 나라에서 이렇게 돈이 계속해서 늘어나고 있다. 중요한 것은 '왜 돈이 늘어날까?'이다.

■ 첫 번째 수도꼭지: 민간은행

우선 '돈이 늘어난다'라는 개념부터 확실히 알아보자. 돈은 어떤 방법으로 늘어나고 있을까? 돈이 늘어나는 루트는 크게 세 가지로 나눌 수 있다. 돈을 수돗물에 비유하면 세상에 돈을 공급하는 수도꼭지가 3개 정도 있다는 이야기다.

먼저 첫 번째 수도꼭지는 바로 은행이다. 보통 '은행은 예금하는 사람들의 돈을 받아서 그 돈을 그대로 필요한 사람에게 대출해 주는 기관인데, 어떻게 은행이 돈을 늘리지?'라며 은행은 돈을 보관하

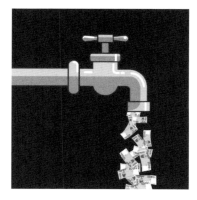

그림 1.
돈을 늘리는 3개의 수도꼭지:
민간은행, 정부와 한국은행, 외국인

고 빌려주는 곳이지, 돈을 늘리는 곳이라고 생각하지 않는다.

그러나 은행은 돈이 돌고 도는 창구 역할만 하는 단순한 기관이 아니라, 자체로 계속 돈을 늘리는 기능을 가지고 있다. 은행이 돈을 늘려 나가는 방식을 이해하면 세상을 보는 눈이 달라진다. 복잡하지 않으니 찬찬히 들여다보자.

설명을 단순화하기 위해 여기에 작은 마을이 하나 있다고 해 보자. 이곳은 매우 단출한 마을이라서 할머니와 세 명의 아들이 한 가정을 이루고 있고, 은행 하나가 있고, 스포츠카 판매 업체가 하나 있다. 이제 돈이 늘어나는 이야기가 시작된다.

어느 날 할머니가 돌아가시면서 첫째 아들에게 약 1억 원어치의 가치가 있는 금 한 덩이를 유산으로 남겼다. 첫째 아들은 금덩어리를 자신의 방에 보관할 수 없어서 다른 마을에 가서 그 금을 1억 원에 팔았다. 아들은 그 돈을 들고 은행에 가서 예금했고, 은행은 통장에 '1억 원'이라고 찍어 주었다. 첫째 아들은 나중에 그 돈으로 스포츠카를 구입하겠다는 행복한 상상을 하고 있었다. 은행의 입장에서도 행복한 일이 벌어졌다. 그동안 은행은 손님도 없고, 예금도 없고, 대출도 없는 간판만 달고 있는 은행이었는데 이제 처음으로 1억 원의 예금이 들어왔기 때문이다.

자, 이 순간 이 마을에 풀려 있는 돈의 양은 얼마일까? 1억 원이다. 첫째 아들이 은행에 예금해 둔 바로 그 1억 원이 이 마을에 있는 돈의 전부다.

그런데 둘째 아들은 형이 스포츠카를 살 거라는 이야기를 듣고

부러워하는 감정이 생겼다. 그래서 집을 담보로 돈을 빌리기 위해 은행에 갔다. 은행장은 잠시 고민했지만, 담보로 맡기는 집이 1억 원 정도의 가치는 있으니까 1억 원을 빌려주었다. 여기서 1억 원을 빌려주는 과정이 중요한데, 은행은 첫째 아들의 통장에 들어 있는 1억 원을 잠시 빼서 둘째 아들에게 대출해 준 것일까? 보통 그렇게 생각하기 쉽지만, 은행에서 벌어지는 일은 그렇지 않다. 첫째 아들 통장의 1억 원은 그대로 있고, 둘째 아들의 통장에 그냥 '1억 원'이라고 찍어 준다. 그리고 다음 날 첫째 아들은 은행에게 스포츠카 판매상에게 1억 원을 보내 달라고 한다. 그러면 은행은 '아차, 이럴 줄 모르고 어제 둘째 아들에게 1억 원을 빌려줬네. 어쩌나. 둘째 아들에게 전화해서 그 돈 갚을 수 있냐고 물어봐야겠다'라고 당황하지 않는다. 둘째 아들에게 빌려준 돈은 그냥 은행이 세상에 없던 1억 원의 돈을 통장에 찍어 준 것이고, 첫째 아들이 예금한 돈은 그냥 첫째 아들의 돈이다. 이 순간, 이 마을에 풀려 있는 전체 통화량은 얼마가 될까? 2억 원이다. 둘째 아들이 1억 원을 대출받는 순간, 세상에 없던 1억 원이라는 돈이 탄생한 것이다.

얼마 가지 않아 셋째 아들도 스포츠카가 갖고 싶어서 은행을 찾아갔다. 은행은 잠시 고민했지만 셋째 아들의 신용이 워낙 좋아서 또다시 통장에 '1억 원'이라고 찍어 주었다. 이렇게 되면 유동성은 어떻게 될까? 이제 2억 원이 3억 원으로 불어나게 됐다. 금덩어리는 소유주만 바뀌었을 뿐 마을에 그대로 있고, 아들들도 여전히 그

그림 2. 은행은 결국 숫자로만 거래한다. 실제 은행들이 대출해 주는 과정에서 시중 통화량은 늘어난다.

집에서 살고 있다. 딱히 뭔가 변한 것은 없는데, 은행이 대출을 시작하면서 통화량(금융기관 유동성)이 갑자기 3억 원으로 늘어나게 된 것이다. 누군가가 은행에 가서 너희들은 왜 존재하지도 않는 돈을 자꾸 대출해 주느냐고 묻는다면 은행은 이렇게 답할 것이다.

"아닙니다. 은행은 예금 받은 돈보다 대출로 나간 돈이 더 많을 수는 없습니다. 저희 은행은 지금 3억 원을 외부로 대출해 줬지만, 예금도 3억 원이 있습니다. 자, 이 예금자 명단을 보세요. 첫째 아들 1억 원, 둘째 아들 1억 원, 셋째 아들 1억 원. 이렇게 3억 원의 예금이 은행에 있지 않습니까?"

이런 일이 가능한 것은 은행이 결국 숫자로만 거래하기 때문이다. 실제 은행들도 모두 이렇게 대출해 주는 과정에서 시중 통화량이 늘어난다. 실제 현금이 아닌 디지털 숫자로 거래하기 때문에 가능한 일이다. 생각해 보면 나의 월급도 숫자일 뿐이고, 마트에서 장을 보고 돈을 지불하는 것도 결국은 숫자가 줄어들 뿐이다. 우리는 실제 금덩어리나 현금 없이도 얼마든지 숫자로 거래하게 된다. 그리고 전 세계의 은행 모두가 이렇게 숫자로만 거래하는 것이다.

은행이 '돈의 수도꼭지'인 이유는 바로 여기에 있다. 고객들이 은행을 이용하면서 대출을 받는 과정에서 돈은 계속해서 늘어나기 때문이다. 이제 우리는 지난달 은행 가계 대출이 5조 원이나 늘어났다는 뉴스를 듣게 되면 '가계 부채가 늘어나서 큰일이다'라는 생각 대신 '아, 시중에 5조 원이나 돈이 더 풀려 나왔다는 말이구나'라고 생각해야 한다. 우리는 이렇게 생각의 방향을 바꿔야 '가계 부채가 계속 늘어난다고 하니 조만간 큰일이 터지고, 사람들은 부채 부담 때문에 집을 사지 못하게 될 테니 집값도 내려갈 것이다'라는 흔한 착각에 빠지지 않는다. 가계 부채가 계속 늘어나면 장기적으로는 부담이 될 수도 있으나, 단기적으로는 시중에 풀려 나온 돈의 양이 많아진 효과로 집값에는 오히려 상승 요인으로 작용하게 된다.

그럼 은행을 통해서는 돈의 양이 계속 늘어나기만 할까? 그렇지는 않다. 어느 날 셋째 아들이 스포츠카를 사는 계획을 포기하고 대출받은 1억 원을 은행에 갚았다고 가정해 보자. 그러면 이 마을에 풀려 있는 돈은 2억 원으로 줄어든다. 돈을 빌려 간 사람들이 대출을 갚으면 통화량은 그만큼 감소하는 것이다.

■ 두 번째 수도꼭지: 정부와 한국은행

　두 번째 수도꼭지는 한국은행이다. 대한민국 정부는 세금을 걷어서 열심히 돈을 쓰지만, 매년 조금씩 모자란 상황이 늘 생긴다. 기본적으로 정부는 하고 싶은 일이 많기 때문이다. 정부가 1년에 써야 할 예산을 500조 원이라고 하고 걷히는 세금이 400조 원이라고 하면, 매년 약 100조 원 정도가 모자란 상황이 발생하게 된다. 돈은 없지만 돈을 써야 하는 다소 난감한 상황이 펼쳐진다. 이때 정부가 사용하는 방법이 국채를 발행하는 것이다. 그런데 이 국채를 사는 곳은 주로 은행들이다. 이때 은행이 사용하는 돈은 당연히 국민이 예금해 놓은 돈이다. 국민이 예금해 놓은 자금이 정부의 주머니로 들어가는 것이기 때문에 돈의 이동만 있을 뿐, 유동성(통화량)이 늘어나는 효과가 생기지는 않는다.

　그런데 시간이 흐르면서 은행들도 돈이 필요할 때가 있다. 그때 과거에 사 두었던 국채 증서를 한국은행에 들고 가서 "지금 내가 국채가 있는데, 이걸 담보로 1조 원의 급전을 좀 쓸게"라고 하면 한국은행은 이를 허락하면서 이 증서를 담보로 1조 원을 내주게 된다. 그런데 이렇게 돈을 주는 방식 역시 현금을 마련해서 주는 것이 아니다. 앞에서도 말했던 것처럼 '1조 원'이라고 찍어서 돈을 주는 방식이다. 이 말은 다시 금융기관 유동성 1조 원이 늘어난다는 의미다. 즉 은행들이 소비자들에게 대출해 줄 때도 통화량이 늘어나지만, 이렇게 한국은행이 은행에게 돈을 내줄 때도 통화량이 늘어난다.

그림 3. 한국은행이 정부가 발행한 국채를 담보로 돈을 내줄 때는 통화량이 늘어나고, 반대로 돈을 받고 그 국채를 되돌려 주면 통화량은 감소한다.

한국은행은 정부가 발행한 국채를 담보로 받고 돈을 내주기도 하고(A), 돈을 받고 그 국채를 되돌려 주기도 한다(B). A의 과정에서는 통화량이 늘어나고, B의 과정에서는 통화량이 감소한다. 그러나 일반적으로는 A의 과정이 더 많아서 통화량이 계속 늘어나게 된다. A의 과정이 더 많은 이유는 경제가 성장하고 경제 규모가 커지면 그만큼 경제 시스템을 돌리는 데 필요한 통화의 양도 저절로 늘어나기 때문에 의도적으로 A의 과정을 더 자주 시행하는 것이다.

한국은행은 시중에 돈이 너무 많이 늘어났다고 판단하면 채권의 일종인 '통화안정증권'을 발행해서 시중에 풀려 있는 돈을 다시 흡수하기도 한다. 결국 한국은행은 돈을 풀기도 하지만, 줄이기도 하면서 양방향으로 움직이는 수도꼭지라고 할 수 있다.

■ 세 번째 수도꼭지: 외국인

　우리나라의 돈을 늘리는 세 번째 수도꼭지는 바로 외국으로부터 유입되는 돈이다. 외국인들은 국내 기업이나 주식에 투자하기도 하고, 여행을 와서 돈을 쓰기도 한다. 그리고 우리나라에서 만든 제품을 수입해 가기도 한다. 이 모든 것이 바로 한국의 원화 통화량을 늘리는 역할을 한다.

　좀 더 쉽게 이해하기 위해 1650년에 바다에서 표류하다 한국에 온 네덜란드 선원 하멜(Hendrick Hamel)에 관한 이야기를 예로 들어보자. 그가 약 1만 달러를 가지고 한국에 왔다고 가정해 보자. 그런데 일단 잠도 자고 밥도 먹으려면 돈이 필요했다. 그래서 자신이 가지고 있던 달러를 한국 돈으로 바꾸려고 했고, 아마 그 당시에는 조선 정부가 그 돈을 한국 돈(조선 돈)으로 환전해 주었을 것이다. 이렇게 하멜이 가진 달러를 받고 그에 상응하는 원화를 환전해 주는 과정에서 하멜의 주머니에는 세상에 존재하지 않았던 새로운 원화가 들어가게 된다. 조선이라는 나라에는 하멜 때문에 그만큼의 통화량이 늘어난 셈이다. 당시에는 아마 조선 정부가 돈을 찍어서 줬을 것이다. 정부가 찍어서 내주는 돈이 아니라면 시중에는 그 누구도 처음 보는 달러라는 돈을 원화로 바꿔 줄 리 없기 때문이다.

　실제로 현대사회에서도 우리나라로 달러가 들어오는 루트가 많다. 예를 들어 어떤 회사가 수출로 1억 달러를 벌어 왔고, 관광객들이 1억 달러를 들고 방문했고, 우리나라에서 주식투자를 해 보려고 외국인 투자자들이 1억 달러를 들고 들어왔다고 가정해 보자. 총 3억 달러가 우리나라로 유입됐는데 정부는 이때 이런 생각을 하게 된다.

'가만있어 보자. 주식투자를 하러 온 외국인은 언젠가는 돈을 벌어서 나갈 거 아냐? 그럼 그럴 때 1억 달러를 다시 내달라고 할 텐데. 아니지, 우리나라에서 주식투자를 했다면 2억 달러쯤으로 불렸겠지. 요즘 수출도 잘되고 관광객도 많이 들어오면서 우리나라 경제가 많이 좋아졌으니 말이야. 그럼 저 외국인 투자자가 자기 나라로 돌아갈 때를 대비해서 2억 달러 정도는 따로 보관해 놔야겠네. 안 그러면 저 외국인 투자자가 달러를 구하러 여기저기 다니면서 달러의 가격(환율)을 크게 올려놓을 테니 그럼 안 되지.'

그래서 정부는 2억 달러 정도를 사서 쟁여 두기로 하고 2억 달러에 해당하는 원화를 2,000억 원 정도 새로 찍어서 외국인 투자자와 관광객, 수출업체가 벌어 온 3억 달러 중 2억 달러를 정부 금고에 쟁여 두게 된다. 이 2억 달러가 바로 외환 보유액이다. 그리고 그 과정에서 새로 찍은 2,000억 원의 원화는 시중에 풀리게 된다. 이것이 외국으로부터 달러가 들어오면 우리나라의 통화량이 늘어나는 과정이다.

결국 이런 모든 과정을 거치면서 시중의 돈은 1년에 대략 7%, 10년에 두 배 정도가 늘어난다고 보면 된다. 다만 이 과정은 돈을 늘리고 싶어서 늘리는 것이 아니라는 점을 알아야 한다. 돈이 돌고 돌면서 자연스럽게 늘어나고, 늘리고 싶지 않아도 늘어나게 된다. 결국 '돈은 끊임없이 늘어난다'라는 것은 돈이 가진 가장 중요한 속성이라고 볼 수 있다. 누군가가 일부러 돈의 양을 늘리고 있는 게 아니다.

돈의 양이 늘어나면
항상 돈의 가치는 떨어지는가

지금까지 우리는 시중에 풀려 나오는 돈의 양이 여러 가지 원리를 통해서
계속 늘어나고 있고, 이것은 현대 경제 시스템이 가동되기 위한 필수적인
과정이어서 앞으로도 돈의 양은 계속 늘어날 수밖에 없다는 점을 이해했다.
그렇다면 돈의 양이 계속 늘어나면 돈의 가치는 계속 떨어지고, 돈의 가치
가 계속 떨어지면 자산 가격은 돈의 양이 늘어나는 정도에 비례해서 계속
올라갈까? 예외 없이 항상 그럴까? 이 질문에 대한 답은 '반드시 그렇지는
않다'이다. 현실적으로는 대체로 그렇게 흘러가지만 언제나 반드시 그렇게
되는 것은 아니다.

대한민국에 돈이 풀려 나오는 속도나 양보다 그 돈의 힘으로 대한민국에서
생산되는 상품들의 가치나 양이 더 빠르게 증가하면 돈의 가치는 떨어지지
않는다. 예를 들어보자.

시중에 풀려 있는 돈이 1억 원이고, 그 나라에서 생산되는 상품은 오로지 아
파트뿐이라고 하자. 이때 그 나라에는 아파트 100채가 있다고 가정해 보

28

자. 그렇다면 사람들은 돈으로 살 수 있는 게 아파트뿐이므로 풀려 있는 1억 원으로 아파트 100채를 구입할 것이다. 그러면 아파트 가격은 1채당 100만 원이 될 것이다. 그런데 이 나라에 돈이 100배 더 풀려서 총 100억 원의 유동성이 돌아다니게 됐다면 어떻게 될까? 보통은 100억 원의 돈이 더 풀리면 그 돈으로 사람들은 그 나라의 유일한 상품인 아파트를 더 지어서 팔려고 할 것이다. 그러면 아파트가 더 늘어나게 되는 게 일반적이다.

그러나 극단적인 가정을 위해 돈이 100억 원이나 더 풀렸지만, 사람들이 게을러져서 아무도 일을 하지 않는다고 해 보자. 그래서 돈만 더 풀리고 이 나라에는 아파트가 추가로 더 지어지지 않는다면 어떻게 될까? 풀려 있는 돈은 100억 원인데 아파트는 여전히 100채뿐이니 아파트 가격은 이제 1채당 1억 원이 될 것이다. 돈이 100배 풀렸는데 그 돈이 아무런 일을 하지 않으니 돈의 가치는 100분의 1이 되고, 아파트 가격만 100배 오른 것이다.

이제 가정을 바꿔서 100억 원의 돈이 풀렸는데 그 돈으로 아파트 공법에 대한 연구개발을 열심히 하고, 새로운 재료도 개발해서 아파트를 10만 채 더 지었다고 가정해 보자. 아파트 숫자는 1,000배나 더 늘었지만 아파트를 짓기 위해 돈을 땅에 파묻어야 하는 건 아니므로 그 100억 원의 돈은 그 나라 안에서 계속 돌고 돌면서 100억 원이라는 통화량은 그대로 유지될 것이다. 그러면 이 나라에 존재하는 아파트는 10만 채인데 돈은 100억 원이 풀려 있으니 사람들은 100억 원으로 아파트 10만 채를 구입할 것이다. 그리고 아파트 1채의 가격은 10만 원으로 떨어질 것이다. 사실 10만 원보다 더 내려갈 수도 있다. 그런데 돈을 가진 사람들이 아파트를 사지 않고, 자동차를 만들기 시작해 자동차를 사는 데 돈을 쓰기 시작하면 시중에 아파트만을 위해 풀려 있는 돈은 100억 원보다 적어질 것이기 때문이다. 그러니 시중에 돈이 풀려 나오는 만큼 자산 가격이 오른다는 말은 틀린 말이다. 풀려 나온 돈이 어떻게 활용되느냐에 따라 달라진다.

그러므로 '1년에 통화량이 7% 정도 늘어난다면 이 나라의 자산 가격은 연간 몇 % 정도 오를까?'라는 질문에 대한 답은 '그때그때 다르다'이다. 그러나 아파트나 주식 같은 자산은 수요가 줄어서 가격이 떨어지면 아무도 사려고 하지 않으면서 자연스럽게 공급도 줄어든다. 때문에 가격이 잘 내려가지 못한다. 그리고 풀려 나온 돈이 아파트 공급에 활용되지 않고 다른 곳에 쓰이더라도 그렇게 쓰인 돈은 돌고 돌아서 결국 사람들의 소득을 늘리게 된다. 그리고 늘어난 소득은 필수재인 아파트의 구매 또는 임차료로 사용된다. 사람들은 소득이 늘어나면 더 좋은 집에 거주하려는 본능이 여전하므로, 아파트 가격이 통화량 증가에 비례해서 오르는 것이다. 반드시 늘어난 통화량만큼 돈의 가치가 하락하거나, 그만큼 자산 가격이 오를 것이라는 보장은 없다.

돈이 늘지 않으면, 최대의 피해자는 국민이다

　'돈이 늘어난다'라는 말은 좋게 느껴지기도 한다. 나라에 돈이 늘어나면 그만큼 여유가 생겨 풍요로워지고, 새로운 투자를 할 여력도 생기기 때문이다. 그런데 반대편에서 생각하면 돈이 늘어난다는 것이 반드시 좋은 일이라고만은 할 수 없다. 통화 가치가 떨어지고 물가가 오르기 때문이다. 그러면 물가를 위해서라도 돈은 늘어나지 않는 것이 좋을까? 돈이 늘어나지 않으면 물가가 안정되고 서민들도 다소간 마음 편하게 살 수 있기 때문이다. 하지만 '돈이 늘어나는 것이 좋은 것이냐, 나쁜 것이냐'의 차원으로 접근해서는 안된다. 돈이 늘어나지 않으면 국민에게는 더욱 큰 피해가 생기기 때문이다. 따라서 아주 정확하게는 '돈은 늘어나지 않으면 안 된다'라고 할 수 있다. 바로 이것이 돈이 가진 또 하나의 속성이다.

■ 나쁜 점을 견딜 수 있는가?

세상의 모든 것은 다 양면적이다. A를 선택해도 좋은 점과 나쁜 점이 있고, B를 선택해도 좋은 점과 나쁜 점이 있다. 하지만 좋은 점이라면 A든 B든 모두 긍정적이어서 굳이 감안할 필요가 없다. 따라서 A와 B 둘 중 하나를 선택해야 할 때는 나쁜 점을 집중적으로 들여다봐야 한다. 만약 '나는 A의 나쁜 점은 어느 정도 견딜 수 있지만, B의 나쁜 점은 도저히 못 견뎌'라고 하면 A를 선택해야 한다. 물론 반대라면 B를 선택하는 것이 훨씬 현명한 일이다.

일단 '시중에 돈이 늘어나지 않는 상태'를 가정해 보자.

우리나라를 A 백화점이라고 하고, 여기에서 A 상품권만 유통된다고 해 보자. 소비하려면 일단 A 백화점의 상품권이 필요하다. 모두 처음에는 비슷한 양의 상품권을 가지고 상품을 주고받고, 납품하고 소비한다. 그런데 시간이 점점 흐를수록 상품권을 잘 활용해서 이것을 모으고 대량으로 소비하면서 풍족한 여유를 누리는 사람이 생기게 된다. 그렇다면 반대로 점점 자신이 가진 상품권이 줄어드는 사람이 생기게 된다. 상품권의 양은 일정한데 누군가가 많이 가져가면 누군가는 못 가져가는, 흔히 말하는 '양극화 현상'이 나타나게 된다.

　그런데 만약 상품권의 양을 늘리지 않으면 어떤 일이 발생할까? 상품권이 줄어든 그 상황을 타개할 방법이 없다. 시간이 흐를수록 상품권은 점점 더 많이 가진 사람들에게 몰려갈 것이기 때문이다. 그런데 이때 생기는 또 하나의 현상이 있다. 많이 가진 사람이 그것을 쓰지 않고 쟁여 두게 되면 상품권 자체 가격이 올라가게 되고, 이때 상품권이 없는 사람은 이차 피해를 입게 된다. 그렇지 않아도 소유한 상품권이 별로 많지도 않은데 그 가치마저 높아진다면 상품권을 구하기 더 어려워지는 더욱 가혹한 상황에 처하기 때문이다. 이때 해답은 딱 하나일 수밖에 없다. 누군가가 상품권의 총량을 늘려 주는 것이다.

　바로 이 백화점을 둘러싸고 일어나는 일이 한국 경제가 처한 상황이다. 누군가는 돈을 많이 벌고, 누군가는 돈을 적게 벌기 때문에 양극화가 심해진다. 그리고 그 결과, 적게 버는 사람은 매우 가혹한 상황에 처하게 된다. 따라서 이러한 피해를 줄이기 위해서라도 국가는 반드시 돈을 늘려야 한다.

　시중에 돈이 늘어나지 않아 고통받는 사람은 가난한 사람만이 아니다. 결국에는 돈이 많은 부자도 심각한 위기에 처하게 된다. 예를 들어 우리나라 전체에 풀린 돈이 약 1,000조 원이라고 해 보자. 그리고 이 상태에서 돈이 더 이상 늘어나지 않는다고 가정해 보자. 문제는 이 세상에는 돈을 잘 버는 사람이 있는 반면, 잘 벌지 못하는 사람도 있다는 점이다. 돈을 잘 버는 사람들은 계속해서 돈을 더 잘 벌게 되고, 잘 벌지 못하는 사람들은 계속 못 벌게 된다. 그러면 이 1,000조 원이라는 돈은 부자들에게게만 몰리게 될 것이고, 가난한 사람들은 쓸 돈이 점점 줄어들게 된다. 이기적으로만 생각한다면 부자들은 이런 상태를 매우 행복해할 것 같지만, 사실은 전혀 그렇지 않다. 가난한 사람들이 쓸 돈이 줄어들게 되면, 결국 부자도 매우 심각한 타격을 입게 된다. 이를 가장 잘 보여주는 사례가 있다.

인구가 100명인 한 마을이 있다고 가정해 보자. 마을에는 빵집이 딱 한 곳 있는데, 1년에 100개의 빵을 만든다. 그런데 이 빵은 '요술 빵'이어서 1년에 1개만 먹으면 된다고 가정하자. 빵의 가격은 1만 원이고, 100명의 주민은 모두 1만 원씩 가지고 있다. 이러면 모든 것이 조화로워 보인다. 또한 주민들은 이 빵집의 직원이어서 한 달에 1,000원을 번다. 1년 동안 벌면 대략 1만 원이다. 이렇게 매년 정해진 규칙대로 일하고, 번 돈으로 빵을 사 먹는다.

어느 날, 이 마을에 돈 버는 재주가 뛰어난 유능한 마술사가 이사 왔다. 이 마술사가 공연을 하자 마을 주민 모두 5,000원이나 하는 티켓을 서슴없이 사서 관람했다. 이렇게 공연을 하고 마술사는 50만 원을 벌었다. 엄청난 돈을 번 마술사는 이제 그 돈을 자기 집 금고에 넣어 둔다.

문제는 시중에 돈이 50만 원 정도밖에 남지 않았다는 점이다. 이와 상관없이 또 새로운 해가 되어 100개의 빵을 만들었는데, 주민들은 빵을 사 먹을 수 없다. 각자의 주머니에는 5,000원밖에 남지 않았기 때문이다. 결국 수요와 공급의 법칙에 따라 빵 가격을 5,000원으로 내릴 수밖에 없다. 그런데 공연으로 큰돈을 벌었던 마술사가 이번에 또 공연을 해서 시중에 있는 돈 25만 원가량을 쓸어갔고, 또다시 그 돈은 금고에 넣어 두었다. 결국 다음 해 빵값은 2,500원이 될 수밖에 없다.

그럼 빵집을 운영하는 주인은 25만 원으로 계속 빵을 만들 수 있을까? 원재료를 사 오기도 힘들어지면서 결국 세상에서 빵이 사라지게 되고, 주민들은 모두 굶어 죽을 수밖에 없는 상황에 처하게 된다. 그러면 공연으로 돈을 벌었던 마술사는 어떻게 될까? 금고에 아무리 많은 돈이 있어도 빵을 사 먹지 못하니 그 마술사도 결국 굶어 죽을 수밖에 없는 상황이 된다. 이를 타개할 수 있는 유일한 방법은 시중에 돌아다니는 돈의 양을 늘리는 것이다.

조금 극단적인 상황을 가정한 이야기지만, 경제 원리를 매우 정확하게 보여준다. 돈이 부자들에게만 몰리게 되면 결국 사회가 돌아가지 않게 되고, 부자들 역시 그 사회에서 살아갈 수 없게 된다. 마찬가지로 시중의 통화량은 반드시 늘어나야 한다는 이야기다.

돈의 양이 늘어나지 않으면 기업도 마찬가지로 영향을 받게 된다. 투자와 생산은 기본적으로 돈이 있어야 할 수 있는 일인데, 만약 자신이 가진 돈이 줄어든다면 어떤 일이 발생할까? 투자도, 생산도 이루어지지 않고 당연히 채용도 줄어들 뿐만 아니라, 직원들까지 내보내야 하는 상황이 될 것이다. 한마디로 경제가 얼어붙는 현상, 즉 경색이 일어나게 된다. 더 중요한 것은 이럴 때 피해를 입는 사람은 돈이 없는 경영자들이다. 대기업 오너들은 그나마 보유하고 있는 현금이 있으니 사실상 피해를 적게 입거나, 거의 입지 않을 것이다.

결과적으로 자본주의에서 돈의 양이 늘어나지 않았을 때 생기는 가장 나쁜 점은 경제가 유지되지 않고, 국가가 불안정해지면서 결국 돈 없는 사람들은 물론, 돈이 많은 사람도 큰 피해를 입게 된다는 점이다. 결국 공멸을 의미하는 것으로, '참으로 견디기 힘든 나쁜 점'이라고 할 수 있다.

■ 미국, 인플레이션이 큰 문제가 되지 않는 이유

그럼 두 번째로 '시중에 돈이 늘어나는 상태'를 가정해 보자. 이때는 국민의 주머니가 전반적으로 넉넉해지고, 비즈니스를 통한 돈벌이가 다소 쉬워진다는 장점이 있다. 한 가지 예를 들어보자. 국민 1인당 주머니에 1만 원밖에 없다면 3만 원짜리 물건이 팔릴까? 쉽지 않은 일이다. 그런데 20만 원이 있다고 해 보자. 그럼 10만 원짜리 물건도 잘 팔릴 것이다.

실제로 과거에는 손질한 생선을 팔지 않았다. 생선을 손질해서 팔면 가격이 올라가므로, 사람들은 '내가 집에서 비늘 제거하고 꼬리 떼고 내장 제거해서 먹으면 되지 뭐'라고 생각했기 때문이다. 그런데 돈이 더 많아진 지금은 잘 손질해서 작은 토막으로 나눠 가격이 비싸져도 잘 팔린다. 빙수 가격이 10만 원인 호텔도 있다. 예전 같으면 그런 비싼 간식을 먹는 일을 '미친 짓'이라고 했겠지만, 지금 은 그렇지 않다. 이 말은 곧 그만큼 사람들에게 돈이 많아졌다는 의 미이고, 이는 돈벌이가 과거보다 쉬워졌다는 뜻이다.

하지만 이때도 '나쁜 점'은 생긴다. 인플레이션이 생기고, 부동산 가격이 계속해서 올라간다는 점이다. 하지만 그나마 다행인 것은 이에 대해서는 대안이 있고, 관리할 수 있는 방법이 있다. 그러니 이것은 '견딜 수 있는 나쁜 점'이 되는 셈이다.

일단 인플레이션을 한번 보자. 아르헨티나와 미국을 비교해 보 면 어떤 대안을 통해서 인플레이션에 대처할 수 있는지 알 수 있다. 사실 아르헨티나나 미국이나 시중에 돈이 늘어나는 것은 매한가지 고, 인플레이션 조짐이 있는 것도 마찬가지다. 그런데 두 나라의 결 정적인 차이점은 미국은 좋은 재화, 좋은 상품을 충분히 생산해 낼 수 있는 여력이 있다는 점이다. '매력적인 Made in USA 제품'을 많 이 생산해 판매할 수 있을 뿐만 아니라, 테슬라나 애플 주식, 미국 채권 등이 상당한 인기를 얻으면서 전 세계로부터 돈을 끌어 모으 게 된다.

이렇게 되면 비록 일시적인 인플레이션 현상이 나타난다고 하더 라도 계속해서 돈이 유입되기 때문에 돈의 가치가 급격하게 하락 해서 생기는 최악의 인플레이션으로 치닫지 않게 된다. 특히 미국 의 재화를 사기 위해서는 오로지 달러만을 사용해야 한다. 그래서 미국에서 계속 달러를 찍어 낸다고 하더라도 수요가 끊이지 않기 때문에 달러의 가치가 하락하지 않는다는 이야기다. 과일 가게에서 사과가 부족해 가격이 점점 비싸질 때, 신속하고 꾸준하게 사과가 공급된다면 가격이 안정되는 것과 마찬가지다.

반면 아르헨티나는 좋은 재화를 만들어 낼 능력이 없고, 해외에서 투자할 혁신기업의 주식도 별로 없다. 그러니 끝없는 인플레이션으로 치닫게 되면, 결국 그 파도에 침몰하게 된다.

만약 우리나라라면 어떨까? 역시 인플레이션이 생길 우려가 있다고 하더라도 매력적인 한국 제품, 투자처, 채권이 많다면 역시 이런 문제는 극복할 방법이 있다.

이제 시중에 돈이 늘어날 때와 늘어나지 않을 때 생기는 두 가지 '나쁜 점'을 비교해 보자.

시중에 돈이 늘어나지 않을 때 생기는 나쁜 점
→ 경제가 유지되지 않아 국가가 불안정해지고 결국 돈 없는 사람들이 큰 피해를 입는다.

시중에 돈이 늘어날 때 생기는 나쁜 점
→ 물가가 오르고 부동산 가격이 오른다(하지만 감당이 되고 관리가 가능하다).

상식적인 해답은 분명하다. 결국 '시중의 돈은 늘지 않으면 안 된다'라는 점이다. 결과적으로 돈이 가진 매우 중요한 속성은 '끊임없이 늘어나고, 늘어나지 않으면 안 된다.' 어떤 면에서 이는 우리의 상식과는 크게 어긋날 수 있다. '경제가 어렵다', '서민들의 생활이 팍팍해진다'라는 말을 들으면 은연중에 '돈이 없다', '돈이 부족하다'라고 연상하기 때문이다. 하지만 우리의 생각과는 다르게 돈은 계속해서 늘어나고 있다는 사실을 잊어서는 안 된다.

투자란 돈의 물결과
남의 어깨에 올라타는 일

세상에 풀려 나오는 돈의 양이 왜 계속 늘어나며, 늘어날 수밖에 없는지
에 대해 가장 먼저 설명한 이유는 그것이 투자를 해야 하는 이유이기 때
문이다.

세상에 풀려 나온 돈의 양이 계속 늘어나면 그 돈은 누군가의 주머니에 어
떤 식으로든 들어가기 마련이다. 세상에 풀려 나온 돈 가운데 소유자가 없
는 돈은 단 1원도 없다. 인구가 100명인 세상에 풀린 돈의 양이 100만 원
이라면 1인당 평균 1만 원을 갖고 있다는 의미다. 그런데 1년 후에 세상에
풀린 돈의 양이 200만 원으로 늘어났다면 이제 이 세상에 사는 사람들은
1인당 평균 2만 원을 갖고 있다는 뜻이 된다. 1년 만에 사람들이 갖고 있는
돈의 평균값이 두 배가 됐다면 내가 가진 돈의 양도 1년 사이에 적어도 두
배가 되어야 그나마 이 세상의 평균을 따라가고 있는 셈이 아닐까?

그런데 여기서 조금 더 깊이 들어가서 생각해 볼 문제가 있다. 어떻게 하면

40

내가 가진 돈을 두 배로 늘릴 수 있을까? 열심히 일해서 월급을 더 많이 받으면 될까? 그것이 가능한 경우도 있다. 예를 들어, 지난달에 장사를 처음 시작해서 순이익으로 100만 원을 벌고, 그중에서 생활비로 99만 원을 쓰고 1만 원을 저축한 사람이 가진 돈은 1만 원이다. 이 돈을 2만 원으로 두 배 늘리는 건 쉽다. 장사를 조금 더 잘해서 순이익을 101만 원으로만 늘려도 월말에는 2만 원이 남을 테니까 이건 어려운 일이 아니다. 2만 원에서 4만 원으로 늘리는 것도 조금 더 열심히 일하거나, 아니면 약간만 더 아껴 쓰면 된다. 이렇게 소득을 조금씩 더 늘리는 게 바로 경제 성장이다.

그런데 이렇게 조금씩 이익을 늘려가다 보면 점점 더 저축액이 쌓일 것이다. 그러다 한 달 순이익은 100만 원이고, 지금까지 저축으로 쌓아 놓은 돈이 1,000만 원쯤 되는 시점도 올 것이다. 그런데 이제 내가 가진 돈을 두 배로 늘려 총 2,000만 원이 되려면 추가로 1,000만 원이 더 필요한 상황이 되며, 이제는 장사를 더 열심히 하는 것으로는 내가 가진 돈을 두 배로 불리는 게 불가능해진다. 여윳돈이 빠듯할 때 그 여윳돈 100원을 200원으로 늘리는 건 조금만 더 열심히 일하거나 조금만 절약하면 되니 비교적 쉽다. 하지만 여윳돈 1,000만 원을 2,000만 원으로 늘리려면 추가로 1,000만 원의 수입이 필요하므로 다른 방법이 필요하다. 이것은 모든 사람에게 적용되는 고민이다.

경제가 성장하면 성장할수록 사람들의 주머니에 쌓인 여윳돈은 평균적으로 점점 늘어나지만 시중에 돈이 풀려 나오는 속도는 여전히 비슷하다 보니 각자가 가진 여윳돈을 통화량이 증가하는 정도에 맞춰 불리는 건 점점 더 어려워진다. 그쯤 되면 내가 열심히 일해서 돈을 더 버는 것으로는 통화량의 증가를 따라잡는 건 어림도 없다. 누군가가 또는 뭔가가 도와줘야 한다. 어느 정도 여윳돈이 쌓인 상황에서 우리가 통화량 증가 속도를 따라잡도록 여윳돈의 규모를 늘려갈 수 있게 도와주는 것이 바로 '자산'이다. 내가 스스로 돈을 버는 것도 중요하지만 이제 그것보다는 내가 그동안 쌓아 놓은 돈이 스스로 돈을 버는, 즉 돈이 돈을 벌어 오는 구조가 더 점점 더 중요해진다. 여윳돈이 꽤 많이 쌓인 상황에서 그 돈을 일정 비율씩 더 불리는 건 노동소득으로는 불가능하기 때문이다.

사람은 나이를 먹어감에 따라 머리와 몸, 마음이 모두 위축된다. 머리 회전도 빠르지 않고, 몸도 예전같지 않고 위험을 감수하는 시도도 줄어든다. 누구나 그렇다. 자연스러운 현상이다. 문제는 나이가 먹어감에 따라 보유한 여윳돈은 조금씩이나마 점점 늘어난다는 사실이다. 이런 상황이 되면 개인의 차원에서는 그 여윳돈이 제대로 사용되지 못할 가능성이 크다는 뜻이다. 햄버거 가게를 차리더라도 나이가 들어서 차리면 젊은이들처럼 부지런히 움직이지도 못하고, 트렌드를 따라가기도 어렵다. 사업이 망할 확률이 좀 더 높아진다. 이럴 경우 직접 스스로 경제활동을 적극적으로 하기보다는 젊은 세대의 경제활동에 투자하고 업혀가는 게 현명한 일이다. 자산에 투자한다는 건 바로 그런 의미다. 그래서 사람이 나이를 먹는다는 사실, 나이를 먹으면 몸과 마음, 두뇌가 예전과는 달라진다는 사실이 변하지 않는다면 자산 투자는 앞으로도 영원할 수밖에 없고, 사회적으로도 권장될 수밖에 없다.

예를 들어 수십 년간 일해서 저축액이 10억 원쯤 되는 근로자를 가정해 보자. 이제 우리는 돈이 돈을 벌어 올 수 있는 구조를 만들어야 한다. 돈의 양이 늘어나면서 소득이 증가하게 되면 돈을 버는 사람들은 더 많이 번다. 직접 벌 수도 있지만 돈을 버는 자산에 올라탈 수도 있다. 그중 하나가 주식이고, 다른 하나는 부동산이다. 두 가지 모두 돈을 버는 엔진이다.

그럼 어떻게 해야 할까. 지금 이 시간에도 세상에 풀려 있는 돈의 양은 꾸준히 늘어나고 있다는 사실이 우리의 선택에 실마리가 된다. 돈의 양이 늘어나면 그 돈은 누군가의 주머니로 들어가고 있을 텐데, 누구의 주머니냐는 게 핵심이다. 간단하다. 주변을 둘러보면 누가 돈을 벌고 있는지 대략은 보이는데, 바로 거기가 세상의 돈이 쌓이는 곳이다. 예를 들어 인공지능 투자가 늘어나면서 인공지능을 구동시키는 데 필수적인 칩의 수요가 늘어나는데, 엔비디아가 이 칩을 독점 생산하고 있다. 이때 가장 좋은 것은 내가 엔비디아의 주인이거나 엔비디아에 독점기술을 가진 부품을 납품하는 것이다. 하지만 그건 어렵기 때문에 엔비디아의 주주가 되는 것이 그다음으로 좋은 선택이다. 엔비디아가 버는 돈을 주주들에게 당장 나눠 주는 건 아니지만 엔비디아가 돈을 벌면 주식의 가치도 올라간다고 생각해서 너도나도 엔비디아의 주식을 사서 주주가 되려고 한다.

투자란 이렇게 넘쳐나는 돈의 물결에 올라타고 그 돈의 물결 속에서 가장 돈을 잘 버는, 또는 잘 벌 것으로 예상되는 기업의 어깨에 함께 올라타는 것이다.

생각해 보면 이런 방식의 재테크가 가능한 것은 그 자체로 고마운 일이다. 세상에 풀려 나오는 돈의 양이 계속 늘어나지 않는다면, 돈의 양이 늘어나더라도 그 과정에서 돈을 벌 것 같은 기업의 어깨에 올라타는 게 가능하지 않다면 개인들이 투자로 돈을 벌 기회는 매우 제한적일 것이다. 물론 세상에 풀려 나오는 돈의 양이 계속 늘어나는 것은 개인들의 재테크를 돕기 위해서도 아니다. 그리고 기업이 주식시장에 상장해서 대중들에게 주식을 매수할 기회를 주는 목적이 개인들이 돈을 벌 수 있게 하기 위해서는 아니다. 세상에 돈이 늘어나는 이유는 따로 있다. 가만히 있으면 세상의 모든 돈은 자연스럽게 돈을 잘 버는 소수의 주머니로 들어가기 마련이다.

그렇게 계속 시간이 흐르면 돈이 넘치지만, 그 돈을 쓸 용처가 없는 소수와 돈을 쓰고 싶은 곳은 많은데 돈이 없는 다수로 세상은 가득 찰 것이다. 그러나 그 속에서 돈은 어디로도 흐르지 못하는 고통스러운 상황이 된다. 때문에 돈이 필요하면 돈을 대출받을 수 있는 은행 시스템을 만들어 그 과정에서 돈의 양이 자연스럽게 늘어나도록 한 것이다. 정확하게 말하면 수백 년 전부터 은행이라는 기관을 만들어 운영하는 과정에서 어쩌다 보니 이런 시스템이 만들어졌는데, 이 시스템이 돈의 양을 통제하는 금본위제도보다 더 경제 발전에 용이하다는 것을 깨닫고 이 시스템을 계속 유지하고 심화시키는 중이다.

그러나 그 출발과 동기가 무엇이든 이렇게 돈의 양이 늘어나는 바람에 결과적으로는 누구나 돈을 벌 기회를 과거보다 훨씬 더 쉽게 가질 수 있게 됐다. 돈의 양이 늘어나면서 어찌 됐든 사람들의 주머니에 돈이 많아지고, 멋진 상품을 선보이며 그 돈을 벌어가는 기업들도 과거보다 더 늘어나고, 그런 기업들이 더 많이 생길 수 있게 초기에 자금을 유치하기 쉽도록 주식시장이라는 제도가 만들어졌다. 그리고 그 제도를 활용하기 위해 주식시장에 상장하는 기업들이 늘어나면서 수많은 기업이 돈을 버는 것을 구경만 할 수밖에 없던 개인들도 그 돈의 물결에 올라타는 게 가능해졌다. 기업을 직접 창업하지 않더라도 돈을 벌 수 있을 것 같은 기업을 찾아내고 투자하면서 그 기업의 어깨에 올라타는 게 가능해진 것이다.

같은 맥락에서 미국의 주가지수인 S&P500에 투자한다는 것은 미국 기업들의 어깨에 올라타는 일이다. 미국 기업들의 운명이 미국이라는 국가의 운명과 큰 그림에서 비슷하다면 결국 S&P500에 투자한다는 것은 미국이라는 나라의 어깨에 올라타는 것과 비슷하다는 의미다. 같은 의미에서 한국의 코스피 지수에 투자하는 것은 한국의 어깨에 올라타는 일이다. 그리고 이것은 곧 미국과 한국이 앞으로도 괜찮은 나라일 것이라고 확신하는 일이고, 또 그것을 믿는 일이다.

부동산 투자도 마찬가지다. 어떤 이유와 배경에서든 경제가 성장하고 사람들의 주머니가 두둑해지면 자연스럽게 땅값이 오르기 때문이다. 하루에 1,000명이 지나다니는 길거리의 어떤 땅에서 장사를 한다고 가정해 보자. 그 1,000명이 돈이 하나도 없는 어린이들이라면 그 땅의 가치는 비슷한 규모인 농지의 가치와 크게 다르지 않을 것이다. 그런데 주머니에 1,000만 원씩 넣고 다니면서 오늘 하루 동안 그 돈을 다 쓰려고 하는 사람들 1,000명이 지나다니는 길목이라면 그곳에서는 뭘 팔아도 아주 잘 팔릴 것이다.

즉 땅의 가치는 그 땅 근처로 사람들이 얼마나 자주 지나다니는지, 그리고 그 사람들의 주머니 사정이 어떠한지 이 두 가지로 정해진다. 그리고 사람들의 주머니가 두둑할수록 땅의 가치는 올라가고 땅은 점점 비싸진다.

우리는 아파트 가격이 오르는 이유를 종종 아파트를 사고파는 투기꾼들 탓이라고 착각한다. 하지만 아파트 가격을 올리는 근본 엔진은 그 아파트가 있는 땅의 가격이며, 그 땅의 가격은 그 동네를 돌아다니는 사람들의 구매력에 따라 정해진다. 구매력은 사람들이 돈을 버는 능력으로 결정되는데, 사람들의 돈 버는 능력을 끌어올리는 근본적인 힘은 세상에 풀려 나온 돈의 양이 과거보다 늘어났다는 사실이다. 아무리 스티브 잡스가 아이폰을 멋지게 만들었다고 해도 사람들의 주머니가 빈곤했다면 아이폰의 신화는 없었을 것이라는 점을 떠올리면 이 메커니즘을 잘 이해할 수 있다.

결국 강남 아파트의 가격은 대한민국 국민 가운데 강남에 거주할 만한 소득이 있는 고소득층이 앞으로도 높은 소득을 유지하면서 소비할 수 있을 것이냐에 달려 있다. 그리고 그것은 대한민국 경제가 계속 발전해서 사람들의 주머니에 돈이 계속 늘어나느냐, 아니냐로 결정된다.

돈이 늘어나는 원리는 앞에서 설명했듯, 사람들이 은행에 가서 기꺼이 대출받겠다고 동의하고 서명하면서 늘어나는 것인데, 그러기 위해서는 대출을 받아 투자했을 때 충분히 투자 수익을 거둘 수 있다는 확신이 있어야 한다. 그리고 대출받는 사람이 대한민국의 미래가 밝다고 믿어야 한다. 그래야 대출을 받고, 그래야 돈의 양이 늘어나며, 그래야 돈을 버는 사람들도 늘어나고, 그래야 정말 대한민국의 미래가 밝을 수 있기 때문이다. 결국 강남 아파트에 투자한다는 것의 본질은 대한민국이라는 나라의 미래에 투자하는 것이고, 대한민국이라는 국가 경제의 어깨에 올라타는 행위다. 그렇다면 대한민국은 앞으로 계속 발전할 수 있을까. 있을까? 이 질문에 대한 답은 'PART 7. 잘사는 나라의 비밀'에서 설명할 것이다.

PART 2

리스크와 포트폴리오:
변동성을 잡아내는 방법

재테크 공부를 하다 보면 우리는 변동성이라는 용어와 만나게 된다. 주식 가격의 오르내림, 부동산 가격의 오르내림이 모두 변동성이다. 사실 이 변동성이란 참 얄미우면서도 고마운 존재이다. 내가 투자한 가격보다 올라가는 변동성이 있다면 내가 수익을 얻을 수 있으니 이때의 변동성은 고마운 것이다. 하지만 내가 투자한 가격보다 내려가면 그 자체가 고통이 되니 변동성은 참 얄미운 존재가 된다. 그러나 내가 너무 비싸게 투자한 것을 후회하면서 고통받는 바로 그 상황은 누군가에게는 다행히 그 자산을 비싼 값에 잘 팔았다고 흐뭇해하는 상황일 테니 자산의 가격은 오르는 게 항상 좋은 일도 아니고, 내리는 게 나쁜 일도 아니다. 그냥 아래위로 늘 자산 가격이 움직이는 것 자체가 투자의 본질이다. 우리는 이것을 잘 활용해야 투자에 성공할 수 있다. 때로는 수익의 원천이기도 하고, 때로는 손실의 원인이 되기도 하는 이 변동성을 잘 컨트롤해야 돈을 벌 수 있다는 말이다. 지금부터 변동성을 이해하고 컨트롤하는 방법을 배워 보자. 이것을 다른 말로 '리스크 관리'라고 한다.

주식과 부동산 투자에 대한
'의미 있는' 질문

　영화 〈올드보이〉에서 주인공(최민식 역)은 누군가에게 감금되어 15년간 매일 군만두만 먹다가 어느 날 갑자기 풀려난다. 자신을 가둔 범인을 찾아낸 그는 이렇게 질문한다. 왜 나를 15년간 가둬 놨던 거냐고. 그런데 돌아온 대답은 놀라웠다. "당신은 이렇게 틀린 질문을 하니까 답을 못 찾는 거야. 15년간 갇혀 있다가 갑자기 풀려났으면 왜 나를 감금했느냐고 질문할 게 아니라, 왜 풀어줬느냐고 물어봤어야지."

　어떤 질문을 하느냐는 의외로 중요하다. 본질을 이해하고 있어야 좋은 질문도 던질 수 있는 것이다. 질문이 잘못됐다면 그 질문에 대한 답을 찾기도 어렵고, 찾아봐야 별 의미도 없다. 투자에서도 마찬가지다. 사실 어떤 질문을 하느냐가 문제를 해결하는 전부다. 왜 질문이 중요한지 이해하기 위해 잠시 주식투자와 부동산 투자에 대해 생각해 보자.

세상에는 다양한 자산이 있지만 우리는 보통 주식과 부동산 두 가지 자산으로 재테크를 한다. 재미있는 건 주식과 부동산은 마치 개와 고양이처럼 비슷한 것 같으면서도 아주 큰 차이가 있다는 사실이다. 우리는 주식투자를 할 때 항상 어떤 종목을 사야 하는지 고민한다. 주식투자와 관련한 수많은 책을 읽는 이유도, 전문가들의 강의를 비싼 돈을 주고 듣는 이유도 어떤 종목에 투자해야 하는지 알기 위해서다. 그런데 아파트를 살 때는 다르게 질문한다. "집을 언제 사야 할까요? 지금이 집을 살 적기인가요? 아니면 좀 기다렸다가 사야 하나요? 내년에는 집값이 좀 떨어지지 않을까요?"

신기하게도 아파트를 살 때는 주식투자에서 어떤 종목을 사야 하는지 고민하듯, 어느 동네의 어떤 아파트를 사야 하는지에 대해서는 별로 고민하지 않는다. 대부분의 고민과 질문이 아파트를 사는 시기에 집중된다. 아마 어떤 지역의 아파트를 살지는 마음속에 이미 정해 놓았기 때문일 것이다.

반대로 주식투자자들은 주식을 언제 사야 하는지, 지금이 주식을 살 적기인지, 아니면 좀 기다렸다가 사야 하는지, 내년에는 주가가 떨어지지 않을지는 질문하지 않는다. 주식투자를 하기로 이미 결정은 했고, 당장 내일 사려고 하는데 수많은 종목 중 뭘 사야 하는지 궁금하다는 뜻이다.

결론부터 말하자면 질문 자체가 틀렸다. 주식투자에서는 '어떤 종목을 사야 할까'보다 훨씬 중요한 질문이 있는데, 그건 '주식을 언제 사야 할까'이다. 반대로 '부동산 투자에서는 아파트를 언제 살까'라는 질문은 그리 중요하지 않다. 오히려 '어떤 아파트를 살까'라는 질문이 더 중요하다. 주식에 투자할 때 던져야 하는 질문과 부동산에 투자할 때 고민해야 하는 질문은 애초부터 다른 것이다. 그 이유를 지금부터 하나하나 살펴보자.

■ 변동성과 관련된 차이

[그림 4]의 그래프는 1986년부터 2020년까지 34년간 우리나라 코스피 지수와 아파트 평균 가격을 나타낸 것이다. 이 기간 동안 코

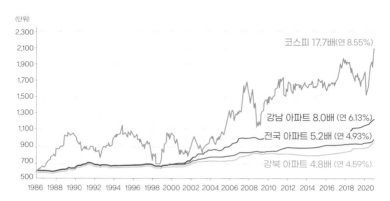

그림 4. 코스피와 아파트 평균 가격(1986~2020년)

스피는 17.7배가 올랐고, 같은 기간 강남 아파트는 약 8배가 올랐다. 이 수익률을 연평균으로 환산하면 다음과 같다.

> · **강남 아파트 연평균 수익률: 6.13%**
> · **코스피 연평균 수익률: 8.55%**

이렇다면 두말할 것도 없이 주식투자가 강남 아파트보다 훨씬 수익률이 좋다는 사실을 확신하게 될 것이다. 그러면 이제부터 주식에 올인하자고 생각할 수도 있지만, 이 그래프를 다른 방식으로 보면 전혀 다른 결과가 나타난다. [그림 5]의 그래프는 1990년부터 2020년까지의 코스피 지수와 강남 아파트의 평균 가격이다.

[그림 4]의 그래프와는 전혀 다른 결과가 나타난다. 강남 아파트는 5.5배가 올랐고 같은 기간 동안 코스피는 3.1배 오르는 데 그쳤다.

그림 5. **코스피와 아파트 평균 가격(1990~2020년)**

이 수익률을 연평균으로 환산하면 다음과 같다.

- 강남 아파트 연평균 수익률: 5.68%
- 코스피 연평균 수익률: 3.74%

그러면 이번에는 '강남 아파트의 수익률이 주식보다 더 높구나'라고 생각할 수 있다. 왜 똑같은 데이터로부터 도출한 결론인데 이런 차이가 나는 것일까? 이유는 간단하다. [그림 4]의 그래프는 1986년부터의 데이터고, [그림 5]의 그래프는 1990년부터의 데이터다. 따라서 우리는 다음과 같은 결론을 도출할 수 있다.

- 1986년에 투자를 시작했다면 → 아파트보다 주식의 가격 상승률이 높다.
- 1990년에 투자를 시작했다면 → 주식보다 아파트의 가격 상승률이 높다.

이러한 결과는 무엇을 의미할까? 왜 1986년부터 투자한 것과 1990년부터 투자한 것의 결과가 이렇게 다를까? 그 이유는 1986년은 주가가 매우 쌀 때였고, 1990년은 주가가 매우 비쌀 때였기 때문이다. 1986년부터 1990년 사이에 주가는 무려 450%나 올랐다. 그 변동성으로 인해 주가가 매우 쌀 시기였던 1986년에 주식을 사서 2020년까지 보유했을 때의 투자 수익률은 강남 아파트에 투자했을 때의 수익률을 훨씬 추월한다. 하지만 주가가 비교적 비싼 시기였던 1990년에 주식을 샀다면 2020년까지 보유했더라도 그 수

익률은 형편없다는 뜻이다.

다시 말하면 1986년에 투자했던 사람은 그 이후의 모든 변동에 상관없이 '1986년에 투자했다는 이유만'으로 나머지 투자 수익률이 결정된 것이다. 그리고 1990년에 투자했던 사람은 그 이후의 모든 변동에 상관없이 '1990년에 투자했다는 이유만'으로 나머지 투자 수익률이 결정됐다고 보면 된다.

어떻게 보면 "뭐 이리 불공평해?"라고 말할 수도 있을 것이다. 언제 샀느냐가 그 이후 거의 모든 것을 결정하기 때문에 그렇게 생각될 수도 있다. 하지만 이는 주식투자의 변동성이 얼마나 큰지, 그리고 그것을 잘 이용하는 것이 얼마나 중요한지를 보여준다. 주식은 오를 가능성이 큰 종목을 찾는 것보다 가격이 비싸지 않은 저점에서 사는 것이 훨씬 중요하다는 것을, 아무리 좋은 종목이라도 비싸게 사면 수익을 기대하기는 어렵다는 것을 알려주고 있다.

주식 가격은 변동성이 크기 때문에 매수 시점의 선택이 투자 결과의 대부분을 설명한다. 앞의 두 그래프는 주식을 매수해서 현재까지 보유하고 있다는 가정으로 그린 것이어서 매수 시점이 수익률에 큰 영향을 준다는 것만 보여준다. 하지만 실제 투자에서는 매도 시기의 결정도 중요한데, 가격의 변동성이 커서 언제 파느냐가 수익의 많은 부분을 결정하기 때문이다.

반면 상대적으로 가격 변동성이 크지 않은 부동산은 언제 사느냐 또는 언제 파느냐에 크게 영향을 받지 않는다. 그래서 주식투자의 본질은 가능하면 최대한 기다렸다가 사는 것이고, 부동산 투자의 핵심은 가능하면 일찍 사놓고 기다리는 것이다.

■ 가격 결정의 중요한 요인

그렇다면 왜 주식은 가격 변동성이 크고, 부동산은 그렇지 않을 까? 이는 가격에 영향을 미치는 사람들의 심리와 그것이 가격에 반 영되는 과정이 주식과 부동산이 크게 다르기 때문이다.

우리는 자산의 적정 가격을 알기 위해 다양한 분석을 하지만, 자 산의 가격은 오로지 투자자들의 마음에 달려 있다. 이것은 전 세계 의 모든 자산이 다 마찬가지다. 금값이 왜 오를까? 그것은 사람들 이 '금값이 오를 것 같은 느낌'을 가지고 있기 때문이다. 그 느낌 때 문에 금을 사들이는 사람들이 생기고, 그들의 매수로 인해 금값이 오르는 것이다. 금값은 금리나 물가 상승률에 따라 정해지는 것 같 지만, 결국 매수를 할 것이냐 말 것이냐는 투자자의 최종 선택이 어 느 쪽으로 끌리느냐로 정해진다.

하락하는 자산도 마찬가지다. 암호화폐는 왜 갑자기 가격이 뚝 떨어질까? 그것은 사람들이 '암호화폐는 좀 불안한 것 같아'라고 생 각하기 때문이다. 아파트 가격도 마찬가지고 주식 가격도 매일, 매 시간, 매분, 매초 단위로 사람들의 마음이 반영된다. 모든 자산 가 격의 상승과 하락은 사는 사람들의 탐욕과 파는 사람들의 공포 심 리로 인해 생기는 현상이다. 애플의 주가도 2007년 아이폰을 출시

한 후 지금까지 40% 이상 하락한 적이 두 번, 30% 넘게 하락한 적은 네 번이나 있었다. 애플의 기업 가치가 그렇게 추락했던 것이 아니라, 애플이라는 회사를 바라보는 투자자들의 마음 상태가 그렇게 울렁거리면서 공포심을 느꼈다는 의미다.

이렇게 자산의 적정 가격에 대한 사람들의 관점과 심리는 매일, 매시간, 매분, 매초 바뀐다. 그런데 중요한 것은 이러한 마음이 자산의 가격에 반영되는 과정이다. 예를 들어 주식은 매도 버튼만 누르면 1초 만에 팔 수 있고, 매수 버튼을 누르면 역시 1초 만에 살 수 있다. 현재의 내 마음이 탐욕이든 공포든 그것을 주식 가격에 반영하는 과정은 매우 쉽다는 뜻이다. 그래서 주식 가격에는 사람들의 심리가 실시간으로 거의 그대로 반영된다. 그 결과물이 정신없이 위아래로 흔들리는 주가의 일봉, 분봉, 주봉 차트다.

그런데 아파트는 좀 다르다. 물론 아파트에 투자하는 투자자들의 마음은 주식투자자들과 크게 다르지는 않다. 아파트 투자자들의 마음도 매일, 매시간, 매분, 매초 변덕스럽게 바뀐다. 너무 비싸게 산 것 같다거나, 아파트 가격이 내려갈 것 같다거나, 지금 사지 않으면 아파트 가격이 로켓처럼 치솟을 것 같다는 느낌을 자주 받는다. 그러나 아파트는 팔고 싶은 마음이 든다고 주식처럼 버튼 하나로 금방 팔 수 있는 게 아니다. 지금 당장 부동산 중개업소에 내놓고 인터넷에 광고해도 그 집을 파는 데는 3개월이 걸릴 수도 있고, 1년이 넘게 걸릴 수도 있다. 그러다 보면 사람들은 '잘 안 팔리는데 그냥 기다려 볼까?'라고 생각하기도 하고, 그러다 다음 날 아침이 되면 '그래, 부동산 중개업소에 안 내놓기를 잘했어! 다시 생각해 보니 아파트 가격이 많이 내릴 것 같지도 않아'라고 생각하기도 한다.

아파트 투자자들도 탐욕과 공포를 자주 느끼지만 아파트는 매매가 어렵다는 특성 때문에 그저 마음으로만 사고, 마음으로만 파는 경우가 많다. 그래서 실제 거래되는 아파트는 사람들이 마음속에서 팔아 버리려고 했던 아파트나, 얼른 사야겠다고 생각했던 아파트보다 훨씬 적다. 아파트의 가격 추이를 그려 놓은 그래프가 주식과 달리 안정적이고 평탄한 이유다.

게다가 주식은 쉽게 팔 수 있다는 이유로 더 쉽게 사고, 쉽게 되살 수 있다 보니 더 쉽게 판다. 이런 환경은 더 잦은 매매를 불러온다. 파는 사람들이 많을 때는 나도 덩달아 팔게 되고, 사는 사람들이 많을 때는 나도 괜히 매수 버튼을 누르고 싶어진다. 한마디로 주식은 매매 시스템이 사람들의 심리를 실시간으로 그대로 반영하므로 부화뇌동하기에 딱 좋지만, 아파트는 그게 어렵다. 그래서 같은 시기에 같은 투자자들이 비슷한 마음으로 거래하더라도 주식은 가격 변동 폭이 크고, 부동산은 가격 변동 폭이 작다. 너무도 당연한 것 같아 보이는 이 사실은 주식에 투자할 때는 무엇을 가장 최우선으로 봐야 하는지, 부동산에 투자할 때는 무엇을 가장 중요하게 봐야 하는지를 알려준다.

예를 들어 어떤 백화점이 월요일에는 20% 세일, 화요일에는 70% 세일, 수요일에는 정가 판매, 목요일은 정상가의 2배, 금요일은 정상가의 3배에 판다고 가정해 보자. 이 백화점에서는 뭘 사면 좋을지보다는 어느 요일에 쇼핑해야 하는지가 훨씬 중요하다. 금요일에는 어떤 제품을 사도 바가지를 쓰게 되고, 화요일에는 아무거나 골라 담아도 이익이다. 주식투자도 마찬가지다. 요일에 따라 가격이 달라지는 백화점처럼 주식은 시기별로 가격 등락 폭이 매우 크다. 때문에 주식투자에서는 어떤 종목을 사야 하는지보다 언제 사고, 언제 팔아야 하는지가 훨씬 중요하다는 것을 알 수 있다.

반면 아파트는 할인해서 거래될 때도 있고, 프리미엄이 붙어서 거래될 때도 있지만, 할인이나 할증 폭이 주식에 비해 매우 작다. 마치 월요일은 정상가 판매, 화요일은 5% 할인, 수요일은 5% 할증, 목요일은 10% 할인, 금요일은 10% 할증하는 식으로 판매하는 백화점과 비슷하다. 이 정도라면 어느 요일에 쇼핑해야 하는지보다 어느 요일에 내가 사려는 물건이 있는지, 어떤 물건을 사는 게 가장 현명한 쇼핑인지를 고려해야 한다. 그래서 아파트는 언제 사야 하느냐는 고민보다는 어떤 아파트를 사야 하는지가 중요하다. 하지만 우리는 이상하게도 주식투자에 관한 한 어떤 종목을 사야 하는지를 고민하고, 아파트는 언제 사고팔아야 하는지를 더 고민한다. 오히려 반대로 생각해야 한다.

> - 주식: 어떤 종목을 사야 하는지보다 언제 사야 하는지를 더 고민해야 한다.
> - 부동산: 언제 사야 하는지보다 어떤 것을 사야 할지를 더 고민해야 한다.

어느 순간 말려들게 되는
나락의 사이클

우리는 앞서 부동산과 주식이라는 자산의 공통점과 차이점에 대해 알아보았다. 두 가지 모두 세상에 돈의 양이 늘어나면서 그 가치가 올라가는 자산이라는 일반적인 성격을 갖고 있다는 공통점이 있다. 하지만 부동산과 달리 주식은 가격의 변동성이 매우 크다. 가격의 변동성이 크다는 건 매우 싸게 매입할 수 있는 기회와 가치보다 훨씬 비싸게 팔 수 있는 행운이 종종 부여된다는 장점이 있지만, 매우 큰 단점도 함께 존재한다.

가장 큰 단점은 가격의 변동성이 크기 때문에 합리적인 판단을 하기 어려워진다는 것이다.

우리 주변에는 투자를 잘하는 사람과 잘 못 하는 사람이 있다. 10번을 투자해도 10번 모두 실패하는 사람도 종종 발견된다. 이런 사람들은 보통 '운이 나빠서'라고 생각하지만, 사실은 그렇지 않다. 그런 사람들은 '실패할 수밖에 없는 심리 구조'를 가지고 있기 때문이다. 그들은 가격이 막 오르려고 할 때 팔아 버리고, 가격이 막 내려가려고 할 때인데 덥석 사 버린다. 이제는 팔아야 할 때인데 팔지 않고 기다리고, 반대로 팔면 안 되는 때인데 팔아 버린다.

주가는 오르거나 내릴 확률이 50%, 즉 반반이고 주식을 사거나 파는 선택도 그 빈도와 결정이 50%의 확률로 나타난다면, 100명이 주식투자를 하면 50명은 돈을 벌고 50명은 돈을 잃는 게 일반적이어야 한다. 하지만 실제로는 매우 소수가 돈을 벌고, 대부분은 돈을 잃는다. 심지어 주가가 계속 오르는 구간에서도 돈을 버는 사람들은 소수이고, 돈을 잃는 사람들이 다수다. 그 이유는 우리의 심리가 주식투자로 돈을 잃는 것에 적합하게 만들어져 있기 때문이다.

■ 매번 실패하기만 하는 사람의 심리

원시시대부터 인간은 공포와 불안에 극도로 민감해야 했다. 언제 어디서 사나운 맹수가 뛰쳐나올지 모르기 때문에 일단 공포와 불안이 느껴지면 재빠르게 반응해 도망쳐야 했다. 미적거리는 것은 곧 죽음을 의미하기 때문이다. 그래서 인간의 유전자에는 '공포나 불안이 느껴지면 빠르게 반응해서 그 상황에서 벗어나야 해!'라는 명령이 심겨 있다. 우리는 그것을 본능이라고 부른다.

인간이 갖는 공포에 대한 본능을 심리학에서는 손실 회피 성향이라고 하는데, 이에 대해 간단한 실험으로 확인할 수 있다. 사람들에게 동전을 던져 앞면이 나오면 10만 원을 벌고, 뒷면이 나오면 10만 원을 잃는 게임을 제안하면 대부분의 사람이 이 게임을 거부한다. 심지어는 앞면이 나오면 10만 원을 벌고 뒷면이 나오면 5만 원을 잃는 게임을 제안해도 상당수가 게임을 하지 않겠다고 한다. 10만 원을 버는 것과 5만 원을 잃는 것을 저울질했을 때 5만 원을 잃는 것에서 느끼는 심리적 고통이 10만 원을 버는 기쁨보다 크기 때문이다.

이 동전 던지기 게임을 10억 원, 5억 원으로 바꾸면 게임을 하겠다는 사람은 더 줄어든다. 혹시라도 뒷면이 나와서 5억 원을 잃으면 전 재산을 모두 날리는 고통을 겪어야 하기 때문이다. 이 동전 던지기 게임은 5억 원의 재산이 있는 사람에게는 반반의 확률로 15억 원의 재산을 가진 부자가 되거나, 아니면 재산이 0이 되거나 둘 중 하나가 되는 게임을 하자는 제안인 것이다. 그런데 재산이 0원이 된다는 사실에서 오는 고통과 공포가 너무 크기 때문에 대부분의 사람은 이 게임을 거부한다.

이런 본능은 원시시대에 인간을 오래 생존할 수 있게 했지만, 주식투자를 하는 현대인에게는 장애요인으로 작용한다. 투자자의 본능인 탐욕과 공포가 이런 손실 회피 성향에서 유래하기 때문이다.

앞에서 주가는 변동성이 크다고 했다. 빠르게 내려가기도 하지만, 또 반대로 순식간에 올라가기도 한다. 기업의 실제 가치는 그렇게 크게 요동치지 않지만, 주가는 크게 움직인다. 그 이유는 다음과 같다.

첫째, 주가에는 사람들의 상상력이 반영되는데 그것은 주가가 미래 가치를 반영하는 결과물이기 때문이다.

그런데 상상의 결과물은 긍정적인 방향이든 부정적인 방향이든 실제 현실보다 늘 과장되기 마련이다. 우리는 원시시대의 본능으로 눈앞에서 부스럭거리는 소리가 나고, 커다란 검은 물체가 달려오면 최악의 상황을 가정하고 행동하라는 요령을 배워 왔다. 그래서 우리의 상상력은 대체로 극단을 치닫는다.

예를 들어 이제 막 초등학교에 입학한 아이가 두 번의 테스트에서 모두 100점을 받으면 부모의 머릿속에서 그려지는 아이의 미래는 이미 노벨상을 서너 번은 받고도 남는다. 반대로 중학생 아이가 친구들과 자주 싸우고 말썽을 부린다면, 대부분 그러다 마는 경우가 많지만, 부모의 머릿속에 그려지는 아이의 미래는 참담하다 못해 공포스러울 가능성이 크다. 마찬가지로, 주가의 변동성은 실제 현실의 진폭보다 크다. 오르는 종목은 펀더멘털보다 더 많이 오르고, 내리는 종목은 실제 가치보다 더 크게 하락한다.

투자자들에게서 종종 나타나는 과도한 탐욕 역시 공포심의 결과물이다. 남들은 다 돈을 버는데 나만 못 벌면 그건 사실상 손실을 입은 것과 마찬가지라고 생각하기 때문에 충분히 많이 오른 가격에서도 매수한다. 이미 많이 올라서 충분한 수익을 거뒀음에도 더 욕심을 부리다가 매도 시점을 놓치는 것도 수익을 거둘 때 충분히 거두지 못하면 결국 이 투자 게임에서 질 수 있다는 공포심 때문이다.

둘째, 사람들의 심리적 특성 때문에 주가는 과도하게 부풀려지거나 과도하게 위축될 가능성이 크다. 그리고 부풀려지거나 위축되는 현상 그 자체가 사람들의 매수와 매도 심리를 다시 한번 자극하기 때문이다.

주가가 충분히 낮아진 상황이라고 생각하지만, 사람들이 그 지점에서도 다시 주식을 팔기 시작하면 '어, 이거 팔아야 하는 시점인가 봐!'라고 생각이 바뀌면서 매도 버튼을 누르게 된다. 매수해야 하는 시점이지만, 수익의 달콤함보다 손실의 고통이 더 크게 느껴지는 사람의 본능은 매도 버튼으로 손이 가도록 만든다.

결국 사야 할 때 사고, 팔아야 할 때 팔면 되는 매우 쉬운 게임이지만 많은 사람이 반대로 움직인다. 손실의 공포가 가져오는 심리적 결함 때문이다.

[그림 6]은 주식시장에서 공포와 불안이라는 본능이 어떻게 작동되는지를 잘 보여주고 있다.

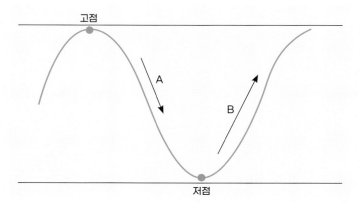

그림 6. 주식시장에서의 공포와 불안
· 떨어지는 구간(A): 불안과 공포가 극대화된 순간, 조금만 기다리면 다시 상승할 텐데 이때 주식을 헐값에 팔아 버린다.
· 올라가는 구간(B): 희망과 기대가 극대화된 순간, 조금만 있으면 다시 떨어질 텐데 이때 주식을 비싸게 산다.

■ 변동성이 큰 투자는 항상 나쁜 결과를 가져온다

주식투자는 가격 변동성이 크다는 특징이 있고, 이 특징은 매매 시점을 어떻게 선택하느냐에 따라 장점이나 단점으로 작용할 수 있다는 점을 확인했다. 한 가지 더 생각해 볼 사실은 변동성이 크다는 것 그 자체가 투자 수익에 부정적인 영향을 준다는 점이다. 먹을 때는 크게 먹고, 잃을 때는 크게 잃는 투자는 적게 먹고, 적게 잃는 투자에 비해 더 낮은 수익률을 가져온다는 의미다. 이것은 크게 먹고, 크게 잃는 것이나 적게 먹고, 적게 잃는 것이나 장기적으로 보면 비슷하지 않느냐는 우리의 상식과 충돌하는 것이어서 주의 깊게 살펴볼 필요가 있다.

예를 들어 다음의 두 가지 경우를 살펴보자(그림 7). 1억 원을 4년
간 투자하는데 첫 번째는 변동성이 작은 방식이고, 두 번째는 변동
성이 큰 방식이다.

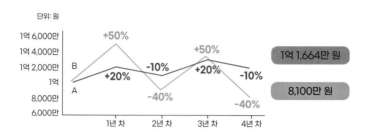

그림 7. 1억 원을 4년간 투자, 변동성이 작은 경우 vs 변동성이 큰 경우

변동성이 작은 방식(A)으로 1억 원을 투자하면서 첫해는 20%의
수익을 거뒀고, 그 이듬해는 10% 손실, 그다음 해는 20% 수익, 그
다음 해는 다시 10%의 손실을 입었다고 가정해 보자. 이렇게 투자
했을 때 4년 뒤에 1억 1,664만 원이 된다.

> **1억 원을 4년간 투자**(변동성이 작은 투자)
>
> **첫해** : + 20%
> **둘째 해** : - 10%
> **셋째 해** : + 20%
> **넷째 해** : - 10% _____ (4년 뒤) 1억 1,664만 원

그런데 변동성이 큰 방식(B)은 첫해는 50% 수익, 두 번째 해는

40% 손실, 그다음 해는 다시 50% 수익, 그 이듬해는 다시 40%의 손실을 입었다. 언뜻 생각하면 50%의 수익과 40%의 손실이 반복되는 것이니 결과적으로 10%의 이익을 거뒀을 것이고, 2년의 투자 사이클로 봤을 때 1년간 투자 수익률로 환산하면 대략 연 5%쯤의 수익률이라고 예상한다. 하지만 실제로는 오히려 19%의 손실이 발생한다. 1억 원으로 변동성이 큰 투자를 4년간 하면 원금은 8,100만 원으로 쪼그라든다.

▲ 1억 원을 4년간 투자(변동성이 큰 투자)

첫해 : + 50%
둘째 해 : − 40%
셋째 해 : + 50%
넷째 해 : − 40% _____ (4년 뒤) 8,100만 원

변동성이 작을 때도 이익은 40%, 손실은 마이너스 20%이므로 결국 4년간의 총수익률은 +20%가 될 것이다. 변동성이 클 때도 이익은 50%가 두 번이니 100%이고, 손실은 40%가 두 번이니 마이너스로 80%이므로 결국 +20로 매한가지 아니냐고 할 수 있다. 하지만 실제 나타나는 결과는 다르다.

그 비밀은 이렇다. 예를 들어 1,000원에서 주가가 10% 떨어지면 900원이 된다. 그런데 여기서 10% 상승하면 990원이 된다. 10% 떨어지고 10% 올랐다고 해도 이미 10원이 손해인 셈이다. 1,000원

에서 10% 손실을 본 900원을 다시 1,000원으로 만들기 위해서는 11.1%의 수익률이 필요하다. 한번 떨어진 가격은 동일한 폭으로 상승해도 결국 손해가 된다는 의미이다. 20%의 손실에서 원금을 회복하려면 25%의 수익이 필요하고, 40%의 손실을 회복하려면 66.6%의 수익이 필요하다. 따라서 한 번에 10% 떨어지는 것과 한 번에 40% 떨어지는 것은 30%포인트의 차이에 그치지 않는다. 회복을 위한 상승 폭을 생각하면 55.5%포인트의 차이다. 이는 변동성이 '원금의 회복'에 미치는 결과라고 할 수 있다. 직관적으로 비유하자면 전쟁에서 칼에 한 번 찔리는 것과 두 번 찔리는 것, 3cm 깊이로 찔리는 것과 6cm 깊이로 찔리는 것이 사망 확률을 단순히 두 배로 높이는 것에 그치지 않는 것과 같다.

> · 원금의 10%를 잃었을 때 원금을 회복하기 위해 필요한 수익률: 11%
> · 원금의 30%를 잃었을 때 원금을 회복하기 위해 필요한 수익률: 43%
> · 원금의 50%를 잃었을 때 원금을 회복하기 위해 필요한 수익률: 100%
> · 원금의 80%를 잃었을 때 원금을 회복하기 위해 필요한 수익률: 400%

투자할 때 최대한 변동성이 작은 투자를 선택해야 하는 이유가 바로 여기에 있다. 막연하게 '마이너스 80%가 돼도 다시 플러스 80%가 되면 되지 않아?'라고 생각하면 안 된다는 점이다.

투자에서의 변동성은 우리의 상식보다는 좀 더 복잡하게 작동한다. 특히 공포와 불안, 착시현상이 동시에 나타나기 때문에 잘못 판단할 경우가 많고, 결국 투자 결과의 뚜껑을 열어 보면 생각한 것과 전혀 다른 결과가 나타나기도 한다. 따라서 투자할 때는 처음부터 끝까지 이 '변동성'을 반드시 염두에 두어야만 한다. 많이 먹어도 많이 운동하면 된다는 상식이 투자의 세계에서는 작동하지 않는다.

투자의 세계가 상식과 다른 결과물을 도출하는 이유를 수학적으로 생각하면 장기 투자의 결과물은 연간 수익률의 산술평균이 아니라 기하평균으로 결정되기 때문이다. 첫 해는 30% 수익, 두 번째 해는 40% 손실이라면 2년간의 연평균 수익률은 +30%와 -40%의 산술평균인 -5%가 아니라 둘의 기하평균인 $\sqrt{1.3} \times \sqrt{0.6} = 0.88$이다. 여기서 1.3은 30% 수익에 따른 결과물이고, 0.6은 -40% 손실에 의한 결과물(투자 잔액)이다. 즉 이 투자의 연평균 수익률은 -12%가 된다. 즉 첫해는 30% 수익, 두 번째 해는 40% 손실을 기록했다면 12%의 손실을 내리 두 번 겪은 것과 같은 결과다.

여기서 우리가 얻어야 할 교훈은 단 하나, 잃을 때 크게 잃을 수 있는 투자는 먹을 때 크게 먹더라도 이런 투자가 반복되면 결과적으로 나쁜 투자가 될 가능성이 크다는 사실이다. 이런 불리함을 상쇄하려면 그 투자는 잃을 때의 손실보다 훨씬 큰, 우리의 생각보다 매우 큰 수익률이 기대돼야 한다. 그러나 그런 투자 대상을 찾기는 쉽지 않으니, 결국 잃을 때 크게 잃는 투자는 가능하면 피하는 게 투자의 중요한 요령이라고 할 수 있다.

■ 투자 수익률은 오로지 기다림에서 나온다

투자에 대한 우리의 착각 가운데 하나는 우리가 투자 성과가 좋은 시기를 잘 고르고 선택할 수 있을 것이라는 믿음이다. 주식시장으로 치면 주가가 오르는 시즌에는 주식을 보유하고, 주가가 내리는 시즌에는 주식을 갖고 있지 않으면 투자 수익률을 높일 수 있을 것이라는 그 생각이다. 거시경제 지표를 계속 들여다보고 경제 공부를 열심히 하는 것도 주가가 오를 시즌과 주가가 오르지 않을 시즌을 구별하기 위해서라고 믿는다. 우리가 그렇게 생각하는 이유는 주가가 경제 상황을 반영하는 거울이라고 생각하기 때문이다. 그런데 과연 그럴까? 경제 공부를 열심히 해서 경기가 좋은지 나쁜지에 대해 정확히 안다면 주식투자 수익률을 높일 수 있을까?

실제로 몇몇 경제학자는 이런 실험을 직접 해 봤다. 경기가 좋을 때만 주식을 보유하고 있고, 경기가 나쁘면 주식을 보유하지 않는 방법으로 투자하면 1년 내내 주식을 보유하고 있는 것에 비해 더 좋은 투자 성적을 거두지 않을까 하는 생각이었다. 경기가 좋거나 나쁜 건 실업률이라는 경제지표를 보면 알 수 있으니 실업률이 오르는 구간에서는 주식을 보유하지 말고, 실업률이 하락하기 시작하면 주식을 사서 보유하는 식으로 투자하면 어떨까? 다행히 실업률이라는 경제지표는 매달 오르락내리락 방정맞게 움직이지 않고, 한번 오르기 시작하면 비교적 긴 기간 동안 계속 오른다. 그리고 한번 내리기 시작하면 긴 기간 동안 하락하는 경향이 있다. 투자 실험을 하기에 아주 적당한 경제지표인 것이다. 그렇다면 그 실험의 결과는 어땠을까?

안타깝게도 그냥 1년 내내 주식을 보유한 것과 수익률은 별다른 차이가 없었다. 그 이유는 실업률이 낮아지는 구간(경기가 좋은 구간)에도 그 기간의 후반부에는 주가가 내리기도 했고, 실업률이 오르는 기간(경기가 나쁜 기간)에도 그 기간의 후반부에는 주가가 오르기도 했기 때문이었다.

실업률이 낮아지는 구간을 낮이라고 하고, 실업률이 높아지는 구간을 밤이라고 해 보자. 주가는 일반적으로 낮에 오르고 밤에 내리지만, 실제로는 아직 주변이 환한 늦은 오후부터 주가가 내리기 시작하기도 하고, 아직 캄캄한 밤인데도 주가가 무섭게 오르기도 한다. 이런 일이 일어나는 이유는 주가가 경제지표를 반영한 거울이라는 가정이 틀렸기 때문이다. 주가는 경제 상황을 반영하는 것 같지만 사실은 사람들의 심리를 반영한 결과일 뿐이다. 경기가 좋아도 어떤 이유로 사람들이 불안해하기 시작하면 주가는 내린다. 경기는 나쁘지만 이미 주가도 많이 내려서 더 이상 내릴 여지가 작다고 생각하기 시작하면 사람들은 경제지표가 나쁜 한밤중이지만 용기 있게 주식을 사들이기도 한다.

결국 주가가 오르는 구간에는 보유하고 있고, 주가가 내리는 구간에 주식을 보유하고 있지 않을 수 있다면 이론적으로 투자 수익률이 극대화하긴 할 것이다. 하지만 그러기 위해서는 경제지표가 아니라 투자자들의 심리 상태를 미리 또는 실시간으로 알 수 있어야 한다. 그러나 그 누구도 사람들의 마음은 알지 못한다. 자신이 한 시간 후에 어떤 행동과 선택을 할지 스스로도 알 수 없기 때문에 미리 알고 예측한다는 건 불가능한 일이다.

주식투자에서 늘 참인 명제는 주가는 장기적으로 우상향한다는 것뿐이다. 여기서 말하는 주가는 특정 종목의 가격이 아니라 주식시장 전체의 가치를 의미한다. 특정 종목의 주가는 수십 년간 아주 장기적으로 보면 오히려 하락한다. 100년 가는 기업은 매우 드물기 때문이다. 주식시장 전체의 가치를 의미하는 주가지수도 길게 보면 오르는 게 맞지만, 하루나 일주일, 한 달, 1년의 주가는 아무도 예상하지 못한다. 그러나 장기적으로는 돈이 계속 풀려 나오고, 그 덕분에 경제는 계속 발전하고 소득이 늘어나면 주가는 우상향한다. 확실한 건 이것 하나다.

그렇다면 주식투자는 어떻게 해야 할까. 간단하다. 하루나 일주일, 한 달, 1년의 주가는 예상하기 어려우므로 아예 예상하려고 시도조차 하지 말고 그냥 긴 시간 주식을 꾸준히 보유하는 것이다. 우리의 목표는 오래 보유하는 것이지, 오를 때 사고, 내릴 때 파는 묘기를 부려서 돈을 불리는 게 아니라는 걸 빨리 깨달아야 한다. 앞서 설명한 실업률과 주가의 상관관계에서 확인했듯 장기적인 투자 수익률은 오로지 긴 보유기간에서만 나온다. 그렇기 때문에 우리의 목표는 주식을 사서 최대한 길게 보유하는 것이다.

투자의 현인으로 손꼽히는 워런 버핏이 운영하는 버크셔해서웨이는 1964년부터 2023년까지 60년간 무려 4,400,000%의 투자 수익률을 기록했다. 그런데 4,400,000%라는 놀라운 투자 수익률의 비밀은 '60년'이라는 긴 투자 기간이다. 60년간의 투자 수익률을 연평균으로 환산하면 20%도 채 되지 않는다. 물론 연 20%의 투자 수익률은 누구나 쉽게 거둘 수 있는 결과는 아니지만 매년 꽤 많은 투자자가 종종 달성하는 수익률이다. 오히려 더 어려운 것은 60년간이라는 긴 투자 기간이다. 전 세계의 그 어떤 투자자도 워런 버핏의 성과를 이기지 못한 것은 투자 수익률이 워런 버핏보다 낮아서가 아니라 보유 기간이 워런 버핏보다 짧아서다.

우리가 고민해야 할 숙제는 '어떻게 하면 오래 보유할 수 있는가'이다. 한 가지를 더 고민한다면 '어떻게 하면 싸게 살 수 있는가'이다. 주식은 그 특성상 싸게 사는 것도 가능하고 비싸게 사는 것도 가능하므로 신중하게 판단해서 기왕이면 싸게 사는 게 좋다. 사실 주식은 얼마나 싸게 샀느냐가 투자 수익률의 대부분을 좌우하지만 일단 주식을 샀다면 최대한 오래 보유하는 것이 우리가 할 수 있는 노력의 전부다. 정리해 보면 다음과 같다.

주식투자를 잘하는 법 : 싸게 산다 + 오래 보유한다.
부동산 투자를 잘하는 법 : 오래 보유한다.

주식이든 부동산이든 모든 자산 가격은 우상향한다. 이는 증명

된 것은 아니지만 현재까지 틀리지 않았고, 우리는 이 명제를 믿고 투자하는 것이다. 그러므로 투자의 수익률은 오로지 보유 기간에서 나온다. 이론적으로 자산의 수익률은 연평균 투자 수익률(A)에 보유 기간(B)을 곱한 수치이므로 A도 중요하고 B도 중요하다. 하지만 A는 이론적으로는 중요하긴 해도 인간의 힘으로 크게 바꿀 수 있는 것이 아니다. 가끔은 운이 좋아서 놀라운 수익률을 기록할 수도 있겠지만 긴 시간 동안 투자하다 보면 A값은 대부분 10% 미만일 것이다. 워런 버핏조차 A값은 20%에 불과했다. 결국 투자의 결과는 B값에서 나온다.

다만 주식 가격은 변동성이 매우 크므로 싸게 사는 게 오래 보유하는 것보다 훨씬 더 중요할 수 있다. 연 7%의 수익률로 10년을 보유하면 원금이 두 배가 되므로 투자 기간이 10년인 사람은 20년인 사람을 좀처럼 따라잡기 어려운 게 사실이다. 그러나 가격 변동성이 큰 주식에 투자할 때는 투자 기간이 20년인 사람이 10년인 사람보다 평균 매입 가격이 두 배 이상 비쌀 수도 있으니 10년 정도의 투자 기간은 저렴한 가격에 주식을 매입하는 것으로 상쇄할 수도 있다. 특히 매도 시점을 잘 선택하면 두 배 이상 비싸게 팔 수도 있으니 매수 시점과 매도 시점을 선택하는 것이 투자 기간보다 더 중요할 수도 있다. 그러나 매수 시점과 매도 시점을 잘 결정하는 것도 쉽지는 않으므로 주식투자 과정에서 우리가 노력으로 조절할 수 있는 변수는 역시 보유 기간이다.

반면 부동산은 가격 변동성이 크지 않으므로 매우 싸게 사는 것도, 매우 비싸게 파는 것도 어렵다. 그러므로 부동산 투자의 수익률은 대부분 보유 기간에서 나온다. 부동산 투자에서 보유 기간을 길게 하려면 어떻게 해야 할까? 가능한 한 일찍 사야 한다. 사실상 그 방법뿐이다. 그렇다면 주식투자에서 보유 기간을 길게 하려면 어떻게 해야 할까? 여러 가지 방법이 있는데, 지금부터 그 이야기를 해 보자.

어떻게 하면 주식투자를 길게 오래 할 수 있을까? 그 답을 찾기 위해서는 어떤 경우에 주식을 단기에 쉽게 팔아 버리는지를 반대로 생각해 보면 쉽다. 언제 주식을 파는가? 아마 두 가지 중 하나일 것이다. 첫째, 돈이 급히 필요할 때. 둘째, 주가가 너무 많이 오르거나 너무 많이 하락했을 때. 그렇다면 우리가 할 일은 명확하다.

첫째, 돈이 급히 필요한 일을 만들지 않으면 된다. 필요한 보험에 적절하게 가입하고 각자의 직업에 충실하는 것이다. 직업에서 나오는 현금흐름을 최대한 키워서 그 돈으로 비상사태까지 커버할 수 있도록 노력해야 한다. 그럴 수 있다면 돈이 급히 필요한 상황 때문에 투자금을 깨야 하는 일은 피할 수 있을 것이고, 그러면 오래 투자할 수 있다.

둘째, 주가가 너무 많이 오르거나 너무 많이 하락하지 않도록 해야 한다. 주가가 너무 많이 오르거나 하락하면 우리의 마음이 흔들려서 장기 투자를 못 하게 되기 때문이다. 그런데 생각해 보자. 주가는 우리가 마음대로 조절할 수 있는 게 아니라면 너무 많이 오르는 것도, 너무 많이 하락하는 것도 우리의 의지로 막을 수 있는 영역이 아니다. 그렇다면 어떻게 해야 할까?

주식 가격은 변동성이 크므로 1년 만에 두 배가 오를 수도 있고, 반토막이 날 수도 있다. 그러나 내 계좌의 잔고는 두 배로 올라도 안 되고(그 수익을 확정하고 싶어서 주식을 쉽게 팔아 버릴 수 있다), 반토막이 돼도 안 된다(그러면 공포감에 주식을 팔아 버릴 가능성이 크다).

주식을 한 바구니에 담지 말라는 분산투자, 주식을 사거나 팔 때는 장기간에 걸쳐 분할 매수, 분할 매도를 하라는 조언은 이런 고민을 해결하기 위해서다. 그러면 계좌의 잔고를 비교적 안정적으로 유지할 수 있고, 장기 투자를 할 수 있다.

■ 하이 리스크, 하이 리턴이라는 말의 의미

우리는 하이 리스크와 하이 리턴이라는 말을 같이 묶어서 관용표현처럼 쓴다. 그렇다 보니 무의식중에 높은 수익을 거두려면 큰 위험을 감수하는 건 불가피하다고 생각한다. 그러나 늘 그렇지는 않다. 동일한 수익을 거두면서도 위험을 분산시켜 리스크를 낮출 방법이 많다. 예를 들어보자.

넷플릭스 드라마 〈오징어 게임〉에서 주인공은 지하철에서 낯선이에게 게임을 제안받는다. 자신이 이기면 돈을 받지만, 지면 뺨을 맞는 것이다. 이 일로 주인공은 본격적으로 오징어 게임에 참여하게 된다. 이와 비슷한 일이 나에게 생긴다고 해 보자. 그런데 판이 좀 크다.

"동전을 던져서 앞면이 나오면 당신에게 5억 원을 주겠다. 그런데 뒷면이 나오면 나에게 10억 원을 줘야 한다. 어때, 이 게임을 한 번 해 보겠는가?"

누군가 이렇게 말한다면 당신은 이 제안을 받아들일 것인가? 이건 두 번 생각할 것도 없이 거절해야 한다. 강제로 시키려고 하면 도망가야 한다. 이건 폭발물처럼 위험한 것이다. 가까이 가 본들 위험하기만 하지 얻는 것이 거의 없다. 그런데 제안이 이렇게 바뀌면 어떻게 될까?

"동전을 던져서 앞면이 나오면 당신에게 10억 원을 주겠다. 그런데 뒷면이 나오면 나에게 5억을 줘야 한다. 어때, 이 게임을 한번 해 보겠는가?"

자, 이렇게 되면 이야기가 좀 달라진다. 고민이 시작된다.

이건 무조건 도망가야 할 일은 아니다. 확률과 기댓값을 생각하면 분명히 유리한 게임인데 문제는 최소 5억 원이라는 판돈이다. 혹시라도 50%의 확률로 뒷면이 나왔을 때 5억 원을 마련할 방법이 없다면 내 인생은 매우 피폐해진다. 결론부터 말하자면 역시 이 게임에 응하면 안 된다. 일단 동전을 던지고 나서 앞면이 나오길 기도 해야 하는 상황이므로 첫 번째 제안과 크게 다르지 않다.

그런데 두 번째 제안은 좀 생각해 볼 여지는 있다. 만약 내 재산이 100억 원이 있다면 이 제안은 받아들이는 게 맞다. 만약 뒷면이 나와서 5억 원을 잃게 되더라도 충분히 감당할 만하기 때문이다. 그래도 5억 원을 잃을 확률이 50%나 된다. 이 리스크를 줄일 수는 없을까?

가능하다. 상대에게 이런 제안을 하는 것이다. "오케이, 다 좋은데 이 게임을 한 번만 하고 끝내지 말고 똑같은 게임을 100번 하자. 즉 +10억 원, -5억 원 게임이 아니라 스케일을 줄여서 +1,000만 원, -500만 원 게임으로 바꾸고, 대신 100번 하자. 그렇게 바꾸더라도 나는 최대 10억 원을 따거나 최대 5억 원을 잃을 수 있으니 마찬가지 아닌가?"

만약 상대방이 이 제안을 받아들인다면 똑같은 상황인 것 같지만 나의 리스크는 크게 줄어든다. 동전을 한 번만 던지면 5억 원을 잃는 경우가 50% 확률로 발생하지만, 동전을 100번 던지면 최종적으로 돈을 잃을 확률은 급격히 낮아진다. 동전을 100번 던져서 앞면이 34번 이상 나오기만 하면 최종적으로는 돈을 잃지 않는다. 다만 앞면이 33번 이하로 나오게 되면 돈을 약간이라도 잃게 되는데 다행히 그 확률은 17%로 낮아진다. 그리고 동전을 한 번 던지는 게임에서는 5억 원을 잃을 확률은 50%나 되지만 100번 던지는 게임에서는 5억 원을 잃는 경우는 100번 모두 뒷면이 나오는 경우뿐이며,

그림 8. 동일한 게임이지만 횟수를 쪼개 여러 번으로 나누면 리스크가 줄어든다.

그 확률은 거의 제로에 가깝다.

물론 내가 10억 원을 벌 확률도 처음에는 50%였지만, 이제 제로에 가깝게 낮아지긴 한다. 그러나 이 게임에서 내가 돈을 잃을 확률은 매우 낮아졌고, 더 중요한 건 돈을 잃더라도 그 금액이 크지 않게 됐다는 점이다. 그리고 가장 중요한 사실은 돈을 잃을 확률이 낮아졌고, 잃더라도 그 금액이 크지 않게 됐음에도 불구하고 이 게임을 통해서 벌 수 있는 돈의 기댓값은 달라지지 않았다는 점이다. 하루에 동전을 한 번 던지는 +10억 원, -5억 원 게임을 10년 동안 매일 하는 것과 하루에 동전을 100번 던지는 +1,000만 원, -500만 원 게임을 10년 동안 매일 하는 것의 기대 수익은 동일하다.

요약하면 똑같은 게임이라도 잘게 나눠서 여러 번 하면 장기 수익률은 유지하면서도 변동성과 리스크를 줄일 수 있다. 주식도 마찬가지다. 투자를 여러 번으로 나눠서 하면 변동성과 리스크를 줄일 수 있다. 주식을 오래 보유하지 못하는 가장 큰 이유가 주식의 변동성과 리스크 때문에 생기는 공포라면, 변동성과 리스크를 줄이는 이 방법은 주식을 오래 보유할 수 있는 환경을 제공하는 아주 중요한 수단이다. 결론은 투자를 잘게 여러 번으로 나눠서 하면 리스크가 감소한다는 사실이다. 주식투자에서 게임을 잘게 나누는 것이 분산투자이고, 여러 번으로 나누는 것이 의미하는 바가 바로 장기 투자다. 오늘만 투자하는 게 아니라 여러 날로 나눠서 투자하는 것, 그것이 장기 투자의 의미이다.

포트폴리오 이론도 같은 맥락이다. 지구에 사는 모든 생물이 결국 태양에서 오는 에너지를 기반으로 성장하듯, 지구상의 모든 자산은 결국 점점 늘어나는 통화량 때문에 장기 우상향한다. 그래서 장기적인 자산 수익률은 충분이 긴 시간이라면 자산의 종류와 관계없이 비슷하다. 채권에 투자하든, 주식에 투자하든, 부동산에 투자하든, 금에 투자하든 길게 보면 비슷한 수익률이 된다는 뜻이다. 자산이라는 건 스스로의 추진력으로 오르는 게 아니라 통화량이라는 바다 위에 떠서 통화량이 늘어나는 것에 힘입어 위로 올라가는 것이다. 그러니 채권에만 100% 투자한 경우와 주식과 채권, 부동산, 금에 각각 25%씩 투자한 경우는 아주 길게 보면 수익률이 거의 비슷할 것이다.

그럼에도 불구하고 25%씩 나눠서 투자하는 것을 강력하게 권하는 이유는 그렇게 해야 단기 변동성이 줄어들기 때문이다. 단기 변동성이 작아야 자산을 중간에 팔지 않고 오래 보유할 수 있기 때문이다. 자산 가격의 변동성, 정확히 말하면 내 자산 보유액의 변동성이 크면 그 변동성을 견디지 못하고 팔게 될 가능성이 크다. 버티고 견디다가 두 손 들고 매도 버튼을 누르는 시점이 대개는 이제는 사야 하는 단기 저점인 경우가 많다. 때문에 특정 자산에 올인하는 투자는 성공할 확률이 낮을 수밖에 없다.

포트폴리오를 만들어서 투자해야 하는 첫 번째 이유가 싸게 팔지 않기 위해서라면 두 번째 이유는 비싸게 사지 않기 위해서다. 우리는 어떤 자산을 사들일 때 터무니 없이 비싼 값에 사는 경우가 종종 있는데, 그런 경우는 대개 우리가 그 자산을 하나도 갖고 있지 않을 때다. 예를 들어보자. 부동산 시장에서 아파트를 사상 최고가에 사들이는 사람들은 일반적으로 다주택자들이 아니라 무주택자들이다. 다주택자들은 집이 저렴할 때 사들이는 데 반해, 무주택자들은 신고가에 구입하는 경우가 많다. 무주택자들의 초조함 때문이다. 다주택자들은 이미 집이 한두 채 있으니 집값이 오르면 오히려 관망한다. 하지만 무주택자들은 집값이 오르면 영원히 집을 살 수 없을 것이라는 공포 때문에 어이없는 고가에 계약하곤 한다.

자산 포트폴리오를 만들어서 분산투자를 해야 하는 이유 중 하나는 모든 자산을 골고루 갖고 있어야 특정 자산이 오를 때 초조해지지 않을 수 있기 때문이다. 갖고 있지 않으면 항상 비싸게 사기 마련이다.

■ 100% 내가 이기는 게임의 법칙

포트폴리오 이론이 어려워서 이해하기 쉽지 않다는 생각이 든다면 다음 세 가지만 기억하면 된다.

'쪼개고, 나누고, 늘려라.'

바로 여기에 포트폴리오의 본질과 핵심이 모두 들어 있다. 조금 더 구체적으로 이야기하자면 다음과 같다.

> • **투자의 액수를 쪼개라.**
> • **투자의 시간을 늘려라.**

이 말을 구체적으로 이해하기 위한 출발점으로, 앞에서 살펴봤던 〈오징어 게임〉 주인공의 상황으로 다시 돌아가 보자. 상대방의 제안이 "앞면이 나오면 당신에게 10억 원을 주겠다. 그런데 뒷면이 나오면 나에게 5억 원을 줘야 한다"라는 것이라면 수중에 1억 원밖에 없는 나는 이 게임을 하기 어렵다. 그러나 게임의 규칙과 형태를 약간 바꾸면 가능해진다. +1,000만 원, -500만 원 게임으로 판돈을 줄이고 동전을 100번 던지는 것으로 바꾸는 것이다.

동전을 한 번 던지면 5억 원을 잃는 상황이 50%의 확률로 나타나지만, 동전을 100번 던지면 5억 원을 잃는 상황은 거의 발생하지 않는다. 처음에 10번 정도 던질 때까지는 돈을 약간 잃는 상황이 생기기도 하겠지만 동전을 던지면 던질수록 내 앞에는 돈이 쌓이기 시작한다.

아마 앞면이 50번, 뒷면이 50번 나올 확률이 높고, 그렇게 100번을 모두 던지면 내 앞에 쌓여 있게 될 돈은 2억 5,000만 원 안팎이 될 것이다.

> • 앞면: 50번×1,000만 원=5억 원(내가 받는 돈)
> • 뒷면: 50번×500만 원=2억 5,000만 원(내가 주는 돈)

10억 원을 버느냐, 5억 원을 잃느냐의 게임을 단지 시행 횟수를 크게 늘림으로써 2억 5,000만 원 정도를 안정적으로 버는 게임으로 바꾼 것이다. 이제 전혀 다른 게임이 된 것이다.

■ 우리가 믿을 수 있는 유일한 것

이러한 원리는 뭔가 꽤 신비롭다고 생각할 수 있겠지만, 사실 수학을 공부한 사람은 상식적으로 알고 있는 내용이다. 바로 횟수가 많을수록 애초의 확률에 점점 더 가까워진다는 '큰 수의 법칙'이다. 동전을 딱 두 번만 던졌을 때는 우연히 두 번 모두 앞면이 나올 수도 있고, 우연히 두 번 모두 뒷면이 나올 수도 있다. 그런데 그 횟수가 100번, 1,000번, 10,000번이 되면 거의 50:50으로 나오게 된다. 1부터 6까지의 숫자가 있는 주사위도 마찬가지다. 횟수가 많아지면 각 숫자가 딱 6분의 1로 나오게 된다는 점이다.

한국 대표팀과 브라질 대표님이 축구를 한다고 가정해 보자. 아마 전반 10분 정도는 매우 팽팽한 접전일 수도 있고, 어쩌면 한국 팀이 리드할 수도 있다. 그러나 전·후반 45분씩을 모두 뛰고 나면 브라질 대표팀이 이기고 있을 확률이 매우 높다. 전·후반 각각 45분이라는 시간은 두 팀의 실력 차이를 드러내기에 충분하다. 축구 실력이 공을 터치하고 패스하는 능력이라고 가정하면 전·후반 각각 45분은 그 실력을 드러내기에 충분한 횟수로 공을 터치하고 패스할 수 있기 때문이다. 그러므로 만약 브라질 축구 대표팀을 이기고 싶다면 한국은 전반 5분, 후반 5분으로 경기 시간을 줄이자고 제안해야 한다. 반면 브라질 대표팀은 한국을 확실히 이기고 싶다면 전·후반 45분씩 뛰는 게임을 100번쯤 하자고 제안해야 한다. 그러면 동전을 1,000번 던지는 게임처럼 돈을 잃지 않는 확실한 선택이 된다.

이런 사실을 주식투자에 적용하면 어떨까. 주식투자를 하는 우리는 한국 대표팀의 입장일까, 브라질 대표팀의 입장일까? 고맙게도 주식투자는 큰 이변이 없으면 장기적으로는 투자자가 이기는 게임이다. 주가지수는 장기적으로 우상향하기 때문이다. 그러므로 주식투자자는 브라질 대표팀의 상황과 비슷하다. 실수만 하지 않으면 주식투자에서 이길 확률이 높다.

우리나라 코스피 지수의 통계를 보면 일단 주식(코스피 지수를 추종하는 ETF라고 가정하자)을 산 후 6개월 후까지는 가격이 상승할 확률과 하락할 확률이 거의 50:50이다. 그런데 시간이 점점 흐르면서 이 확률은 점점 더 상승하는 쪽으로 기운다. 시간이 흐를수록 브라질 대표팀의 실력이 드러나는 것과 유사하다.

	오를 확률	내릴 확률
주식 산 후 1년 뒤	64%	36%
주식 산 후 3년 뒤	80%	20%
주식 산 후 5년 뒤	93%	7%

주식은 장기 투자하면 우상향한다.

왜 주식은 오를 확률이 계속해서 올라갈까? 왜 주식은 장기 우상향한다고 믿을까? 이 지점에서 우리는 다시 이 책의 맨 앞부분에서 배웠던 것을 떠올려야 한다. 그것은 바로 '시중의 돈은 계속 늘어날 수밖에 없다'라는 원리 때문이다. 그리고 이렇게 늘어난 돈이 주식 시장으로 유입되고, 투자자들은 기대감으로 주가를 끌어올리고, 또 이렇게 늘어난 돈이 소비자들의 주머니로 들어가면 기업들이 만든 상품이 더 잘 팔리게 된다. 그리고 그 과정에서 기업들은 더 좋은 제품을 만들기 위해 경쟁하면서 이익이 늘어나고, 매출이 늘어나기 때문에 주가도 오른다. 특히 시중의 유동성이 늘어나면 돈의 가치가 떨어지면서 기업에서는 제품의 가격을 올리고, 이것이 이익의 상승으로 이어지면서 또다시 주가 상승 방향에 영향을 미치게 된다.

주가가 우상향한다는 믿음은 우리가 주식투자에서 확신할 수 있는 유일한 원칙이기도 하다. 만약 이 사실에 대한 확신이 없다면 우리는 주식투자를 하지 말아야 한다. 주가가 장기 우상향할 가능성에 베팅하지 않고 다른 가능성이나 확률에 베팅하는 것은 투자가 아니라 게임이거나 도박이다.

주식을 매수한 후 장기 보유하면 오를 확률이 높아진다는 건 축구 게임을 '오래 여러 번' 하면 실력이 드러난다는 것과 같은 설명이다. 주식투자에 이 원칙을 응용하면 주식투자는 우리가 브라질 대표팀의 입장인 게임이며, 그렇다면 주식투자도 '여러 번(분산투자), 오래(장기 투자)' 해야 한다.

> • **투자의 액수를 쪼개라**(+10억 원, -5억 원 게임을 하지 말로 +100만 원, -50만 원 게임을 여러 번 하라).
> • **투자의 시간을 늘려라**(1년 후 오를 확률은 64%지만, 5년 후에는 93%가 된다).

모건 하우젤의
가상 투자 게임

모건 하우젤(Morgan Housel)이 쓴 책에는 무려 120년 정도의 투자 기간 동안 벌어진 가상 투자에 관한 이야기가 나온다.

- 1번 투자자: 120년 동안 아무 생각 없이 무조건 매달 1달러씩 주식을 산다.
- 2번 투자자: 경기가 침체된 것 같으면 주식을 사지 않고, 경기가 활성화된 것 같으면 주식을 산다.
- 3번 투자자: 매달 주식을 사고, 경기가 나빠져도 사다가 6개월째 계속 나쁘면 공포심에서 주식을 사지 않는다. 경기가 최악의 국면을 넘어서서 다시 활성화되더라도 아직 불안하다고 생각해서 주식을 못 사고 있다가 6개월 뒤에 '이제 정말 경기가 좋아졌구나'라고 생각하고 다시 한 달에 1달러씩 산다.

이러한 투자를 120년간 이어간 결과는 다음과 같다.

- 1번 투자자의 계좌 잔고: 43만 달러
- 2번 투자자의 계좌 잔고: 25만 달러
- 3번 투자자의 계좌 잔고: 23만 달러

매우 현명해 보였던 2번 투자자는 1번 투자자에 비해 현저하게 돈을 벌지 못했고, 가장 소심한 3번 투자자는 가장 나쁜 투자 수익을 거뒀다. 결국 경기가 좋으나 나쁘나 꾸준하게 소액을 투자하는 것이 결과적으로는 가장 좋은 방법이다.

그런데 모건 하우젤이 제시한 것은 아니지만, 이 3명보다 훨씬 더 좋은 투자 방법이 있다. 예를 들면 다음과 같은 4번 투자자다.

- 4번 투자자: 매달 1달러씩 주식을 사다가 경기가 나빠졌다는 생각이 들 때는 2달러, 더 나빠졌다는 생각이 들 때 3달러씩 주식을 산다.

아마도 이렇게 주식투자를 하게 되면 1번 투자자의 43만 달러를 훨씬 상회하는 투자 수익을 거둘 것임을 예상할 수 있다. 그러나 경기가 나빠지고 있다는 생각이 들 때 주식을 더 많이 사기는 쉽지 않다. 더 하락하면 위험해진다는 공포심이 생기기 때문이다. 이럴 때 도움이 되는 게 포트폴리오 이론이다. 주식과 채권, 부동산, 현금을 각각 25%씩 보유하는 포트폴리오를 유지하고 있다면 주식의 가격이 하락하면 전체 자산에서 주식이 차지하는 비율이 낮아진다. 그러면 '25%씩'이라는 포트폴리오 규칙을 지키기 위해 채권과 부동산, 현금의 비율을 줄여서 주식을 매수한다. 자연스럽게 자동적으로 주식의 가치가 낮을 때는 주식의 매입 금액이 늘어난다. 공포심을 느끼지 않고 그냥 규칙을 유지한다는 편안한 마음으로 자연스럽게 주식투자 금액을 더 높일 수 있다.

주식에 투자하는 방법은 다양하다. 누군가는 차트를 그려 놓고 기술적 분석을 하고, 다른 누군가는 기업탐방을 통해 저평가된 기업을 발굴한다. 누군가는 대주주가 주식을 사는지 파는지를 보고 주식을 매수할 시점과 매도할 시점을 정하기도 한다. 그리고 누군가는 어떤 기업에 다니는 친구가 전해준 비밀 뉴스를 투자에 활용하기도 한다. 모두 일리가 있는 투자 방법이다. 그러나 이 책에서 그런 투자 방법을 소개하거나 추천하지 않는 건 그런 다양한 방법들이 우리에게 어울리거나 효과적이지 않다고 생각하기 때문이다. 그 이유는 이렇다.

우리는 투자를 평생 해야 한다. 나이가 들수록 수중의 여유 자금이 많아지기 때문에 투자 금액을 계속 늘릴 수 있다. 투자금이 10억 원쯤 되면 투자를 잘한 해와 그렇지 않은 해의 투자 성적 차이가 연봉보다 더 많아진다. 우리는 그런 손이 떨리고 가슴이 두근거리는 투자를 사망하는 그 순간까지 계속해야 한다.

그런데 친구가 좋다고 추천하는 종목을 사는 투자는 좋지 않은데, 다음 두 가지 면에서 나쁘다.

첫째, 그런 투자는 큰돈을 투자하기 어렵기 때문이다. 그 친구의 추천을 얼마나 믿을 수 있는가? 내 여유 자산 전체를 그 종목에 투자할 수 있는가? 만약 그렇게 하고 나서 주가가 오르지 않거나, 오히려 내리면 얼마나 버틸 수 있는가? 그 어떤 질문에도 확신이 없기 때문에 적은 금액을 투자할 수밖에 없다. 그럼 나머지 돈은 어디에 투자할 것인가?

둘째, 그런 투자는 오래 지속할 수 없기 때문이다. 친구의 추천대로 그 종목이 많이 올라서 큰돈을 벌었다고 가정해 보자. 그다음에는 어떻게 투자할 것인가? 또 그 친구가 다른 종목을 알려줄 때까지 보통예금 통장에 넣어 두고 기다릴 것인가? 만약 그 친구가 틀렸다면 어떻게 할 것인가? 이런 투자는 한두 번 돈을 벌 수는 있겠지만 비중 있게 투자하기도 어렵고, 지속적으로 벌기도 어렵다. 그리고 이런 투자는 잘하다가도 한두 번씩 크게 잃는 경우가 생기는데, 우리가 앞서 살펴본 대로 중간중간 큰 손실을 볼 수밖에 없는 투자를 장기간 지속할 경우 수익률이 나빠진다.

꼭 기억해야 할 것은 우리는 죽을 때까지 수십 년간 투자해야 하며, 수십 년이라는 시간 동안 변하지 않고 믿을 수 있는 유일한 가정은 자산 가격은 단기적으로는 아무도 모르며, 장기적으로 우상향한다는 것뿐이다. 우리가 해야 할 일은 그 수십 년 동안 크게 잃지 않도록 조심하고 중간에 팔지 않도록 자제하면서 긴 시간을 기다리는 것이다. 돈은 순간순간의 판단이 벌어 주는 게 아니라 긴 시간이 벌어 주는 것이다.

여기서 한 가지! 그렇다면 우리는 투자 공부를 왜 해야 하고, 경제 공부는 왜 해야 할까? 그냥 코스피 지수에 돈을 계속 넣는 게 가장 바람직한 투자라면 말이다. 투자는 의외로 간단한 것임에도 불구하고 매일매일 경제 공부를 해야 하는 다섯 가지 이유가 있다.

첫째, 우리가 믿고 있는 자산 가격의 장기 우상향을 나의 지식으로 확인하고 신뢰하기 위해서다. 내가 스스로 익히지 않은 지식은 나의 것이 아니므로 늘 유혹에 흔들린다. 내가 스스로 확인하고 신뢰하지 않는 규칙은 그게 친구가 알려준 종목 정보이든, 이 책이 알려준 자산 가격의 장기 우상향 법칙이라고 해도 무의미하다. 이 책이 전달하는 지식을 스스로 곱씹고 확인하고 확신하기 위해서는 다양한 케이스에서 그것이 작동함을 확인해야 한다. 그래야 그 믿음이 오래가고 투자에 성공할 수 있다.

둘째, 다양한 공부를 하면 다양한 투자를 할 수 있는데, 그 다양함 자체가 위험의 분산이기 때문이다. 우리가 특정 종목에 올인해서 투자하는 이유는 그 종목에 대한 확신 때문이 아니라, 그 종목 말고는 아는 게 없어서 저지르는 실수인 경우가 많다. 다양한 종목, 다양한 분야, 다양한 국가를 이해하고 조사하다 보면 특정한 한두 종목에 내 돈을 모두 몰아넣는 일은 누가 하라고 강요해도 그렇게 하지 못한다.

셋째, 평생에 한두 번씩 찾아오는 경제 위기 상황에서 보다 현명한 대처를 하기 위해서다. 믿을 만한 자산을 고르고 포트폴리오를 짠 후 그 비율대로 오래 보유하면 된다는 원칙은 거의 대부분의 경우에서 옳다. 하지만 큰 위기가 오면 그 모든 자산을 정리하고 내가 살고 있는 국가를 떠나야 하는 경우도 있다. 이 위기가 결단을 내려야 하는 큰 위기인지, 아니면 참고 기다리며 포트폴리오를 조정하면서 넘겨야 할 위기인지를 판단하는 능력은 스스로 길러야 한다.

넷째, 사기를 당하지 않기 위해서다. 현대사회를 사는 우리는 계속 지식을 스스로 익히고 업데이트하지 않으면 정치적으로는 선동당하기 쉽고, 경제적으로는 사기를 당하기 쉽다. 특히 후자로 인한 충격은 삶의 전반을 흔들 만큼 큰 문제를 야기하기도 한다. 자산을 어느 정도 불려 놓으면 우리는 그 자산을 다른 곳(이를테면 어떤 사업이나 프로젝트 등)에 투자하고 싶은 유혹을 자주 느끼게 된다. 그때 그것이 신이 내게 준 행운인지, 흔한 사기인지를 구별하는 건 매우 어렵다. 경제 공부는 나를 보호하기 위해서 하는 것이다. 평생 한두 번 쓸까 말까 한 상황에서 생명을 건지기 위해 우리는 수영을 배우기도 하고 호신술을 익히기도 한다. 경제 공부도 마찬가지다.

다섯째, 우리의 인생은 주어진 시간 동안 우리를 둘러싼 세상과 생명들에 대해 조금씩 이해의 폭을 넓히고 깨닫다가 떠나는 것이다. 경제 공부는 우리가 사는 세상을 이해하는 중요한 방법 중 하나다. 삶은 우리를 둘러싼 세상에 대한 이해의 폭이 넓어질수록 그 세상과 마주하는 하루하루 일상이 더 재미있고 의미가 있다. 동물원에 가든, 미술관에 가든, 해외여행을 가든 많이 알수록 그 여행과 관찰이 더 재미있어지는 것과 마찬가지다.

PART 3

환율, 금리, 채권:
요동치는 돈의 세상

지금까지 우리는 돈은 계속 늘어나며, 늘어난 돈은 이리저리 움직이게 되고, 그 돈의 움직임 때문에 자산의 가격도 움직인다는 사실을 배웠다. 마치 비가 와서 강물이 불어나면 그 물이 이리저리 흘러 다니면서 땅을 적시기도 하고 홍수를 일으키기도 하는 것과 비슷하다. 그리고 그 물을 움직이게 하는 가장 근본적인 동력은 지구의 중력과 높이의 차이이다. 기본적으로 물은 위에서 아래로 떨어지게 되는데 그 과정에서 들판도 만나고 계곡도 만나다 보면 물의 움직임이 그 지형의 리듬을 타면서 다양하게 움직이게 되는 것이다.

그렇다면 돈은 왜 움직이며, 어떤 방향으로 움직이는 것일까? 물의 흐름을 만드는 근본적인 동력이 높이의 차이에서 오는 것이라면, 돈을 움직이는 가장 근본적인 동력은 가치의 차이에서 온다. 물은 높은 곳이라고 생각되는 곳에서 낮은 곳이라고 믿어지는 곳으로 흐르는 게 아니라 진짜 1cm라도 높은 곳에서 단 1mm라도 낮은 곳으로 흐르게 되지만 돈은 사람들이 마음속에서 단 1원이라도 가치가 더 있다고 '믿는' 쪽으로 움직인다. 그런데 사람들의 믿음과 마음은 각자 다르므로 '거래'가 일어난다. '나는 돈이 왼쪽으로 흐를 것 같은데 너는 오른쪽으로 흐를 것 같다고 믿는구나. 그럼 내 생각과 너의 생각이 다르니 서로 교환해 보자'라는 수요가 생긴다. 그것이 거래다. 나는 사과가 더 맛있을 것 같은데 너는 포도가 더 낫다고 하니 내 포도와 너의 사과를 바꾸자는 아주 단순한 제안은 채권시장에서 지금 당장 돈을 쓰는 게 낫다고 생각하는 사람들과 나중으로 미루는 게 낫다고 생각하는 사람들 사이에서 벌어지는 돈의 교환과 본질적으로 같은 것이다. 사람들은 돈을 어떤 기준과 생각으로 '교환'하고 '거래'하는지 알아보자.

채권과 금리에 대한
세상에서 가장 쉬운 설명

　돈을 빌리는 행위는 매우 일상적이다. 우리는 '돈을 빌린다'라는 것을 현재 내가 돈이 부족하니까 다른 사람의 도움을 받는 일로 생각하고, 이자를 지급하는 것은 그에 따른 대가를 지불하는 행위라고 생각한다. 그러나 이 행위를 금융 언어로 다시 풀어 보면 다른 설명이 가능하다. '돈을 빌린다'라는 것은 '미래의 돈과 현재의 돈을 교환한다'라는 의미이며, 그에 따른 이자율은 '미래의 돈과 현재의 돈을 교환하는 비율'이 된다.

　예를 들어 100만 원을 빌리고 1년 후에 이자 10만 원을 더해서 110만 원을 갚는 행위는 금융 언어로 풀어 보면 미래의 돈 110만 원과 현재의 돈 100만 원을 바꾼 행위다. 돈을 빌리는 채무자는 내가 미래에 벌어들일 110만 원을 포기하는 것이다. 미래에는 그 110만 원을 내가 사용하지 못하고 채권자에게 갚아야 하기 때문이다. 그러면서 현재의 100만 원을 선택하는 것이다.

그 돈을 빌려주는 채권자는 나에게 당장 100만 원을 빌려줘야 하니 현재의 돈 100만 원을 포기하는 것이다. 그 대신 미래에 내가 갚기로 한, 미래에 채권자의 수중으로 들어올 110만 원을 선택하는 것이다.

여기서 한가지 질문! 왜 현재의 돈 100만 원과 미래의 돈 100만 원이 교환되지 않고 현재의 돈 100만 원과 미래의 돈 110만 원이 교환될까? 그것은 채권자와 채무자가 그렇게 교환하는 데 동의했기 때문이고, 그 조건은 그때그때 상황에 따라 달라진다. 그런 교환과 선택이 균형을 이루려면 현재의 돈 ○○○만 원과 미래의 돈 ○○○만 원을 교환할 때 양쪽이 동의하는 교환비율 또는 교환 조건이 존재해야 하는데, 그 비율을 우리는 이자율이라고 부른다. 좀 더 자세히 들여다보자.

■ 현재의 돈과 미래의 돈

우선 '돈을 빌린다'라는 행위에 대해 한번 살펴보자. 아마도 살면서 누구나 한 번쯤 돈을 빌려 보았을 것이다. 친구에게 빌리기도 하고, 부모나 형제에게 빌리기도 한다. 하지만 돈을 빌리는 것은 개인만 하는 행위는 아니다. 회사, 은행, 정부도 돈을 빌린다. 그리고 반대로 우리는 회사, 은행, 정부에게 돈을 빌려주기도 한다.

'예금'이라는 것은 내 돈을 안전하게 보관하기 위해 은행에 맡기는 일이라고 생각하지만, 사실 엄밀하게는 은행에게 내 돈을 빌려주는 일이다. 내 돈을 내 요구가 있을 때는 언제든지 인출해 줄 것임을 보증하는 조건에서 은행이 내 돈을 일정 기간 동안 마음대로쓸 수 있기 때문이다. 그래서 은행이 "고객님, 예금하세요"라고 말한다면 그 말은 곧 "고객님, 돈 좀 빌려주세요"라는 말과 동일하다. 정부나 은행, 회사에서 발행하는 모든 종류의 채권 역시 "돈 좀 빌려주세요"라는 말과 동일하다.

그런데 이렇게 돈을 빌리고 갚는 과정에는 반드시 시간이 걸린다. 오늘 빌리고 내일 갚는다고 하더라도 하루라는 시간이 흐르게된다. 그런데 이 시간이 1년, 5년, 심지어 30년이 걸리는 경우도 있다. 예를 들어 '30년 만기 채권'이라는 말은 "지금 돈을 빌리고 30년후에 드릴게요"라는 의미다.

여기에서 등장하는 개념이 '현재의 돈'과 '미래의 돈'이다. 내가 돈을 빌린다는 행위는 현재의 돈을 지금 내가 받고, 시간이 흐른 뒤에미래의 돈으로 되돌려 주겠다는 의미다. 따라서 이런 개념이라고보면 된다.

> **한 달 뒤에 갚을 테니 100만 원만 빌려줘.**
> → 한 달 후라는 시간이 흐른 뒤 '미래의 돈 100만 원'을 줄 테니까, 지금 당
>   장 '현재의 돈 100만 원'을 나에게 줘.

그런데 시간이 흐르면서 돈은 교환비율이 달라진다. 예를 들어 '지금의 100만 원'이 '1년 뒤의 100만 원'과 동일할까? 당연히 그렇지 않을 것이다. 돈의 가치가 일정 부분 하락하면서 대략 지금의 100만 원은 1년 뒤에는 99만 원이 될 수도 있고, 97만 원이 될 수도 있다. 따라서 오늘 100만 원을 빌려주고, 1년 뒤에 100만 원을 돌려받게 되면 손해가 발생하게 된다.

그러면 돈을 빌려준 사람은 아무것도 하지 않고 가만히 있으면서 손해를 보게 된다. 당연히 합리적이지 않고, 또 이런 상태라면 그 누구도 돈을 빌려주려고 하지 않을 것이다. 이런 불합리한 문제를 해소하기 위해 일정한 교환비율이 존재하는데, 그것이 바로 금리(이자율)다. 다음을 살펴보자.

> **저희 은행에 예금을 하면 1년 뒤에 3%의 이자를 드릴게요.**
> → 저희 은행에 '오늘의 돈'을 맡기시면 1년 뒤에 '미래의 돈'으로 교환할 때
>   서로 합리적이라고 판단할 수 있는 교환비율을 만들기 위해 3%를 더 드
>   릴게요.

이렇게 하면 이제 서두에서 했던 '돈을 빌린다는 것은 미래의 돈과 현재의 돈을 교환한다'라는 것, 그리고 '금리는 미래의 돈과 현재

의 돈을 교환하는 비율'이라는 말을 이해할 수 있을 것이다.

■ 채권 가격과 시중 금리의 관계

그런데 이러한 돈의 교환비율이 매일매일 정해지는 시장이 있
다. 바로 '채권시장'이다. 이 시장은 달리 말하면, '미래의 돈'을 '오
늘의 돈'으로 사는 시장이다. 사과를 살 때는 사과 가격을 알아야
한다. 가격 변동이 심할 때는 어제 가격이 다르고, 오늘 가격이 다
를 수 있기 때문에 오늘 너무 비싸면 사지 않고, 어제보다 싸다는
생각이 들어야 구매하게 된다.

채권도 마찬가지다. 하나의 금융상품으로 거래되기 때문에 현재
의 가격을 알아야 구매할 수 있게 된다. 그래서 마치 우리가 "사과
하나에 얼마예요?"라고 묻듯이, 채권시장에서는 "만 원짜리 하나가
얼마예요?"라고 물어볼 수 있다. 현실 세계에서는 만 원짜리 한 장
이 얼마냐고 물으면 이상한 사람 취급을 받겠지만, 채권시장에서
는 만 원이라고 써 있는 채권 한 장이 얼마냐는 질문은 가장 일상적
이고 중요한 질문이다.

그럼 채권시장에서 가장 많이 거래되는 '1년 만기, 1만 원짜리 채
권'의 의미를 살펴보자.

> **1년 만기, 1만 원짜리 채권**
> → 1년 뒤에 이 채권 증서를 가져오면 1만 원을 드릴게요.

　이 채권은 1년 후에 1만 원이 되는 채권이다. 그런데 이 채권은 지금 거래된다. 그렇다면 이 증표를 구매하기 위해서는 얼마의 가격이 적당할까? 만약 오늘 사는 가격이 9,900원이면 고개가 좀 갸우뚱할 것이다. '1년을 기다려서 겨우 100원을 번다고?'라는 생각이 들기 때문이다. 따라서 대략 9,500원 정도는 되어야 살 마음이 생기게 될 것이다. 하지만 문제는 이러한 가격 결정은 채권을 발행하는 곳에서 마음대로 정할 수도 없고, 그것을 사는 쪽에서 마음대로 결정할 수도 없다는 점이다. 왜냐하면 시장에는 돈을 빌리려는 수많은 경쟁자와 돈을 빌려주려는 수많은 경쟁자가 동시에 존재하기 때문이다. 그리고 그 경쟁자들끼리 경쟁하는 종목이 바로 '금리(시중의 이자율)'다.

　예를 들어 시중의 이자율이 대략 10%라고 해 보자. 그러면 내가 은행에 9,000원을 맡기면 1년 뒤에 1만 원이 된다. 이런 상황에서 내가 1년 뒤에 1만 원이 되는 채권은 얼마쯤에 사면 될까? 9,500원이라면 나는 사지 않을 것이다. 은행에 9,000원만 맡겨도 1년 후에는 1만 원이 되기 때문이다. 시장의 모든 사람이 이런 생각을 하기 때문에 그 채권은 9,000원보다 비싼 가격에는 팔리지 않을 것이다.
　그러나 9,000원에는 사겠다는 사람이 있을 수도 있다. 1년 후에

1만 원이 되는 채권을 9,000원에 사는 것과 지금 9,000원을 은행에 맡기면 1년 후에 1만 원이 되는 것은 똑같은 것 같지만, 은행에 맡긴 예금은 6개월이 지난 후 중도에 해지하면 이자를 거의 받을 수 없으므로 여전히 9,000원일 것이다. 하지만 1년 후에 1만 원이 되는 이 채권은 6개월 후쯤에 사정이 생겨서 다른 사람에게 팔려고 할 때 9,500원 정도의 가격에 팔 수 있다.

이런 장점에 대해 많은 사람이 이해하고 공감하면 아마 이 채권은 9,100원에 사겠다는 사람이 나올 수도 있다.

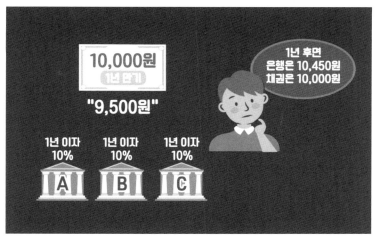

그림 9. 1년 후 1만 원이 되는 채권의 가격: 시중 이자율이 10%에서 5%로 '낮아지자' 1년 후에 1만 원이 되는 채권의 가격이 9,000원 언저리에서 9,500원 언저리로 '올랐다.' 채권과 시중 금리는 반비례한다.

그런데 시중 이자율이 어떤 이유에서든 5%로 낮아졌다고 가정해 보자. 시중 이자율이 5%라는 말은 이제 은행에 9,500원을 맡겨야 1년 후에 1만 원을 주는 세상이 됐다는 뜻이다. 그렇다면 1년 뒤에 1만 원이 되는 이 채권은 얼마에 거래될까? 아마 9,500원에 사겠다는 사람이 나서게 되면, 9,500원 언저리에서 거래될 것이다. 시중 이자율이 10%에서 5%로 '낮아지자' 1년 후에 1만 원이 되는 채권의 가격이 9,000원 언저리에서 9,500원 언저리로 '올랐다.'

이 현상을 잘 기억해 두자. 이 움직임이 채권 가격의 거의 모든 것을 설명한다.

> **채권과 시중 금리는 반비례해서 움직인다.**

앞서 설명한 시중 이자율이 낮아지자 채권 가격이 오른다는 사례는 시중 금리와 채권 가격은 반비례한다고 정리할 수 있다. 이 말을 들으면 '왜 금리가 오르는 데 채권 가격은 내려가지?'라는 궁금함이 들 수 있다. '채권은 이자를 주는 금융상품인데 이자율이 오른다는 건 채권이 주는 이자가 많아진다는 뜻 아닌가? 그런데 왜 채권의 가격이 떨어져? 오히려 올라야지'라고 생각하는 경우가 꽤 있다.

그런데 우리가 이 과정에서 잊지 말아야 할 것은 채권은 태어날 때 이미 금리가 정해져 있어서 중간에 시중 금리가 아무리 변해도 채권에 적혀 있는 이자율은 변하지 않는다는 사실이다. 금리가 오른다는 건 그냥 시중 금리가 오른다는 뜻이지, 채권에 적혀 있는 이자율이 높아지거나 낮아진다는 말이 아니다. 채권은 태어날 때 이미 모든 게 다 정해져 있고, 죽을 때까지 변하지 않는다.

예를 들어보자. 이진우라는 경제 전문가가 오늘 방송에 출연해서 재테크에 대해 설명한다. 그런데 이런 설명은 이진우만 하는 것이 아니다. 홍길동이라는 강사도 하고, 이순신이라는 강사도 한다. 그런데 만약 이진우보다 이순신이 설명을 훨씬 더 잘해서 시청자들의 반응이 좋고, 인기도 있다면 어떨까? 아마도 이진우의 출연료는 떨어지고, 이순신의 출연료는 높아질 것이다. 그런데 반대로 "이진우만 한 사람이 없네. 역시 이순신보다는 이진우야!"라며 인기가 좋아진다면 이순신의 출연료는 낮아지고, 이진우의 출연료는 높아질 것이다. 사실 이진우는 이진우일 뿐이다. 그가 재테크를 설명하는 방식은 예나 지금이나 동일하고, 미래에도 크게 달라지지 않는다. 하지만 주변의 홍길동, 이순신 같은 경쟁자들의 상황에 따라 이진우의 출연료가 달라지게 된다.

그럼 이제 '채권(A)과 시중 이자율(B)은 반비례해서 움직인다'라는 말을 다시 살펴보자. 이 둘은 서로 경쟁 관계에 있다. 우리는 돈을 굴릴 때 A(채권)에 투자할까, B(시중 이자율)에 투자할까 고민하기 때문에 둘은 경쟁 관계다. 그래서 채권 가격은 시중 이자율이 높아지면 낮아지고, 반대로 시중 이자율이 낮아지면 올라간다. 아들(A) 또래의 젊은이들(B)이 외모를 잘 꾸미고 다니면 우리 아들의 인기는 올라갈지, 내려갈지를 생각해 보면 된다. 아들과 또래들은 경쟁 관계다.

다시 한번 요약하면, 금리란 '미래의 돈과 현재의 돈을 교환할 때 사용되는 조건 또는 비율'이며, 채권시장에서는 매일매일 미래의 돈과 현재의 돈이 거래되면서 그 교환비율이 결정된다. 채권시장의 본질은 미래의 돈과 현재의 돈을 서로 교환하는 것이다.

채권과 금리 관계로 살펴보는
경기에 대한 판단

　금리는 현재의 돈과 미래의 돈을 교환할 때 적용하는 교환비율이다. 그런데 이 교환비율은 매일 변한다. 왜 그럴까? 사람들이 언제는 현재의 돈을 더 좋아하다가, 언제는 미래의 돈을 더 좋아하는 등 변덕을 부리기 때문이다. 보다 정확하게는 현재 당장 돈을 가져다 쓰는 것에 대한 선호도가 매일매일 달라지기 때문이다.

■ 배고픈 철수는 왜 설거지까지 하려고 할까?

예를 들어보자. 엄마가 철수에게 "너 지금 밥 먹을래, 2시간 후에 먹을래?" 하고 물어볼 때 철수는 어떻게 답을 할까. 만약 철수가 별로 배가 고프지 않으면 "지금 주든가, 아니면 나중에 먹지 뭐"라고 심드렁하게 대답할 것이다. 지금 당장 먹는 것과 2시간 후에 먹는 것이 철수에게는 별 차이가 없다. 엄마가 "철수야, 그럼 2시간 후에 먹어. 엄마가 100원 줄게"라고 한다면 철수는 기꺼이 100원을 선택할 것이다. 이를 어렵게 표현하면 '철수에게 현재의 밥과 2시간 후의 밥은 선호도의 차이가 크지 않고, 그래서 현재의 밥과 2시간 후의 밥을 교환하는 비율도 낮다. 그 교환비율은 100원에 불과하다'라고 할 수 있다. 이 상황을 보다 쉽게 표현하면 '철수는 배가 안 고프다'이다.

그런데 철수가 아주 배가 고프다면 엄마가 철수에게 "너 지금 밥 먹을래? 2시간 후에 먹을래?" 하고 물어보면 "내가 식탁도 미리 닦아 놓고, 먹은 다음에는 설거지도 할게. 그러니 제발 지금 당장 줘!"라고 할 것이다. 이 상황을 학술적으로 표현하면 '철수에게 현재의 밥과 2시간 후의 밥은 선호도의 차이가 크다.' 그래서 철수는 현재의 밥과 2시간 후의 밥을 교환할 수 있다면 설거지를 포함한 그 어떤 대가도 치를 용의가 있다. 철수가 제시하는 '현재의 밥과 2시간 후의 밥에 대한 교환비율은 매우 높은 상태이다'라고 할 수 있다. 역시 친숙하게 표현하면 '철수는 지금 배가 매우 고프다'이다.

실제 경제도 마찬가지다. 경제가 활력이 있다는 말은 경제주체들이 돈을 쓰려는 의사가 강하다는 의미다. 기업이든 정부든 가계든 너도나도 돈을 쓰려고 한다. 가계가 돈을 쓰는 것을 소비라고 하고, 기업이나 정부가 돈을 쓰는 것을 투자라고 한다. 소비와 투자가 활발하다는 것은 경제에 활력이 있다는 말이다. 이런 상황일 때는 너도나도 돈을 구하려고 한다. 지금 소비하고 싶고, 투자하고 싶기 때문이다. 기업은 어떻게서든 돈을 구해서 공장을 증설해야 더 많은 물건을 만들어 팔 수 있다. 이럴 때 기업에게 "지금 돈을 빌려줄까, 아니면 2년 후에 돈을 빌려줄까?"라고 물으면 배고픈 철수처럼 당장 지금 돈을 빌려 달라고 할 것이다. 즉 현재의 돈과 미래의 돈이 크게 다르다고 생각하고, 미래의 돈과 현재의 돈을 교환할 때 그 가치의 격차를 크게 받아들일 것이다. 이 경우에는 현재의 돈과 미래의 돈을 교환하는 교환비율, 즉 이자율이 높아진다.

반대로 경기가 나쁘고 경제의 활력이 떨어지면 당장 공장을 지을 이유도 없고, 돈을 빌려 쓰고 싶은 생각도 없어진다. 그래서 현재의 돈과 미래의 돈을 교환할 때의 교환비율이 낮아진다. 즉 이자율이 낮아지게 된다.

그러므로 우리는 채권시장에서 미래의 돈과 현재의 돈이 어떤 비율로 거래되느냐, 즉 채권시장에서 이자율이 어떻게 형성되고 있는지를 보면 사람들이 지금 배가 고픈지 안 고픈지, 경제가 활발한지 활발하지 않은지 쉽게 알 수 있다.

채권의 거래 상황은 사람들이 현재의 경제 상황을 어떻게 느끼고 있는지를 알려주기도 하지만, 미래의 경기를 어떻게 예상하는지도 알려준다.

　예를 들어 지금 시중 금리는 연 3%이고, 경기는 그저 그런 상태다. 그런데 누군가가 채권시장에 나타나서 10년 후에 갚을 테니 돈을 빌려 달라고 한다. 현재의 돈과 10년 후의 돈을 교환하자고 제안한 것이다. 그렇다면 현재의 돈과 10년 후의 돈을 바꾸는 교환비율인 이자율은 어떻게 정해질까? 이자율은 연 3%보다 높을 수도 있고, 연 3%보다 낮을 수도 있다. 만약 사람들이 '지금은 경기가 보통이지만, 미래에는 경기가 좋아질 것'이라고 예상한다면 이렇게 생각할 것이다.

　'가만있어 보자. 지금은 이자율이 연 3%지만 5년 후에는 경기가 좋아질 테니 이자율이 연 4% 정도는 될 거고, 10년 후에는 연 5%쯤은 될 거 같은데…. 그런데 지금 이자율을 정하면 앞으로 10년 동안 똑같은 이자를 줄 거 아냐? 그럼 연 4%는 달라고 해야겠다. 지금이야 이자율이 연 3%지만 앞으로는 더 높아질 수 있을 거 같은데, 그냥 연 3%만 달라고 하면 손해지.'

　마치 지금은 한 달에 60만 원을 월세로 받는 방을 누군가가 나타나서 10년 동안 빌릴 테니 한 달 월세를 얼마로 하면 되느냐고 묻는 것과 똑같은 상황이다. 미래에는 경기가 좋아지고 월세가 올라갈 것이라고 생각하면 집주인은 아마 10년 동안 매월 70만 원씩 내라고 할 것이다. 방을 빌리려는 사람도 미래에 경기가 좋아진다고 생각하면 지금은 월세가 60만 원이지만 3년 후에는 70만 원, 5년 후에는 80만 원, 7년 후에는 90만 원, 10년 후에는 100만 원쯤은 될 테니 10년 동안 매월 70만 원만 내고 빌리는 건 좋은 거래라고 판단할 것이다.

이렇게 미래의 경기가 좋아질 것으로 보면 채권시장에서 거래되는 '만기가 긴 채권'은 금리가 현재 이자율보다 높게 형성된다. 마찬가지로 만기가 긴 채권의 이자율이 만기가 짧은 채권보다 훨씬 더 높은 이자율로 거래된다면 사람들은 앞으로 경기가 좋아질 것으로 예상한다고 볼 수 있다.

반대로 지금보다 미래에 경기가 더 나쁠 것이라고 예상한다면 어떻게 될까? 10년 동안 방을 빌려 달라고 하는 세입자는 미래에는 월세가 낮아질 가능성이 크니 10년을 빌리더라도 10년 동안 한 달에 50만 원만 내겠다고 할 것이다. 미래에는 경기가 나쁠 것으로 예상한 집주인도 지금 생각하면 싼 월세지만 10년 후에는 월세가 더 낮아질 수도 있으니 50만 원을 10년 동안 안정적으로 계속 받을 수 있는 세입자라면 괜찮은 조건이라고 생각할 것이다. 그래서 10년 만기 원룸의 월세는 지금보다 낮은 50만 원이 된다.

채권시장에서 형성되는 10년 만기 채권의 이자율도 미래의 경기가 나쁘다고 판단되면 현재의 이자율인 3%보다 더 낮게 형성된다. 채권시장은 이렇게 미래의 경제 전망을 이자율이라는 신호등에 적절하게 반영한다.

■ 중앙은행이 금리를 결정하게 놔두는 이유

이처럼 채권 가격이나 금리는 시장에서 매우 자유롭게 스스로 조정된다. 누가 인위적으로 개입하거나 조작할 수도 없고, 그 자체의 원리에 따라 높고 낮음이 결정된다는 이야기다. 그런데 여기에 개입할 수 있는 딱 한 곳이 있다. 바로 중앙은행이다. 한국에서는 한국은행이 중앙은행의 역할을 하고, 미국에서는 연방준비제도(Federal Reserve System)가 통화정책을 좌우하는 중앙은행의 역할을 한다. 종종 이들의 대변인들이 나와서 '기준 금리를 인하했다'라고 발표하면, 이에 대해 언론은 '인하 폭이 파격적이다'라든지, '연내 추가 인하를 예고했다'라는 등의 평가를 하곤 한다. 이 말은 금리를 인위적으로 높이거나 낮추는 행위를 중앙은행이 강제로 한다는 뜻이다. 금리는 시장에서 자유롭게 조정되고 있다고 했는데, 왜 중앙은행들이 등장해서 굳이 인위적으로 조정하는 것일까? 그것은 어차피 놔두면 시장에서 조정될 금리지만, 미리 조정해서 경제주체들을 좀 더 편안하게 해 주기 위해서다.

예를 들어보자. 경기가 점점 좋아지고 있다면 사람들의 투자 심리, 소비 심리가 회복돼서 보다 적극적으로 돈을 쓰려고 할 것이다. 그러다 보면 현재 시중 금리는 연 2%지만 사람들은 연 3%의 이자를 내고 돈을 빌리더라도 그 돈으로 소비나 투자하는 것이 더 좋다고 느낄 테니 시중 이자율은 곧 3%까지 오를 것이다. 아마도 이번 주의 이자율은 2.1%, 다음 주는 2.2%, 다음 달은 2.3%, 그다음 달은 2.5%, 그다음 달은 2.8%로 서서히 단계적으로 오를 것이다.

그런데 기업가 중에는 이렇게 이자율이 오르게 될 줄 모르고 2.2%에 돈을 빌려서 연 3% 정도의 수익이 나는 사업을 시작한 사람이 있을 수 있다. 이 경우 시중 이자율이 3%가 되면 사업에서 버는 돈으로 이자를 내고 나면 남는 돈이 없게 될 것이다. 이런 사업은 경제 전체로 봐도 시작하지 말았어야 할 효율이 낮은 사업이다. 그런데 경제 전망을 제대로 하지 못하고 낮은 금리가 계속될 것으로 보고 투자를 결정하는 경우는 불가피하게 있을 수도 있다. 9월부터는 가을이 될 텐데 그런 순환을 잘 모르고 더위를 견디다가 결국 8월 말에 에어컨을 주문하는 소비자와 비슷한 처지다. 이런 경우에는 차라리 정부가 한 달 후 날씨를 알려주거나, 에어컨 주문을 중단하도록 강제하는 게 나을 수도 있다. 9월이 되면 에어컨을 사라고 해도 안 사겠지만, 8월에서 9월로 넘어가는 구간에서 수많은 희생자가 나올 수 있기 때문이다.

금리도 마찬가지다. 경기가 좋아지다 보면 시중 금리는 곧 3%까지 뛰어오를 것이고, 그러면 2%대 수익률이 예상되는 사업에는 투자하지 말아야 한다. 그런데 경제주체들의 판단은 제각각 다르다 보니 그런 비효율적인 투자가 생기면서 부작용이 나타난다. 중앙은행이 금리를 인위적으로 올리거나 내려서 조정하는 이유는 그런 과도기의 부작용을 줄이기 위해서다. 경기가 나빠지면 가만히 둬도 금리가 내리겠지만, 어차피 내려올 금리라면 빨리 내려서 저금리의 장점이 빨리 발휘되도록 한다. 그리고 경기가 뜨거워지면 어차피 가만히 뒤도 금리는 올라가겠지만, 어차피 오를 금리라면 빨리 올려서 고금리의 장점이 빨리 나타나도록 하는 게 좋다는 판단을 적용하는 것이 중앙은행의 금리 결정 시스템이다.

중앙은행이 하는 일을 '모두 취해 있을 때 파티장에 나타나서 이제 그만 귀가하라며 테이블 위의 술잔들을 하나씩 치우는 웨이터 같은 역할'이라고 비유한 것은 잘 표현된 설명이라고 본다. 파티가 더 무르익도록 그대로 뒤도 새벽이 되면 슬슬 잠이 들고 아침에는 다들 술이 깨겠지만, 지금부터는 파티의 즐거움보다는 부작용이 더 클 것 같으니 괜히 멀리 갔다 오지 말고 여기에서 방향을 바꾸자는 것이다. 중앙은행이 금리를 인위적으로 조절하는 것은 이런 이유 때문이다.

문제는 중앙은행도 정확하게 경기 판단을 하지 못한다는 점이다. 좀 더 경기가 뜨겁게 살아나도록 뒤둬야 할 때 파티를 너무 빨리 끝내는 바람에 경제주체들이 우울감에 빠지기도 한다. 일본의 '잃어버린 30년'은 중앙은행의 그런 실수에서 비롯됐다는 게 정설이다. 반대로 파티를 너무 늦게 끝내는 바람에 경기가 과열되고 물가가 크게 오르는 부작용도 종종 발생한다. 시중 금리보다 경기 판단을 먼저 하고 한발 앞서 경기를 조절하는 역할을 맡은 중앙은행의 행동이 오히려 굼뜨고 늦어서 문제를 일으키는 경우도 있다.

그래도 중앙은행이라는 전문가 집단이 경기 방향을 판단하고 금리를 조정하는 것이 시장에 맡겨 두는 것보다는 좀 더 효율적이라는 생각에서 금리를 조정하도록 허락하는 것이다. 방이 너무 추우면 알아서 옷을 껴입거나 몸을 움직여서 몸을 덥힌다. 그리고 방이 너무 더우면 알아서 땀을 흘리거나 옷을 벗어서 체온을 조절한다. 하지만 실내 온도를 적절하게 유지하는 에어컨이나 히터를 설치하면 옷을 입고 벗는 불편함 없이 편안하게 지낼 수 있는 것과 같다. 중앙은행은 실내 온도를 감지하고 온도를 알아서 조절해 주는 에어컨이나 히터 역할을 한다. 잘 작동한다는 전제만 있다면 매우 편리한 시스템이다.

요동치는 환율을
꿰뚫어 보는 시선

금리는 현재의 돈과 미래의 돈 사이의 교환비율이다. 그렇다면 환율은 무엇일까? 바로 우리나라 돈과 외국 돈 사이의 교환비율이다. 좀 더 쉽게 표현하자면 환율은 외국 돈의 가격인데 사과 한 개와 돈을 교환하는 비율을 가격이라고 하듯, 외국 돈 한 단위와 우리나라 돈을 교환하는 비율을 말한다. 환율은 매일매일 달라지지만, 현재 시점에서 환율이 1달러에 1,380원이라면 '지금 1달러의 가격은 한국 돈 1,380원이다'라는 의미이다.

그런데 이 환율이 오르내리는 요인은 금리의 변동 요인보다 훨씬 더 다양하다. 환율 변동에 영향을 주는 요인은 매우 많지만, 일단 크게 다섯 가지를 살펴보자.

① 두 나라 사이의 물가 차이
② 해외 자산에 대한 투자 움직임
③ 외국의 외환시장
④ 두 나라 사이의 금리 차이
⑤ 정치적인 불안정성 등 기타 요인

■ 환율 변동의 주요 요인들

첫 번째 요인은 바로 두 나라 사이의 물가 때문이다.

쉽게 계산하기 위해 1달러를 1,000원이라고 가정해 보자. 그리고 똑같은 카메라가 한국과 미국에서 팔린다고 가정해 보자. 한국에서 100만 원에 팔린다면 미국에서는 1,000달러라는 가격표가 붙어 있을 것이다. 그런데 어떤 요인에 의해서 미국의 카메라 가격이 오를 수 있다. 미국 카메라 매장 직원의 인건비가 오를 수도 있고, 갑자기 사진 찍기 열풍이 불어서 카메라가 불티나게 팔릴 수도 있다. 이렇게 해서 카메라 원가도 오르고 가격도 올라서 카메라 가격이 2,000달러로 올랐다고 가정해 보자.

그렇게 되면 미국에서 카메라를 판매하는 사람들은 높은 마진을 위해 미국 공장이 아닌 한국에서 카메라를 100만 원(1,000달러)에 사와서 팔아 보려고 구입처 변경을 시도할 것이다. 미국의 소비자들도 미국의 카메라 가게 대신 더 저렴한 한국의 쇼핑몰에서 직구를 통해 구입하려고 할 수도 있다. 두 경우 모두 미국인의 주머니에 있는 달러가 한국으로 이동한다. 한국산 카메라를 수입하는 구조가 되기 때문이다.

카메라를 사기 위해 한국으로 송금하는 달러가 늘어나면 한국, 정확히 말하자면 한국의 외환시장에는 달러가 흔해진다. 무엇이든 흔해지면 가격이 내려가듯, 그때부터는 환율(외국 돈의 가격)이 내려가게 된다. 1달러에 1,000원이던 것이 어느 순간 900원, 800원, 그리고 500원으로 내려가게 되는 것이다.

만약 달러의 가격(환율)이 1달러=500원이 되면 그때부터는 미국인이 한국의 100만 원짜리 카메라를 사기 위해서는 2,000달러를 지불해야 하는 상황이 펼쳐진다. 이런 상황을 맞닥뜨린 미국인은 자기 나라에서도 2,000달러인데, 한국에서 사 와도 2,000달러라면 굳이 더 이상 한국에서 카메라를 구매하지 않게 된다. 상황은 이렇게 마무리되지만 전체적인 그림은 미국에서 카메라 가격이 두 배로 오른 것이 환율을 1달러=1,000원에서 1달러=500원으로 바꾼 것이다. 이렇게 미국과 한국의 물가 차이가 나타나면 환율의 변화로 이어지게 된다.

두 번째 요인은 해외 자산에 대한 투자다.

우리나라 주식투자자들 사이에서 해외 주식 열풍이 불면 환율의 변동 요인이 된다. 해외 주식투자라는 것이 그냥 한국 돈을 미국으로 들고 가면 되는 게 아니라 달러로 바꿔야 하기 때문이다. 그러면 달러의 수요가 빠르게 늘면서 외환시장에서는 달러가 귀해지고 환율은 오르게 된다. 즉 한국인들이 해외 자산에 얼마나 자주, 많이 투자하느냐도 환율을 움직이는 중요한 요인이다.

세 번째 요인은 외국의 외환시장이다.

예를 들어 옆 나라 일본에서 달러 가격이 비싸졌다(달러/엔 환율이 올랐다=엔화의 상대적 가치가 하락했다)고 가정해 보자. 그 요인은 앞서 설명한 것처럼 일본과 미국 사이에서 생긴 다양한 사건들 때문이다. 그런데 이러한 현상을 지켜보면서 우리나라 투자자들도 '이제 좀 달러가 비싸지려나?'라는 생각으로 슬금슬금 달러를 사기 시작한다. 그 이유는 나름 합리적이다.

달러와 엔화 사이의 관계에서 엔화의 가치가 하락한 것이 왜 달러/원 환율에 영향을 줄까? 엔화의 가치가 하락하면 일본 기업들은 수출할 때 가격 경쟁력이 더 생기게 된다. 그러면 일본 제품과 경쟁하는 우리나라 제품은 덜 팔리게 되고, 우리나라의 수출이 감소하는 쪽으로 영향을 받을 것이다. 그리고 우리나라로 들어오는 일본 관광객이 줄어들 것이다. 엔화 가치가 낮아졌으니 일본 관광객 입장에서는 한국에 와서 돈을 쓰는 게 부담스러울 것이기 때문이다. 우리나라의 수출이 감소하는 것이나, 일본 관광객이 줄어드는 것이나 우리나라 입장에서 보면 달러의 유입이 줄어드는 결과가 된다. 그러면 달러가 귀해지면서 달러가 비싸지고 환율은 오르게 된다. 이런 메커니즘 때문에 엔화 가치가 떨어지면 원화 가치도 떨어지고, 위안화 가치도 떨어지는 움직임이 종종 나타난다.

네 번째 요인은 우리나라와 외국의 금리 차이다.

예를 들어 어떤 이유로 인해서 우리나라의 금리가 올라갔다고 해보자. 그런데 미국의 금리는 우리나라 금리의 영향을 받을 이유가 없으니 아마 그대로일 것이다. 그렇게 되면 우리나라만 상대적으로 금리가 올라간 결과가 된다. 보통 이렇게 금리 차이가 생기게 되면 금리가 낮은 곳에서 돈을 빼서 금리가 높은 곳으로 투자하기 마런이다. 한국의 A 은행 금리가 3%에서 5%로 오르고, 미국 B 은행의 금리는 그대로 3%라면, 당연히 투자자들은 B 은행의 돈을 빼서 A 은행으로 옮길 것이다. 결국 국가의 금리 차이가 달러의 흐름을 좌우하게 되고, 그 결과 또다시 환율은 변하게 된다.

다섯 번째는 정치적인 이유에 의해서도 환율은 변하게 된다.

정치가 불안해질 때 투자자들은 그 나라를 위험하다고 생각해서 가지고 있던 달러를 빼서 정치가 안정된 나라에 투자할 수도 있다. 당연히 이렇게 달러가 들어오고 나가는 과정에서 환율은 요동치게 된다.

이 외에도 새롭게 발표된 나라의 정책, 시장에 대한 사람들의 기대 심리, 실업률이나 경제 성장률 등의 경제지표, 그리고 중앙은행이 개입해서 금리를 인위적으로 조작하는 일 역시 모두 환율에 적지 않은 영향을 미치게 된다.

■ 환율이 변하지 않으면 생기는 일

어떻게 보면 환율은 말 그대로 '보이지 않는 손'에 의해서 끊임없이 자연스럽게 오르내리는 것처럼 보인다. 그래서 어떨 때는 '이렇게 환율이 오르내리지 않고 그냥 고정되면 안 될까?'라는 생각이 들 수도 있다. 유학 간 자녀를 둔 어머니는 마음을 졸이지 않아도 되고, 외국 기업과 사업을 하는 아버지 역시 안정적으로 사업을 할 수 있기 때문이다. 하지만 환율은 변해야 하는 것이 오히려 공평한 일이고, 자연스러운 일이다. 또 그렇게 원활하게 변해야 누군가에게 가는 큰 피해를 줄일 수 있다.

예를 들어보자. 앞의 한국과 미국의 카메라에 대한 이야기에서 카메라 한 대에 한국 돈으로는 100만 원, 미국 돈으로는 2,000달러의 상황에서 환율이 움직이지 않고 늘 '1달러=1,000원'으로 고정되어 있다고 가정해 보자. 그러면 미국 판매업자나 소비자들은 계속해서 한국 카메라를 사게 될 것이다. 환율이 변하지 않으니, 구매행렬은 계속해서 이어질 수밖에 없다. 그렇다면 여기에서 최대의 피해자는 누굴까? 바로 미국에서 카메라를 만드는 제조회사와 판매하는 유통사다. 거의 대부분의 구매자가 한국에서 카메라를 사게 되니 자국의 카메라 산업이 망하게 되는 결과를 초래한다.

환율의 움직임은 같은 나라의 다른 산업에도 큰 영향을 준다. 실제로 1960년대 네덜란드에는 '네덜란드 병(Dutch Disease)'이라는 것이 생겼는데, 그 이유는 어느 날 갑자기 네덜란드 앞바다에서 석유가 발견됐기 때문이다. 그때 네덜란드에서는 잔치가 벌어졌다. 없던 석유가 콸콸 쏟아지니 석유를 팔아서 돈을 버는 나라가 됐고, 다른 국가에서 너도나도 네덜란드산 석유를 구입하니 외환시장에는 엄청난 달러가 유입됐다. 네덜란드 외환시장에는 달러가 넘쳐났고, 네덜란드 화폐 가치는 끊임없이 솟아올랐다. 그런데 자국의 통화 가치가 올라가게 되면 수출에서 불리해진다. 그래서 당시 잘 나가던 네덜란드의 수출 업체들이 거의 다 쓰러지고 말았다.

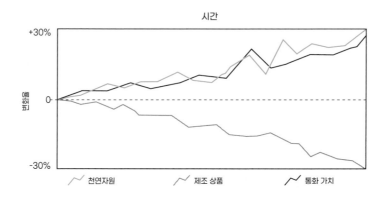

그림 11. 1960년대 네덜란드 화폐 가치 대비 제조업

[그림 11]에서 주황색 선은 네덜란드에서 생산되는 천연자원(석유)이며, 검은색 선은 네덜란드의 통화 가치다. 그리고 회색 선은 네덜란드에서 생산된 제조 상품이다. 천연자원이 발견되면서 통화 가치는 계속해서 오르지만, 그와 정반대로 제조 상품의 생산량은 계속 하락했다. 환율 상승으로 수출 가격이 불리해지면서 수출량이 감소했기 때문이다.

■ 왜 전 세계 모든 국가의 금리는 동일하지 않을까

이번에는 환율 변동과 관련된 상식과는 다른 또 하나의 이야기를 살펴보자. 앞에서 환율이 변하게 되는 '④ 두 나라 사이의 금리 차이'라는 것이 있었다. 금리가 높은 나라 쪽으로 돈이 이동하면서 환율에 변동이 생기는 현상을 말한다.

그런데 이런 현상을 보면서 이렇게 이야기할 수 있다.

"그러면 금리가 높은 나라로 늘 자금이 이동하는 것 아니야?"

만약 우리나라의 금리가 3%이고, 미국의 금리가 5%라고 해 보자. 이론적으로는 우리나라에 있는 달러는 모두 미국으로 몰려 가서 고금리를 즐겨야만 한다. 그러다 보면 한국에서는 돈이 빠져나가니 돈이 귀해지고, 미국에서는 돈이 흔해지며 미국 금리는 내려가고 한국 금리는 올라가면서 두 나라의 금리가 같아질 것이다. 0.1%포인트라도 금리 차이가 생기면 그렇게 움직일 테니 결국 한국과 미국은 금리가 같아지게 되는 것 아닌가? 그렇다면 같은 원리로 전 세계 모든 나라의 금리는 곧 같아지게 될 것이다. 다른 나라보다 금리가 높은 나라로 자금이 몰릴 테니 높은 금리가 유지되기 어려울 것이다. 그렇다면 전 세계 모든 나라의 금리는 동일해야 할 텐데, 왜 나라마다 금리 차이가 계속 유지되고 있을까?

한국의 금리가 3%이고, 미국의 금리가 5%라면 미국으로 고금리를 찾아 떠나는 자금도 있지만 대부분의 자금은 사실 한국에 머물러 있는 경우가 많다. 그 이유는 비교적 단순하다. 마음 같아서야 당장 미국으로 달려가고 싶지만, 다시 돌아왔을 때 환율이 변동되는 현상 때문이다.

예를 들어보자. 현재 환율은 1달러=1,300원이고, 나의 수중에는 130만 원이 있다고 해 보자. 이를 모두 달러로 바꿔 1,000달러를 미국의 은행에 넣어 둔다고 했을 때, 1년에 금리가 5%라고 한다면 1,050달러로 돈을 불릴 수 있다. 그런데 1년 뒤에 다시 한국으로 돌아왔는데 만약 그때 환율이 1,000원으로 내려갔다면? 내가 가진 1,050달러를 한국 돈으로 바꿔 봐야 105만 원이 된다. 130만 원이었던 한국 돈이 오히려 105만 원으로 줄어드는 결과가 초래된다. 결국 이 사람은 '나 지금 뭐한 거야?'라며 한탄할 수밖에 없다. 차라리 고금리를 쫓아 미국으로 가지 않은 것이 오히려 더 현명한 일일 수 있다. 이런 일이 종종 벌어지기 때문에 사람들은 어떤 나라의 금리가 높다고 무조건 그 나라로 돈을 이동하는 결정을 하지 않는다.

그런데 이런 고민을 해결하기 위한 새로운 아이디어가 금융시장에는 존재한다. 고민의 출발점은 내가 지금 달러로 미국에 투자해서 돈을 벌어 보려고 하는데, 문제는 돌아왔을 때의 불안한 환율이다. 그런데 생각해 보면 미국인 중에서도 한국에서 원화로 투자하고 싶은 사람도 소수지만 있지 않겠느냐는 아이디어다. 한국이 금리가 조금 낮기는 하지만 앞으로 금리가 지금보다 더 많이 내려가서 한국 채권을 들고 있으면 그 채권값이 크게 오를 거라고 예상할 수도 있다. 그리고 마찬가지로 그 미국인은 동일한 이유로 환율을 걱정할 수밖에 없다. 한국 채권 투자를 마치고 미국으로 돌아갈 때 원화 가치가 하락해 있으면 채권에서 아무리 많은 수익을 거두었다고 해도 달러로 환전하고 나면 오히려 손해가 발생했을 수도 있기 때문이다.

　요약하면 미국에 투자하고 싶은 한국인과 한국에 투자하고 싶은 미국인은 둘 다 달러/원 환율이 투자를 마칠 때까지 몇 년간 그대로 고정되어 있으면 참 좋겠다고 생각할 것이다. 그런 두 사람이 만나서 이런 대화를 나눈다면 뭔가 거래가 이뤄질 수 있을 것이다.

　"나는 원화를 갖고 있고, 당신은 달러를 갖고 있으니 굳이 외환시장에서 환전하고 나중에 다시 또 환전하면서 환율 변동 위험에 노출되지 말고 그냥 우리 둘이 각자 갖고 있는 돈을 상대방에게 3년간 빌려주는 걸로 하자. 3년 후에 환율이 어떻게 변해 있든 그냥 각자 상대방에게 빌린 돈을 그대로 되돌려 주자. 지금의 환율로 3년 후의 환율을 고정시키는 약속을 우리 둘이 하는 것이다. 우리는 어차피 환율은 그냥 고정되어 있다면 참 좋겠다고 생각하고 있으니까. 그러면 3년 뒤에 투자를 마치고 각자 고국으로 돌아갈 때 환율이 어떻게 변해 있을지 걱정하지 않아도 되잖아."

　얼핏 보면 매우 합리적인 거래인 것 같다. 하지만 미국 금리가 5%이고, 한국 금리가 3%라면 미국에 투자하려는 한국인은 많겠지만, 반대로 한국에 투자하려는 미국인은 매우 드물다는 데 문제가 있다. 따라서 이렇게 매우 드문 미국인의 경우 자기 나라의 금리가 더 높으니까 콧대가 점점 높아질 수밖에 없다. 미국인의 입장에서는 자신과 계약을 하고 싶어 하는 한국인들이 너무 많기 때문에 "그냥은 해줄 수 없고 나에게 돈을 조금 내"라고 할 수 있다. 일종의 프리미엄을 요구하는 셈이다. 하지만 한국인의 입장에서는 미국과 한국의 금리 차이인 2%를 얻기 위해서 미국에 투자하는 것인데, 여기에 프리미엄까지 더하면 수익률은 더욱 박해지게 된다.

예를 들어 이 미국인이 투자금의 1%를 프리미엄으로 내라고 하면 그것을 내고 투자하는 한국인은 있을 수 있다. 그러나 그 미국인이 투자금의 2%를 프리미엄으로 내라고 하면 그것을 내고 미국 채권에 투자한들 아무 매력이 없게 되니 프리미엄은 2%에서 멈추게 될 것이다. 그리고 프리미엄이 2%가 되면 한국인들은 '미국 금리가 높기는 하지만, 프리미엄까지 주면서 투자할 필요는 없지'라고 생각하면서 미국 투자를 포기하고 그냥 한국 투자에만 만족하게 될 것이다. 그래서 미국 금리는 5%이지만 한국 금리는 3%에 머무는 현상이 계속 유지될 수 있는 것이다.

PART 4

부동산:
아파트 불패 신화의 탄생

사막의 나라 사우디아라비아에서는 석유가 물보다 싸다. 반대로 우리나라에서는 물보다 석유가 비싸다. 이 사실을 근거로 사우디아라비아의 석유는 저평가되어 있으니 곧 가격이 오를 것이고, 사우디아라비아의 물은 이유 없이 비싸니 곧 가격이 내려갈 것이라고 예측하는 게 맞을까? 우리나라는 석유가 비싸니 석유 값에 거품이 있는 게 분명하며, 곧 내려갈 것이라고 전망하는 게 옳을까? 그렇지는 않을 것이다. 사우디에서 물이 비싸게 거래되는 이유는 물의 공급이 쉽지 않기 때문이고, 한국에서 석유가 비싼 값에 팔리는 것도 한국에서는 석유가 한 방울도 나지 않기 때문이다. 가격이 비싼 것은 곧 싸지고, 가격이 싸다 보면 수요가 몰려서 비싸지는 경우도 있지만 경우에 따라서는 비싼 것은 비싼 이유가 있고, 싼 것은 싼 이유가 있다.

우리의 생필품이자 중요한 투자 자산인 주택은 이 두 가지 성질을 모두 갖는다. 비싸다고 생각했는데 가격이 내려가기도 하고, 너무 싸게 거래되다 보면 수요가 몰려서 다시 비싸지기도 한다. 하지만 근본적으로 비쌀 수밖에 없거나 가격이 오를 수밖에 없는 이유도 함께 갖고 있다. 특히 우리나라의 주택은 우리나라 고유의 특징 때문에 가격의 수준과 움직임도 독특할 수밖에 없다. 왜 우리나라는 집값이 계속 오르기만 하는지, 그것을 해결할 방법은 어떤 게 있을지 생각해 보자.

세계적으로 유례가 없는
대한민국 아파트 시장

아파트를 투자의 대상으로 삼으려고 한다면, 그 아파트가 만들어진 역사적 과정과 흐름을 알아야 한다. 만약 내가 빵에 투자하려고 한다면 그 빵이 어떤 맛이며, 어떤 과정을 거쳐서 만들어지는지, 또 누구에 의해서 유통되는지 알아야 하는 것과 마찬가지다. 우리나라의 아파트는 세계적으로 유례가 없는 도시 형성 과정에서 만들어진 결과물이다. 이 말은 곧 우리나라의 아파트는 세계적으로 독특한 성격을 갖고 있다는 의미이기도 하다. 그런데 이러한 독특한 성격이 바로 아파트 가격과 밀접하게 연동되어 있다. 그래서 아파트 가격을 잡기가 더 쉽지 않은 구조이기도 하다. 그럼 먼저 도시의 형성, 그리고 아파트의 등장에 관한 이야기에서 시작해 보자.

■ 정부 주도의 아파트 공급

우리는 '한강의 기적'에 대해서 아주 잘 알고 있고, 또 외국인들도 이에 대해 놀라움을 금치 못한다. 그런데 이 한강의 기적은 사실 '서울이라는 도시 형성의 기적'이라고 봐도 무방하다.

1960년대 서울의 인구는 약 300만 명이었다. 하지만 불과 30년 만인 1990년대에 1,000만 명을 돌파했다. 전 세계에서 인구가 1,000만 명이 넘는 도시 중에서 고작 30년 만에 인구가 3배로 늘어난 도시는 전 세계에서 대한민국 서울이 유일하다. 그리고 그 1,000만 명이 큰 탈 없이 각자의 보금자리를 갖고 있다는 것은 대한민국 서울이 30년 만에 수백만 채의 주택을 공급했다는 의미다. 우리나라가 이뤄낸 진정한 기적은 30년 만에 1,000만 명을 수용하고, 그곳을 잘살 수 있는 도시로 만든 '서울이라는 도시 형성의 기적'인 것이다. 실제로 도시를 연구하는 세계의 학자들은 모두 이러한 사실을 충격적으로 받아들이곤 한다. 서울은 어떻게 이런 짧은 시기에 대규모의 주택을 건설해서 지금의 도시를 만드는 것이 가능했을까?

다른 나라의 대도시들과 다른 서울의 특징은 주택 공급 과정에서 정부의 역할이 유난히 컸다는 사실이다. 일반적으로 주택의 공급은 민간이 담당한다. 민간은 주택을 공급하기 위해 토지를 확보하고, 분양 마진을 확인하고, 사업 가능성을 점검하다 보면 시간이 오래 걸린다. 그러나 서울은 일제강점기 때부터 늘 집이 모자랐다. 그래서 특히 한국전쟁이 끝난 이후 상경하는 인구가 늘어나면서 주택 공급이 가장 큰 숙제였다. 정부가 토지 공급부터 주택 건설까지 팔을 걷어붙이고 나선 건 이런 배경이었다.

당시 사대문 안쪽만을 서울로 간주했고, 사대문 밖은 거의 논밭이었다. 도심이 확장되면서 외곽의 논밭에 집을 지어야 했지만, 땅의 모양이 길쭉하거나, 작거나, 세모나서 어디에 어떻게 집을 지어야 할지 혼란스러운 상황이었다. 이를 해결하기 위해 정부는 땅 주인들을 모아 "이대로는 주택단지를 만들기 어렵다. 모든 땅을 합쳐서 네모난 형태로 재정비하자"라고 제안했다.

이와 동시에 정부는 합쳐진 땅에 공원과 도로를 조성하고, 상하수도 시설도 설치해 주겠다고 약속했다. 대신 공짜로 해줄 수는 없으니, 도로용이나 공공용으로 일부 땅을 내놓아야 한다고 설명했다. 복잡하고 정리되지 않은 땅이 정비되면 땅의 가치가 크게 올라갈 것이어서 땅 주인들도 미래의 가치를 보고 동의했다. 바로 이것이 1930년대부터 시행됐던 '토지구획정리 사업'이다. 이 방식은 1980년대 초반까지 우리나라 택지개발의 전형적인 수단으로 1984년까지 전국의 400곳 가까운 지역에서 서울 면적의 3분의 2에 가까운 토지가 토지구획정리 사업으로 공급됐다. 특히 서울시의 경우 개발 면적의 35%가 이런 방식으로 공급됐다.

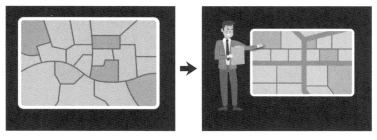

그림 12. "모든 땅을 합쳐서 네모난 형태로 재정비하자." 이것이 1930년대부터 시행됐던 '토지구획정리 사업'이다.

하지만 계속해서 서울로 사람들이 몰리기 시작하자 이제는 더 새로운 방법이 필요했다. 이를 해결하기 위해 대규모로 주택을 공급해야 한다는 필요성이 제기되었고, 정부는 큰 땅을 통째로 개발해 집단으로 아파트를 짓기로 결정했다. 이를 실현하기 위해 도입된 것이 바로 전두환 정부 시절의 '택지개발촉진법'이다. 정부는 서울의 빈 땅들을 지도에 표시하고, 그 구역에 대규모 아파트 단지를 건설하기로 결정했다. 이 구역에 있는 모든 땅과 집은 강제 수용되었고, 비록 보상은 이루어졌으나 주민들의 반발은 무시되었다.

이 방식은 다소 비민주적이었지만, 아파트 건설이 빠르게 진행되는 장점이 있었다. 그 결과, 서울의 대규모 아파트 단지들이 형성될 수 있었기 때문이다. 이후 일산, 분당, 산본, 평촌과 같은 신도시들도 이와 같은 방식으로 개발되었다. 주민들이 조상 대대로 살아온 터전을 떠나야 하는 상황에서도 법적으로 항의가 받아들여지지 않았고, 결국 대규모 아파트 단지들이 정부 주도로 빠르게 지어질 수

그림 13.
정부는 큰 땅을 통째로 개발해 집단으로
아파트를 짓기로 결정했다.
이를 실현하기 위해 도입된 것이 바로
'택지개발촉진법'이다.

있었다. 결국 한국에서 아파트가 주택의 대세가 된 것은 바로 이러한 역사적 이유이며, 지금 1,000만 명의 시민들이 좁은 지역에서도 살 수 있는 비결이라고 할 수 있다.

■ 허약한 시행사가 든 깃발

그런데 이런 식으로 아파트를 대규모로 짓다 보니 생각했던 것보다 장점이 더 많았다. 일단 편의시설이 대단지 안으로 들어오게 되면서 삶의 편의성이 급격히 높아졌다. 또 집의 구조가 모두 똑같다 보니 개별적으로 일일이 아파트를 방문하는 것이 아니라 모델하우스만 만들어 놓아도 팔 수 있게 되었다. '집을 보지도 않고 사는 나라'가 대한민국 말고도 또 있을까 싶다. 이는 집을 팔기 굉장히 좋은 환경을 만들었다. 이 말은 또 환금성이 좋다는 의미이기도 하다. 바로 여기에서부터 아파트는 '투자의 대상'이 되기 시작했다. 투자하고, 또 수익을 거두기 위해서는 기본적으로 빨리 팔려서 환금성이 좋아야 하는데, 바로 아파트가 이런 조건을 갖추었던 것이다.

그런데 이 과정에서도 다른 나라에서 찾아볼 수 없는 매우 색다른 구조가 형성됐다. 보통 외국에서는 아파트든 주택이든 대부분 '부동산 개발회사'에서 땅을 사고 집도 짓는다. 이런 곳에서는 넓은 땅을 한꺼번에 사들여야 하기 때문에 기본적으로 자본이 매우 튼튼하다. 그리고 집을 지은 후 분양하기도 하지만, 때로는 분양하지 않고 자신들이 소유하면서 계속 임대를 주기도 한다. 그래서 우리가 흔히 '건설회사'라고 알고 있는 곳은 해외에서는 이런 부동산 개발회사의 하청 업체 역할을 한다. 프로젝트를 맡아서 그냥 건설해 주면 그만이기 때문이다. 집을 지을 때 비용을 감당하고, 사업을 지휘하고, 구체적으로 추진하는 주체는 바로 '부동산 개발회사'이다.

그런데 유독 우리나라에서는 이 역할을 정부가 하게 됐다. 팔을 걷어붙이고 땅을 공급하고 아파트를 짓는 모든 과정을 정부가 지휘하다 보니 개별 회사들은 그런 노하우는 물론이고, 대규모 자본을 모을 여력도 없었다. 다른 나라에서는 주택의 건설과 공급이 장기간에 걸쳐 서서히 진행되면서 노하우와 자본을 축적한 부동산 개발회사가 여럿 존재하는데, 우리나라는 그런 업태의 회사가 성장할 시간이 없었다. 정부가 알아서 택지를 공급해 주면 그 아파트가 분양이 잘되든 안 되든 공사비만 받고 아파트를 제때 지어 주기만 하면 되는 건설회사만 존재하게 됐다.

그러다 보니 우리나라는 아파트를 지을 때 다른 나라와는 다른 사업 구조를 갖게 됐는데, 시행사와 건설회사, 신탁사 그리고 금융회사 4곳의 사업 주체가 모두 참여하는 공동 프로젝트 형태로 발전하게 됐다. 부동산 개발회사라는 주체가 없다 보니 그 일을 여러 회사가 각각 나눠 맡는 기형적인 형태가 된 것이다.

시행사는 '우리가 여기에 아파트를 지으려고 합니다!'라며 깃발을 드는 역할을 한다. 그런데 자본이 없으니 저축은행, 증권사, 제2, 제3금융권에서 이른바 PF 대출(돈을 빌려줄 때 자금조달의 기초를 프로젝트를 추진하려는 사업주의 신용이나 물적 담보에 두지 않고 프로젝트 자체의 경제성에 두는 금융 기법)이라고 하는 대출을 끌어 쓰려고 한다. 그런데 금융권에서는 이 시행사가 매우 허약해 보이기 때문에 바로 대출해 주지 않고 좀 더 믿을 만한 건설회사를 데려와서 보증하도록 한다. 마치 동생이 돈도 없고 힘도 없으니 형을 데려와서 보증을 세우는 것이나 마찬가지다.

그런데 건설회사의 입장에서 보면 사실상 자신이 보증을 선 것이니 혹시 이 프로젝트에 문제가 생기면 그 리스크를 건설회사가 지게 될 것이다. 그리고 거기다가 집도 자신이 짓고, 나중에 문제가 생기면 그것을 해결하는 역할도 자신이 해야 한다. 외국의 건설사는 집만 지으면 그만이지만, 사실상 우리나라에서는 건설회사가 부동산 개발회사의 역할을 하게 됐다.

하지만 또 하나의 문제는 이렇게 건설회사가 보증을 선다고 하더라도 무조건 믿기는 힘들다. 그냥 작은 아파트 한 채를 짓고 끝나는 것이 아니라 한국의 특성상 수천 세대가 한꺼번에 거주하는 대형 아파트 단지를 짓는 게 일반적이기 때문이다. 그러다 보니 여기에 또 '신탁회사'가 개입하게 된다. 이들은 처음에는 건설 과정에서 오가는 돈을 맡아서 적절한 곳에 사용되도록 관리하는 역할이었으나, 얼마간의 수수료를 받고 보증을 서 주는 역할을 맡기 시작했다. 결국 우리나라의 아파트는 다음과 같은 4개의 주체가 중심이 되는 공동 프로젝트다.

- 허약한 시행사
- 좀 더 든든한 건설회사
- 또 이들을 보증해 주는 신탁회사
- PF 대출을 해 주는 금융회사

아파트와 관련된 뉴스 중에 'PF 대출이 부실해져서 금융회사로 불똥이 튀고 있다'라는 내용은 바로 이러한 4개의 주체 사이에서 문제가 생겼다는 의미다. 구체적으로는 금융회사가 빌려준 돈으로 땅을 사고, 착공하고, 분양해야 한다. 그런데 이 과정에서 땅 매입이 제대로 진행되지 않아 착공이 늦춰지거나, 착공은 했으나 분양이 잘되지 않아 돈이 들어오지 않으면 빌린 돈을 갚을 길이 없다는 뜻이다. 외국이라면 이 일을 모두 부동산 개발회사가 자기자본이나 보유한 자산을 담보로 빌린 대출금으로 진행한다. 그러니 사업이 제대로 진행되지 않아도 대출금 상환에는 큰 문제가 없다. 부동산 개발회사는 규모가 크고 자기자본이 넉넉하기 때문이다.

그런데 우리나라는 자본력이 약한 시행사가 땅을 매입할 돈도 부족해 대출을 받고, 그 대출을 갚을 여력이 없으니 공사를 수주할 권리를 주겠다고 약속하고 건설회사에 부탁해서 건설회사가 대출에 대해 보증을 서는 구조다. 그러니 아파트를 분양하는 과정에서 문제가 생겨 시행사가 쓰러지면 건설회사가 돈을 갚아야 한다. 그리고 우리나라는 아파트 공급 프로젝트의 규모가 다른 나라들에 비해 대규모이기 때문에 아무리 재무적으로 튼튼한 건설회사도 특정 단지의 분양이 잘되지 않으면 몇조 원 단위의 손실을 입을 수 있다. 그래서 우리나라는 아파트 공급 프로젝트가 다른 나라들에 비해 복잡하고 아슬아슬하고 사회적 파급력이 크다.

■ 왜 우리나라 아파트는 다 똑같이 생겼을까?

우리나라가 아파트를 지어 공급하는 이런 사업 구조는 우리나라 아파트들만 갖고 있는 독특한 특징의 원인이 되기도 한다. 천편일률적인 평면 구조와 계속 오르기만 하는 아파트 가격은 이런 공급 구조에서 비롯된 결과물이다.

우리나라의 아파트 공급 사업은 경기가 좋을 때는 분양도 잘되고 전체 프로젝트가 행복하게 끝난다. 하지만 경기가 나빠지기 시작하면 매우 심각한 문제가 생긴다. 그 이유는 앞서 이야기한 것처럼 돈이 없는 시행사가 여기저기에서 보증에 보증을 끌어와서 돈을 잔뜩 빌려 아파트를 지어야 하므로 빨리 짓고, 빨리 분양하고, 그 돈으로 빨리 돈을 갚아야만 하는 취약한 구조이기 때문이다. 땅을 빨리 사고, 빨리 짓고, 빨리 분양하는 일련의 과정이 아파트 경기가 좋은, 즉 사람들이 아파트 분양을 기꺼이 받으려고 하는 시기에 신속하게 마무리되어야 한다. 여기서 키워드는 '신속하게'다.

대규모 자본과 노하우를 가진 부동산 개발회사가 아파트 사업을 진행하면 경기가 좋은 때든 나쁜 때든 아파트 공급이 원활하게 진행된다. 경기가 조금 나빠서 분양이 안 되더라도 그 아파트들을 소유하면서 임대를 놓으면 되니 큰 문제가 아니다. 그러다가 경기가 좋아지고 아파트값이 오르면 임대용 아파트를 분양하는 등 일을 진행하면 된다. 자금 여유가 있으니 지금 짓는 아파트를 반드시 모두 완판해 돈을 갚아야 하는 우리나라의 상황과는 다르다.

그러나 우리나라는 아파트 건설 프로젝트의 규모에 비해 작고 영세한 시행사가 건설회사와 신탁회사, 금융회사를 끌어모으고, 그들도 각자 한 발씩 걸쳐 동업 관계 비슷한 일시적 공동운명체가 되어 아파트를 지어 파는 공동 사업 형태이다 보니 여러 가지 한국적 특성이 나타난다.

첫째, 아파트 평면이나 설계가 매우 대중적이고 보편적인 방식이 된다. 창의적인 평면을 만들면 소비자들이 신선하게 생각하겠지만, 생소하다 보니 구매를 주저하게 되고 자칫하면 분양이 늦어질 수 있다. 분양가는 좀 더 받을 수 있을지 몰라도 분양이 늦어지고, 그러다가 아파트 경기가 꺾이면 문제가 일파만파로 커진다. 공사비는 투입했는데 아파트가 팔리지 않으면 영세한 사업주체들은 투입한 돈을 뽑아낼 방법이 없어 자금난에 빠지기 때문이다.

이런 일이 발생하는 근본적인 원인은 우리나라에는 대규모 자본을 소유한 부동산 개발회사가 존재하지 않기 때문이다. 그렇게 된 배경에는 우리나라의 주택 공급이 초기부터 정부 주도로 진행되어 민간 부동산 개발회사가 성장할 틈이 없었기 때문이다.

반면 대규모 자본을 가진 부동산 개발회사가 주택 건설과 공급을 주도하는 외국에서는 우리나라처럼 수천 가구를 한꺼번에 공급하는 아파트가 아니라 기껏해야 두세 동의 아파트를 지어 판매한다. 이런 환경에서는 경기가 꺾여서 아파트가 팔리지 않으면 아파트 단지를 분양하지 않고 수십 년간 보유하면서 임대사업을 하기도 한다. 그러므로 부동산 개발회사가 수십 년 앞을 내다보고 설계하고 수요에 따라 다양한 평면을 시도하기도 한다.

그러나 우리나라의 아파트 건설 구조에서는 빠른 기간에 모두 분양(판매)해야 하기 때문에 무난한 평면으로 만들어 빨리빨리 팔아치우는 게 우선인 상황이 될 수밖에 없다.

둘째, 우리나라는 독특한 공급 구조 때문에 아파트 경기가 좋을 때는 일시적으로 공급이 몰리고, 아파트 경기가 추락하면 공급이 올스톱 되는 진폭이 큰 아파트 공급 사이클이 만들어진다. 우리나라의 아파트 공급은 건설되는 아파트의 양적 규모에 비해 재무 구조가 영세한 시행사와 건설회사, 그리고 신탁회사 등이 공동으로 진행하는 프로젝트이다 보니 하이 리스크, 하이 리턴의 사업 구조가 만들어진다. 아파트를 모두 분양하면 1조 원 정도 들어오는 아파트 건설 사업은 대개 영세한 시행사가 100억 원 남짓의 자기자본으로 2,000억 원 정도를 빌려 땅을 매입한다. 또 7,000억 원 정도의 공사비를 들여 아파트를 짓는데, 공사비는 선분양한 분양 대금으로 조달한다. 그렇다 보니 아파트가 완판되면 900억 원 정도의 개발 차익이 생긴다. 시행사 입장에서는 1~2년 남짓의 시간 동안 100억 원을 들여 900억 원을 버는 놀라운 사업인 것이다.

그래서 아파트 경기가 좋아지면 너도나도 이 사업에 뛰어든다. 그리고 짧은 기간에 분양까지 마쳐야 하므로 토지 매입이 비교적 빨리 진행되기 쉬운 도시 외곽에 아파트를 짓는 경우가 많다. 도시 외곽에는 빈 땅이 많으므로 아파트 경기가 좋을 때는 한몫 잡아 대박을 터뜨리려는 시행사들이 많아지고, 분양 물량이 여기저기서 쏟아진다. 그런데 아파트 경기가 꺾이기 시작하면 시행사들은 모두 사라진다. 자기자본 100억 원을 가지고 1조 원 정도의 사업을 하는데, 성공하면 900억 원을 벌지만 전체 물량의 약 10%만 미분양이 생겨도 그로 인해 손해 보는 돈은 1조 원의 10%인 1,000억 원이다. 하지만 900억 원의 수익은 고사하고 종잣돈 100억 원도 날아가기 쉽다. 그래서 우리나라는 부동산 경기가 꺾이기 시작하면 아파트 공급이 빠르게 중단된다.

이런 현상은 한국에서 특히 더 뚜렷하게 나타나는데, 그 이유도 대규모 자본을 보유한 부동산 개발회사가 없기 때문이다. 이런 특징은 아파트 가격이 좀처럼 장기간 하락하지 않는 원인으로 기능한다. 부동산 경기는 사이클이 있기 때문에 가격이 하락하는 기간이 생기기 마련이다. 하지만 이런 시기가 시작되면 시행사들이 아파트 공급을 중단하기 때문에 곧 공급 부족 현상이 나타나게 된다. 그 결과, 아파트 가격은 좀 내리는 듯하다가 다시 오른다. 아파트 공급이 급감했다는 뉴스가 매수자들의 심리를 자극하기도 하고, 지역적으로는 실제로 공급이 줄어들어서이기도 하다. 때문에 장기간의 하락은 좀처럼 나타나지 않는다.

그렇다 보니 실제 5년 연속 아파트 가격이 하락하는 일은 좀처럼 찾아보기 어렵고, 바로 이러한 현상이 '아파트 불패'라는 신화를 만들어 내는 요인이 된다. 이런 문제의 근원을 거슬러 올라가면 경기 흐름과 무관하게 아파트 공급을 안정적으로, 꾸준히 할 수 있는 무게감 있는 부동산 개발회사가 없기 때문이다. 이런 이유로 아파트 가격은 좀 내리는 듯하다가 다시 올라가는 일이 반복되면서 아파트 불패 신화가 생겨난 것이다. 주식도, 금도, 부동산도 모든 자산 가격은 장기적으로는 우상향한다. 하지만 주식 불패, 골드 불패라는 말은 없는데 부동산 불패라는 용어가 계속 회자되는 건 아파트는 유독 하락 기간이 짧기 때문이다.

■ 부동산 뉴스를 들을 때 생각해야 하는 것

부동산 가격이 하락하기 시작했다는 뉴스를 들으면서 '그러면 이제 집값이 계속 내려가겠네'라고 생각해서는 안 된다. 단기적으로 몇 개월에서 길어야 1~2년 정도는 집값이 내려갈 수 있다. 하지만 앞서 설명한 한국의 아파트 공급 시스템 구조상 집값이 내려가기 시작하면 아파트 건설 프로세스의 초기 단계들이 모두 정지된다. 누군가는 항상 땅을 사고 아파트를 분양하기 위해 준비해야 하는데, 이 과정이 사라지면 당장 들어가 살 아파트는 있지만 3년 후에는 새로 준공되는 아파트가 없는 상황이 온다.

이때부터는 사람들의 심리에 따라 공급 부족에 대한 걱정이 부각하기도 하고, 2~3년 후에는 실제로 새로 입주하는 아파트가 줄어들면서 지역별로 전세 가격이 올라가기도 한다. 이런 과정을 거치다 보면 결국 집값은 다시 오르게 된다. 따라서 '부동산 가격이 하락했다'라는 소식이 들리면 우리는 '그럼 공급이 줄어들어서 조만간 집값이 또 올라가겠구나'라는 생각을 함께해야 한다.

마찬가지로 집값이 오른다는 소식이 들리면 패닉에 빠질 게 아니라, '아파트 공급이 조만간 늘어나겠구나. 그러면 집값이 다시 안정되겠구나'라는 생각을 함께해야 한다. 아파트 건설시장은 이런 원리로 돌아가기 때문이다.

문제는 중간에 등장하는 정부 정책들이 이런 큰 흐름에 노이즈를 일으킨다는 것이다. 우리는 부동산 뉴스를 보고 듣고 해석할 때 정부 정책의 결과가 어떻게 나타날지 예상해야 하는데, 이 예상은 항상 '한 단계 더 들어가서 그다음에 나타날 결과'까지 생각해야 한다.

예를 들어보자. 재건축 초과이익 환수제는 재건축하는 아파트를 짓고 나면 가격이 많이 오르니 중간에 그 차익의 일부를 현금으로 내라는 제도다. 분양가 상한제도 비슷하다. 보통 재건축하면서 추가로 지어지는 아파트를 팔아서 공사대금을 충당하는데, 그렇게 새로 지어진 아파트를 시세대로 팔지 말고 훨씬 더 싼 값에 팔라는 제도다. 재건축 조합원들 입장에서는 자신들의 재산을 헐값에 팔거나, 개발 차익을 토해 내라는 압박이 된다. 그걸 다 내더라도 빨리 재건축하면 훨씬 더 많은 돈을 벌 수 있는 시기도 있었지만, 최근에는 대지 지분이 넓은 아파트들의 재건축이 대부분 마무리되면서 재건축해서 새 아파트를 받으려면 분담금을 꽤 내야 하는 상황으로 바뀌었다. 그러니 재건축 조합원들의 수익을 줄어들게 하는 재건축 초과이익 환수제나 분양가 상한제로 인해 재건축의 수지타산이 맞지 않게 되고, 조합원 중에는 기다렸다가 나중에 하자고 주장하는 이들이 늘어난다. 재건축 초과이익 환수제나 분양가 상한제는 항상 가동되는 제도가 아니라 갑자기 도입된 제도이니 상황이 달라지면 제도가 사라질 수도 있다는 기대감 때문이다. 그럴수록 재건축 일정은 뒤로 밀리거나 꼬이게 되고, 결국 장기적으로 아파트 공급이 줄어든다.

재건축 초과이익 환수제나 분양가 상한제의 기본 취지는 부의 재

분배이니 그 자체가 특별히 나쁜 개념은 아닐 것이다. 그러나 과거에도 없었고 다른 나라에도 없는 생소한 제도를 도입한 것이니, 그 제도로 인해 피해를 보는 쪽에서는 조만간 사라질, 또는 조만간 사라져야 하는 정책이라고 생각하게 된다. 모든 제도는 그 제도가 가져오는 효익과 부작용이 항상 있기 마련인데, 부작용에도 불구하고 효익이 크다고 생각되면 그것이 제도로 정착하게 된다. 반면 부작용이 더 크다고 판단되면 제도로 정착되지 못한다. 게다가 사람 사는 세상은 거의 비슷하게 돌아가기 마련이다 보니, 전 세계 부동산 관련 세금이나 제도는 대부분 비슷하게 운용된다.

그런데 다른 나라에는 존재하지 않는 제도나 세율을 특정 국가에서 갑자기 도입하면 그 제도를 수용하기보다는 일단 저항하게 되는데, 대부분은 그 저항이 합리적인 경우가 많다. 저항이 합리적이라는 말은 제도로 인해 피해를 보는 계층의 상황이 이해되고 수긍이 간다는 뜻이 아니라, 그 제도가 가져오는 부작용이 더 크다는 것을 그 사회가 곧 이해하게 된다는 뜻이다. 사실은 그래서 다른 나라는 그런 제도를 운영하지 않는 것이라고 보는 게 적절하다. 생각을 조금 바꿔 보자. 어떤 정책이든 다른 나라에서는 생각하지 못했는데 우리 정부만 떠올린 기발한 정책은 없을 것이다. 누구나 생각은 할 수 있으나 여러 가지 부작용이 더 크기 때문에 도입하지 않았다고 보는 게 합리적이다.

그러나 우리는 일시적으로는 부동산 가격을 억누를 수 있지만 장기적으로 지속되기 어렵고 부작용이 큰, 그래서 다른 나라들도 실제로 도입하지 않은 수많은 정책을 '토건족(土建族)이나 다주택자들, 부자들의 이익을 지켜 주기 위해 일부러 도입하지 않았다'라고 생각한다. 그래서 그런 정책들이 반대 세력의 저항을 뚫고 도입되기만 하면 부동산 가격이 안정될 것이라고 믿는다. 그러나 생각해 보자. 만약 어떤 정책이 부동산 가격을 안정시키는 데 도움을 준다면 왜 그동안 수많은 선진국이 그런 제도를 도입하지 않았을까. 부동산 가격이 많이 오르지 않도록 하는 것은 전 세계 모든 나라가 원하는 정책이고, 이미 집을 가진 유주택자들도 원하는 방향이다.

유주택자들도 집값이 계속 오르면 자신이 원하는 더 좋은 집으로 옮겨가는 비용이 더 커지기 때문에 그 누구에게도 부동산 가격 상승은 좋은 일이 아니다. 일부 세력들의 이해관계와 충돌한다고 해도 집값이 안정되면 많은 국민이 지지를 보낼 텐데, 세상의 그 어떤 정부가 일부 세력의 이해관계에 굴복하면서 국민의 지지를 포기하는 선택을 하겠는가.

이와 비슷한 정책들이 많다. 대출 규제 역시 단기적으로는 수요를 위축시키고, 수요가 위축되면 분양업자들은 분양을 못 하게 되어 아파트 공급이 또 중단된다. 결국 장기적으로는 아파트 공급 역시 줄어든다. 양도세를 강화하면 집을 팔아 봐야 차익을 세금으로 다 내게 되니 매물을 오히려 거두게 된다. 역시 장기적으로 아파트 공급이 줄어드는 효과가 나타난다. 취·등록세를 높이면 규제 대상자들은 집을 사기 어려워지는데, 사람들이 집을 사기 어려워진다는 것은 새집을 지어 팔기 어려워진다는 뜻이다. 새집을 지어 팔기 어려워지면 새집은 지어지지 않고, 아파트 공급이 줄어드는 결과로 이어진다.

보유세를 높이는 정책도 마찬가지다. 1주택자는 보유세를 높인다고 집을 팔 수는 없을 테니 1주택자들에게 부과되는 보유세는 집값 안정에 단기적으로도 도움이 되지 않을 것이다. 그렇다면 다주택자들이 무거운 보유세를 견디지 못해 집을 파는 걸 기대해야 하는데, 다주택자들이 집을 팔고 1주택으로 돌아가면 세입자들이 거주할 집이 없어진다는 게 맹점이다.

우리는 다주택자들이 파는 집을 무주택 세입자들이 저렴하게 사들이는 걸 상상하면서 보유세 강화를 외치지만 현실은 다르다. 서울의 아파트에는 지방에서 올라와 막 취업한 맞벌이 젊은 부부들도 살아야 하고, 한 달 벌어 한 달 사는 월세 세입자들도 살아야 한다. 그들은 서울의 아파트값이 아무리 낮아져도 당장은 집을 구매하기 어렵다. 더구나 아파트 가격이 하락하기 시작하면 그들은 겁이 나서 집을 사지 못한다. 오히려 지방 부유층들이 서울 아파트를 사러 올라올 것이다. 그래서 그 어떤 나라도 다주택자들에게 별도의 무거운 보유세를 부과하는 정책을 펴지 않는 것이다.

게다가 다주택자들이 집을 구매하지 않으면 그들에게 팔기 위해 새집을 짓는 공급도 줄어든다. 무주택자들은 집값이 떨어질 것 같은 조짐을 보이면 수요층에서 빠져나가기 때문에 여윳돈의 투자 목적으로 접근하는 다주택자들이 없으면 아파트 분양 사업은 언제 수요가 줄어들지 모르는 매우 위험한 사업이 된다. 그래서 다주택 보유를 막으면 장기적으로 아파트 공급 부족으로 이어진다.

우리는 다주택자들이 집값을 올린다고 생각하지만, 실제로는 집값이 가파르게 오르는 구간에서는 다주택자들은 집을 추가로 매입하지 않는다. 대부분 무주택자가 집값이 더 오를까 봐 공포를 느끼며 신고가에 매입한다. 다주택자들은 오히려 집값이 내리는 시기에 멀리 내다보고 집을 구매하며, 가파르게 집값이 오르는 시기에는 차익을 현실화하기 위해 집을 내다 판다.

다주택자들이 없으면 집값이 오르는 시기에 매물이 자취를 감춘다. 무주택자는 집이 없으니 팔지 못하고, 1주택자는 집을 팔아도 다시 사야 하니 수급 균형에 도움이 안 된다. 다주택자들의 차익 매물이 있어야 집값이 오르는 구간에서도 매물이 나올 수 있는 것이다. 전 세계의 어떤 선진국도 다주택자들만을 별도로 압박하는 정책을 펴지 않는 건 이런 원리를 이해하고 있기 때문이다.

월세나 전세를 일정 비율 이하로만 올릴 수 있도록 강제하거나, 세입자가 원하면 언제까지라도 거주할 수 있도록 보호하는 정책도 이미 여러 선진국에서 시도했다가 실패한 정책이다. 세입자를 보호하면 보호할수록 그들에게 집을 빌려주는 집주인들은 불편해지고, 그 보호가 강력할수록 그 불편도 강력해진다. 집을 빌려주는 불편함이 커지면 집주인들은 집을 사서 임대하려는 결정을 주저하게 된다. 그러면 앞에서 설명한 인과관계에 따라 결국 장기적으로는 아파트 공급 감소로 이어진다.

집을 매수하거나, 보유하거나, 빌려주는 사람들을 부담스럽고 고통스럽게 만드는 모든 정책은 그 이름이 임대차보호법이든, 보유세 강화이든, 대출 규제이든 항상 집값을 올리는 쪽으로 작동한다. 그래서 부동산 가격이 올라서 고민이 깊은 수많은 국가에서는 집값 안정을 위해 공급을 늘리는 정책을 편다. 임대사업자의 세금 부담을 줄이거나, 집을 짓는 건설업자들에게 인센티브를 주는 것이 부동산 정책의 대부분이다. 세금과 규제로 부동산 가격을 안정시키는 것은 전례도 없고, 합리적으로 생각해도 작동되기 어려운 정책들이다. 다만 매우 단기적으로는 그로 인해 수요가 위축돼서 집값이 잡히는 것처럼 보일 뿐이다. 그러나 그런 수요는 다이어트의 요요현상처럼 곧 다시 고개를 쳐들고 살아나기 마련이다.

집값을 안정시키기 위해서는 어렵지만 공급을 꾸준히 늘리는 것밖에는 없으며, 그 이외의 모든 정책은 장기적으로는 공급을 부족하게 만든다. 몇 차례의 경험으로 깨달은 주택 보유자들은 이런 정책이 오래가지 못할 것임을 알아차리고 항상 버티고 기다리는 선택을 한다. 그리고 주택 수요자들도 이런 메커니즘을 이해하고 나면 어떤 규제 정책이 나와도 그로 인해 오히려 장기적으로 집값이 오를 거라고 판단하고 집을 매수하려고 한다. 그렇다 보니 심지어 단기적으로도 집값이 상승하는 일이 종종 벌어지고 있다.

몇몇 정부에서 부동산과 관련한 유례없는 규제와 과세 정책을 퍼부었지만 집값이 더 빠르게 오른 것은 정책의 허점을 시장이 이미 간파했기 때문이다. 오래가지 못할 정책이고, 장기적으로 집값을 올리는 정책이라면 수요자는 빨리 움직일수록 싸게 살 수 있으니 당연한 결과다.

이런 설명을 길게 하는 이유는 부동산 정책들에 대한 가치 판단이나 주장을 하기 위해서가 아니다. 우리는 투자자로서 부동산 정책들이 어떤 결과를 가져올지 그 원리를 잘 이해해야 한다는 점을 강조하기 위해서다. 왜 유례없이 강한 정책에도 불구하고 집값은 계속 오를까? 우리는 이 질문에 대한 답이 늘 궁금한데 그것은 첫째, 우리나라는 어떤 이유에서든 가격이 하락하면 공급이 크게 위축되는 구조이기 때문이다. 둘째, 유례없이 강한 정책들이 대부분 공급을 감소시키는 부작용을 가져오기 때문이다.

정부의 정책을 어느 한쪽으로만 재단하고 분류하는 것도 좋지 않은 생각이다. 미분양 아파트가 늘고 부동산 경기가 침체되면 정부는 부동산 시장을 부양하기 위해 다양한 정책을 내놓는다. 예를 들어 집을 한 채 더 사도 양도세를 면제해 주거나, 대출 규제를 완화하여 빚을 내서 집을 살 수 있도록 지원하는 방식이다. 이러한 정책이 시행될 때 많은 사람은 '정부가 부동산 가격을 다시 올리려고 한다'거나 '부동산 업계나 토건족들을 돕는 조치'라고 비판할 수 있다.

물론 이러한 면도 있지만, 문제는 더 복잡하다. 부동산 경기가 나빠지면 아파트 건설 사업이 중단되는데, 이 상태에서 정부가 아무 조치도 취하지 않으면 주택 공급이 멈춘다. 그리고 시간이 지나면 다시 집값이 오르기 시작한다. 정부는 이 상황을 방치할 수 없기 때문에 공급을 늘리기 위한 정책을 시행하는 것이다. 공급이 늘어나기 위해서는 수요가 늘어나야 한다. 그래서 빚을 내서 집을 사라는 슬로건으로 요약되는 수요 진작책을 펴는 것이다. 정부가 부동산 경기를 살리기 위한 정책을 자주 시행해 시장의 맥을 이어주지 않으면 주택 공급이 금세 끊기고, 그로 인해 몇 년 후에는 공급 부족으로 인한 더 큰 문제가 발생하게 된다.

실제로 '빚 내서 집 사라'는 정책에 우리가 눈길을 주는 바람에 다른 정책들은 잘 기억하지 못하지만, 당시 정부는 대출 규제 완화와 함께 택지개발촉진법을 폐지하는 카드를 내놨다. 아파트를 짓기 위한 땅을 정부가 주도하여 계획적으로 공급하는 신도시 방식의 주택 공급을 중단하겠다는 의미다. 좀 더 쉽게 말하면 대규모로 택지가 공급될 일은 없을 것이고, 이제 공급은 별로 늘지 않을 것이라는 신호를 보낸 것이다. 사실은 이것이 더 노골적으로 집값을 올리는 정책이다. 하지만 근본적으로는 집값이 좀 올라야 수요가 생기고, 수요가 생겨야 공급이 시작되는 우리나라 아파트 시장의 특성을 감안할 때 어쩔 수 없는 선택이기도 했을 것이다.

일부에서는 이때 부동산 부양책을 내놓지 않았다면 집값은 더 내려갔을 텐데 정부가 인위적으로 집값을 끌어올렸다는 의견을 내놓기도 한다. 그러나 수요가 없으면 집값이 내려가지만 그러다 보면 공급도 끊기고, 나중에는 집값이 더 가파르게 오른다. 우리가 항상 간과하면 안 되는 것은 이미 지어진 집들은 수십 년이 흐르면 집으로서 기능하지 못하고 멸실 철거된다는 사실이다. 서울에서도 약 5만 채가 새로 공급되고 2만 채 정도가 멸실되고 있는데, 앞으로는 멸실되는 주택들이 더 빠르게 늘어날 것이다. 과거 30~40년 전에

서울의 주택난을 해결하기 위해 급하게 대규모로 지었던 집들이 수명이 다해가고 있기 때문이다.

집을 여러 채 갖고 있는 사람들이 집을 내놓으면 그 집을 무주택자들이 저렴하게 구매하지 않겠느냐는 순수한 생각은 두 가지 지점에서 작동하기 어렵다. 첫째, 그런 일이 벌어지면 집값이 하락하면서 새로운 주택 건설이 중단된다. 그럼에도 멸실 주택은 꾸준히 늘어나므로 주택이 부족해진다는 것이다. 둘째, 집값이 비싼 서울의 주택은 다주택자의 매물이 쏟아져도 서울에 거주하는 무주택 서민들보다는 지방에 거주하는 자산가들이 먼저 구매하게 될 것이다. 그러면 무주택 서민들의 규모는 비슷할 것이라는 사실 때문이다. 이런 메커니즘을 이해하면 정부가 앞으로 어떤 정책을 펴게 될 것인지도 예측하고 대응할 수 있다. 좀 더 강력한 소신을 가진 정부가 등장하면 다주택자들에게 무거운 보유세나 다른 부담을 지게 하고, 그러면 매물이 늘어나서 지금보다 훨씬 낮은 가격에 내 집 마련을 할 수 있을 것이라는 희망을 갖는 건 위험한 생각이다. 집값 안정에 도움이 되는 정책이라면 전 세계 모든 나라가 벌써 도입해서 시행했을 것이다.

아파트 가격 상승과 하락의 여러 요인

이제까지 아파트 가격의 상승과 하락에 관한 구조적인 요인을 살펴봤다. 하지만 이것 이외에도 매우 중요한 요인이 하나 있다. 바로 '땅의 생산성'이라는 것이다. 이것은 '왜 집값은 계속 오르기만 하는가'라는 질문에 대한 보다 근본적인 대답일 수도 있다. 집값이 장기적으로 계속 오르는 이유는 그 집이 위치한 땅의 가격이 오르기 때문이다. 땅의 가격이 오르는 건 동일한 땅에서 장사를 한다고 해도 20년 전에 벌 수 있는 돈과 지금 벌 수 있는 돈에는 상당한 차이가 있기 때문이다.

예를 들어 사람들이 과거보다 10배의 돈을 더 벌게 된다면 그에 따라 월세도 상승할 수밖에 없다. 말 그대로 월세용 주택의 '생산성'이 높아지는 것이다. 이는 곧 이 책의 앞부분에서 이야기했던 '시중의 유동성'과도 관련 있다. 돈이 많아졌기 때문에 더 많은 돈을 벌 수 있는 것이다.

과거 한 달에 100만 원을 벌던 사람이 1,000만 원을 벌게 되면 어떻게 될까? 소비 수준이 높아지고, 돈을 많이 쓰게 된다는 것을 의미한다. 정육점을 예로 들어보자. 사람들이 100만 원밖에 벌지 못하던 시절에는 소비 여력이 낮아 고급 육류보다는 저렴한 고기가 주로 팔렸을 것이다. 그러면 월세와 인건비 등을 제외하면 정육점 주인이 가져가는 수익도 적을 수밖에 없다.

그런데 경제가 발전하고 소득이 증가하면서 사람들은 점점 더 잘 살게 되어 월 1,000만 원을 벌기 시작한다고 해 보자. 이제는 미역국에도 꽃등심을 넣고, 살치살로 장조림을 만드는 등 마음껏 고기를 사서 먹는 시대가 된다. 이러한 변화로 같은 동네의 10평짜리 정육점의 매출도 10배가량 뛰어오를 것이다.

하지만 매출이 10배 올랐다고 해서 직원 월급이 10배로 오르는 것은 아니다. 매출은 크게 증가했지만, 고정비용은 거의 비슷하게 유지되니 주인이 가져가는 수익이 훨씬 커진다. 과거 한 달에 200만 원을 벌었다면 이제 2,000만 원, 3,000만 원을 벌 수 있게 된다. 물론 개인의 소득 수준이 높아지는 것은 전체적으로 좋은 일이다. 문제는 이때부터 가게 월세가 올라가기 시작한다는 점이다.

정육점 주인이 돈을 많이 번다는 말은 대부분의 다른 업종에서도 매출이 늘어난다는 것을 의미한다. 고기뿐만 아니라 무엇을 팔아도 한 달에 몇천만 원씩 벌 수 있게 되는 상황이 펼쳐진 것이다. 사람들이 돈이 많아졌고, 그 사람들이 자주 오가는 길목에 가게가 위치해 있어서 매출이 늘어난 것이다.

이런 상황에서는 건물주는 가만히 그 상황을 지켜만 보고 있을까? 절대 그렇지 않다. 그래서 월세를 점점 올리게 되고, 가게 주인은 그 말에 따를 수밖에 없다. 거기다가 정육점 주인 역시 특별히 자신에게 새로운 경쟁력이 있어서 돈을 많이 벌게 된 것도 아니므로, 월세가 계속 올라가도 요구하는 대로 지불하게 된다. 또 높은 월세도 감당이 된다. 결과적으로 사람들의 소득이 한 달에 100만 원일 때 한 평에 2,000만 원 하던 가게 땅값이 소득이 올라가면서 한 평에 2억 원으로 오른다. 정확히 말하자면 '땅의 생산성'이 올라갔고, 그 결과 땅값도 비싸지게 된 것이다.

아파트도 바로 이렇게 비싸진 땅에 지어야 한다. 하지만 아파트를 지을 때는 좀 억울한 면도 있다. 아파트 거주자가 집에서 장사를 하지는 않기 때문이다. 따라서 땅의 생산성이라는 것이 그렇게 높지 않아도 될 것 같다. 그래서 아파트를 지으려는 건설업자가 땅 주인에게 이렇게 말했다고 해 보자.

"저… 제가 이 땅에 아파트를 지으려고 하는데, 아파트에서 장사하는 게 아니지 않습니까? 그러니까 좀 싸게 파시는 건 어떨까요?"

이 말을 들으면 땅 주인은 이렇게 이야기할까?

"아, 그러시군요. 아파트라면 10분의 1 가격으로 해 드려야죠."

당연히 이렇게 대답할 리는 없다. 결국 상가든 아파트든 '생산성이 높아져서 비싸진 땅'에 짓는 것은 마찬가지가 되고, 따라서 아파트 가격도 동반해서 상승하게 된다.

■ 고작 '시멘트 덩어리'인 아파트는 왜 비싸질까?

계속해서 오르는 한국의 아파트 가격을 보면 비싸다는 생각이 들지 않는 사람은 없을 것이다. 그리고 이 집값 때문에 오늘도 잠 못 드는 사람이 적지 않다. 하지만 전 세계적으로 봤을 때 한국의 집값은 그리 비싼 편은 아니며, 전 세계의 집값이 모두 계속해서 들썩이는 것은 사실이다. 오히려 한국의 집값을 세계의 집값과 비교한다면 덜 올랐고 덜 비싼 편이라고 할 수 있다.

2010년의 집값 수준을 100이라고 하면, 2023년 현재 우리나라는 143 정도 수준이다. 그런데 전 세계 평균은 190이며, 선진국들만 모으면 178 정도가 나온다. 적어도 2010년 이후의 집값 상승률은 우리나라가 다른 나라들에 비해서는 낮은 편이라고 볼 수 있다. 그런데 이렇게 한국이 143이 나온 것은 물가 상승률까지 고려한 결과다. 만약 물가는 거의 오르지 않고 집값만 올랐다고 하면 우리나라는 채 110도 되지 않을 정도다. 그러니 세계 수준에서 한국의 집값이 어느 정도 싼지 알 수 있다.

2010년 대비 국가별 주거용 부동산 가격지수
2023년 4분기 기준

순위	국가명	명목 가격지수
1	튀르키예	2,480
2	칠레	344
3	아이슬란드	330
4	인도	328
5	에스토니아	317
⋮	⋮	⋮
48	한국	143
⋮	⋮	⋮

전세계 평균 190
선진국 평균 178

출처: BIS 국제결제은행

그림 14. 2010년 대비 국가별 주거용 부동산 가격지수(2023년 4분기 기준): 2010년 이후의 집값 상승률은 우리나라가 다른 나라들에 비해서는 굉장히 낮은 편이다.

2010년 대비 국가별 주거용 부동산 가격지수
2023년 4분기 기준

순위	국가명	명목 가격지수	실질 가격지수
1	튀르키예	2,480	245
2	칠레	344	199
3	아이슬란드	330	198
4	인도	328	155
5	에스토니아	317	190
⋮	⋮	⋮	⋮
48	한국	143	109
⋮	⋮	⋮	⋮

전세계 평균 123
선진국 평균 130

출처: BIS 국제결제은행

그림 15. 물가 상승률을 적용한 국가별 주거용 부동산 가격지수: 물가 상승률까지 고려했을 때도 한국의 집값 상승률은 낮다.

피부에 와닿지 않는 통계일 수 있지만 한국의 집값이 상대적으로 저렴한 이유는 공급이 더 원활하기 때문이다. 그 이유 중 하나는 아파트 선호 현상 덕분에 가구당 필요한 토지 면적이 작기 때문이다.

30평짜리 아파트가 가진 대지 지분은 10평 남짓으로 우리나라는 좁은 토지에 더 많은 주택을 지어 공급할 수 있다. 또 다른 이유는 전세라는 독특한 제도 때문에 집주인들은 대출 가능 여부와 무관하게 두 번째, 세 번째 집을 구매해서 임대를 놓을 수 있다. 이런 수요가 계속 존재하므로 아파트 건설도 계속 이어진다.

만약 두 번째, 세 번째 집을 살 때 은행에서 소득을 감안해 일정 금액만 대출해 준다면 임대용 주택을 쉽게 구매하기 어려울 것이다. 보통은 이런 상황이 되면 집값이 안정될 것이라고 생각하지만, 오히려 집값은 더 오른다. 대출 규제 때문에 집을 사지 못하면 아파트의 신규 공급도 위축되기 때문이다. 우리나라에 전세 제도가 없었다면 집값이 지금보다 저렴했을까? 아마 그렇지 않을 것이다. 전세 제도가 없는 다른 선진국들은 그럼 왜 집값을 잡지 못했을까?

우리나라는 이런 유리한 조건에도 불구하고 집값이 계속 오르는 이유도 있다. 우리나라는 선진국 중에서도 인구 밀도가 매우 높고, 국토 면적 대비 많은 인구가 집중되어 있는 탓이다. 게다가 우리나라 국토의 약 70%가 산지로 이루어져 있어, 실제로 사람이 거주할 수 있는 평지나 집을 지을 수 있는 땅이 매우 부족하다. 이런 이유로 주택 공급이 제한될 수밖에 없고, 이는 집값 상승의 한 요인으로 작용한다.

반면, 호주나 캐나다처럼 국토가 넓고 집을 지을 수 있는 땅이 많아 보이는 나라들 역시 대도시의 집값은 매우 비싸다. 이런 나라들은 대도시 외의 지역은 넓지만, 외곽 지역에는 생활 기반이 부족해 거주하기 어렵거나, 너무 외로워 사람들이 자연스럽게 대도시로 몰리게 된다. 이로 인해 대도시의 주택 수요가 급증하며 집값이 오르는 현상이 발생한다. 따라서 우리나라의 높은 집값은 인구 밀도와 지형적 특성에 기인한 불가피한 측면이 있다. 주택 공급이 제한적인 구조 속에서 수요가 높은 지역의 집값이 비싸지는 것은 어느 정도 피할 수 없는 현상이라는 이야기다. 결국 운명처럼 받아들여야 하는 부분도 분명 존재하며, 그것을 극복하기 위해서는 주택의 공급을 더 적극적으로 해야 한다.

■ 공급이 많으면 가격은 낮아진다

시중에 돈이 많이 풀리면 그렇게 풀린 돈이 사람들의 소득을 높이고, 높아진 소득은 토지의 생산성을 높여서 토지 가격을 올린다. 이런 설명을 들으면 결국 '시중에 돈이 풀리는 만큼 아파트 가격이 오르겠구나'라고 생각하기 쉽다. 그러나 꼭 그렇게 되지는 않는다. 시중에 돈이 풀리는 것에 비례해서 가격이 오르지 않을 때도 분명히 있었다.

우리나라에서 올림픽이 개최된 1988년 9월 당시 우리나라에 풀려 있던 돈은 약 111조 원이었다. 그런데 그로부터 10년 후인 1998년 9월에는 돈의 양이 무려 771조 원으로 불어났다(그림 16 참고). 일반적인 유동성은 10년에 2배 정도이지만, 이때만큼은 2배가 아닌

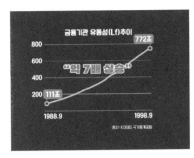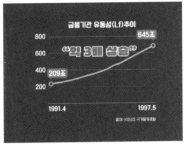

그림 16. 금융기관의 유동성(Lf) 추이(1988~1998년 vs 1991~1997년): 돈이 양이 늘어나는 것과 전반적인 부동산 가격은 밀접한 관련이 있지만, 또한 그렇지 않을 때도 있다.

7배로 급격하게 늘어나게 됐다. 만약 이런 계산이라면 집값도 이에 맞춰서 급격하게 올라야 한다고 볼 수 있지만, 통계에 따르면 40% 정도에 불과했다. 올림픽이 끝난 후 3년 후인 2001년 통화량은 645조 원이었다. 이는 지난 6년간 3배 정도 늘어난 것이라고 할 수 있지만, 집값이 오르기는커녕 오히려 내려갔다. 결국 돈의 양이 늘어나는 것과 전반적인 부동산 가격은 밀접한 관련이 있지만, 그렇지 않을 때도 있다. 정확하게 말하면 '관계가 없을 때도 많다.'

그렇다면 왜 이런 일이 발생할까? 결정적인 이유는 바로 주택의 공급량에 달려 있다. 당시 전국에 약 600만 채의 주택이 있었다. 그런데 정부는 전국에 200만 채를 더 짓겠다고 발표하고 실제로도 많은 양을 지어 공급했다. 심지어 수도권에만 무려 100만여 채가 공급됐다. 짧은 시기에 너무 많은 주택이 공급되면, 즉 돈이 풀려서 생기는 수요의 증가보다 집의 공급이 더 많으면 이렇게 집값이 오르지 않거나 떨어지는 현상이 생기게 된다.

금리, 수출 그리고
집값의 비밀

집값과 관련해서는 '금리가 싸니까 다들 쉽게 빚을 내서 집을 살수 있게 되고, 수요가 많으니 가격이 비싸진다'라고 말하는 사람들도 있다. 그렇다면 비싼 집값을 잡기 위해 금리를 높게 유지해야 할까? 금리를 높게 유지하면 집값이 오르지 않아 서민들은 집을 더쉽게 살 수 있을까?

우선 '금리가 낮은 것이 좋은 것인가, 높은 것이 좋은 것인가'라는문제부터 생각해 보고 시작하자. 금리는 무조건 낮은 것이 좋다. 심지어 금리가 낮은 것은 '정의롭다'라고까지 말할 수 있다. 금리가 낮다는 것은 돈의 가격이 싸다는 뜻이며, 이는 누구나 쉽게 돈을 빌려서 무언가를 할 수 있다는 의미다. 즉 노동력만 있으면 당장 돈이 없어도 쉽게 돈을 빌려 가게를 내고 장사를 하거나, 사업을 해서 성공할 수 있다는 뜻이다.

반면에 금리가 아주 높으면 돈을 빌리기 어렵고, 흙수저 청년이 가게를 하나 해 보려고 해도 30년 동안 아르바이트를 해서 저축해야 겨우 사업 자금을 마련해서 장사를 시작할 수 있다면 이는 너무 가혹한 일이다. 가난한 집에서 태어나면 죽을 때까지 가난하게 살아야 하기 때문이다. 거기다가 고금리 세상이라면 돈만 있으면 이자만 받아도 대대손손 일하지 않고 살아갈 수 있게 된다. 결국 '저금리 세상이 정의로운 세상이다'라고 하는 것은 분명 맞는 말이다.

■ 한국이 낮은 금리를 유지할 수 있는 이유

그렇다면 전 세계의 정부는 "저금리 세상이 좋은 세상이니, 우리 모두 저금리를 합시다"라고 해야만 한다. 정부는 국민을 위한 좋은 세상을 만들어야 하므로 그렇게 생각하는 것은 너무나도 합리적이다. 하지만 어느 나라나 마음만 먹으면 저금리를 유지할 수 있는 것은 아니다. 예를 들어 금리가 10%였던 나라가 "저금리가 좋은 거네. 우리도 금리를 1%로 낮추자"라고 결정한다고 해 보자. 문제는 그렇게 단순하게 금리를 낮출 수 있는 것이 아니라는 점이다.

일단 금리를 갑자기 낮추면 외국인 투자자들이 그 나라를 떠나게 된다. 금리가 1%로 낮아지면 그 나라에 달러를 투자해 봐야 수익이 1%밖에 나지 않기 때문이다. 또 외국인들이 빠져나가면 환율이 급등하면서 그 나라의 통화 가치가 떨어지게 된다.

동시에 외국에서 사 와야 하는 석유나 식량 등의 물건 가격이 비싸지고, 이는 고스란히 서민들의 고통으로 이어진다. 결국 저금리가 좋은 것이기는 하지만, 마냥 그것만 추구할 수는 없다. 최근 일본에서는 계속해서 제로금리가 유지되는 상태였지만, 물가가 계속 오르면서 낮은 금리를 유지하기 어려워지자 금리를 조금씩 올리고 있다.

그런데 흥미로운 점은 우리나라의 금리는 매우 낮은 편에 속한다. 2024년 7월 한국은행의 기준 금리는 연 3.5%로 12개월 연속 동결되었다. 이는 전 세계에서 봤을 때도 '매우 금리가 낮은 수준'이다. 2024년 1월 기준으로 짐바브웨는 130%, 아르헨티나는 100%, 베네수엘라 56%, 튀르키에 42% 수준이다. 이에 비하면 한국의 3.5%는 비교할 수 없는 수준으로 낮다고 볼 수 있다. 그렇다면 왜 한국과 같은 나라는 금리가 낮아도 외국인들이 빠져나가지 않고, 또 어떤 나라는 살인적인 금리를 유지해야만 하는 것일까? 그 비밀은 바로 수출에 있다.

■ 그러면 못사는 나라의 집값은 쌀까?

우리나라가 금리를 낮춰도 튀르키예나 아르헨티나처럼 외국인 투자자들이 빠져나가는 일이 덜 발생하는 이유는 수출 기업들이 많은 달러를 벌어들이기 때문이다. 삼성전자나 현대자동차 같은 대기업들이 꾸준히 달러를 벌어 온다. 그렇다 보니 한국 주식을 사는 외국인들도 많고, 한류로 인해 외국인들이 한국에 많이 들어오면서 그만큼 들고 들어오는 달러도 많아진다. 그래서 금리가 낮아도 고금리를 기대하고 우리나라로 들어오는 달러가 별로 없더라도 환율이 크게 흔들리지 않으며 저금리를 유지할 수 있게 된다. 즉 거칠게 요약하면 '잘사는, 경쟁력 있는 나라가 되어야만 금리도 낮출 수 있다'라고 결론지을 수 있다.

여기에서 다시 집값의 문제를 생각해 보자. '저금리로 인해 많은 사람이 대출을 받아 집을 사려고 하면서 가격이 비싸졌다'라는 말이 맞으면 한국의 집값이 계속해서 오르는 이유를 다음과 같이 정리할 수 있다.

- 경제가 잘 돌아가고 소비가 늘어났다.
- 수출, 주식투자, 관광으로 인해 달러가 충분하다.
- 금리를 낮춰도 외국인이 빠져나가지 않는다.
- 금리가 낮으니 대출이 쉽고, 아파트를 사려는 사람이 많아진다.
  → 결국 아파트 가격이 오르게 된다.

그렇다면 이제 반대로 생각해 보자. 잘사는 나라이기 때문에 집 값이 계속 오른다고 한다면, 반대로 못사는 나라는 집값이 안정되어 있을까? 논리적으로만 보면 그래야겠지만, 현실에서는 그런 일은 발생하지 않는다.

실제 금리가 폭증한 나라들은 오히려 우리나라와 비교가 되지 않을 정도로 집값도 더 크게 오른다. 그 이유는 이런 나라들의 경우 나라 살림이 어렵다 보니 계속해서 돈을 찍어 내야 하고, 그러다 보면 돈의 가치가 떨어지게 된다. 그러면 은행에 돈을 저금해야 할 이유가 사라진다. 돈의 가치가 매우 유동적이다 보니 차라리 실물자산을 구매하는 것이 더 안정적일 것이라고 생각하는데, 그중에서 집은 매우 중요한 투자 대상이 된다. 돈이 좀 있는 사람들은 '나라가 파탄 나도 믿을 건 집밖에 없다'라는 생각에 자꾸 집을 사들이게 되고, 그로 인해 집값이 상승하는 결과가 야기된다.

결국 전 세계적으로 집값을 잡는 일은 정말로 쉽지 않다. 그렇다고 해서 가만히 놔둘 수도 없는 일이다. 그래서 정부는 때로 부양책을 쓰기고 하고, 때로는 과열을 관리하면서 파도 타듯이 역동적으로 움직인다. 그나마 다행인 것은 세계적인 수준에 비하면 한국은 집값이 그리 높지 않고, 비교적 쉽게 구매할 수 있으며, 거기다가 수출이 잘되니 금리도 낮은 수준으로 유지할 수 있는 상대적으로 좋은 환경이라는 사실을 기억하자. 현실을 정확히 파악하는 것은 미래를 예상하는 기초가 된다.

사실 통화량과 부동산 가격은 관계가 별로 없다

우리는 지금까지 시중에 풀려 나온 돈의 양이 부동산 가격을 올린다는 설명을 계속 해 왔다. 그러나 그 설명도 사실은 정확하지 않다. 정확히는 돈이 많아졌다는 심리적 믿음이 우리의 지갑을 열 뿐이다. 예를 들어보자. 앞으로 10년간 통화량이 전혀 늘지 않는다면 집값은 오르지 않을까?

통화량이 늘어야 하는 근본적인 이유는 계속해서 잠자는 돈이 생기기 때문이다. 자본주의라는 게임에서 승리한 부유층들의 주머니로 돈이 들어가면 그 돈은 좀처럼 나오지 않는다. 물론 소비도 하고 투자도 많이 하지만 그것보다 더 많은 돈이 그들의 주머니로 들어가기 때문에 잠자는 돈이 생길 수밖에 없다. 그러다 보면 세상의 다른 어딘가에서는 부족해지고, 그것을 해결하기 위해 통화량이 계속 늘어나는 시스템을 운영하고 있는 것이다.

부유층의 주머니에서 잠을 자는 돈이 사라진다면, 즉 부유층들이 자신의 모든 재산을 적극적으로 소비하거나 투자한다면 통화량은 늘지 않아도 돈은 더 활발하게 돌아다닐 수 있다. 굳이 그럴 이유는 없지만 10년간 통화량이 증가하지 않더라도 부유층들이 여윳돈으로 집을 여러 채 사들이기 시작하면 집값은 통화량과 무관하게 오른다. 집을 사들이는 대신 주식이나 코인을 사들이더라도 그렇게 오른 주가 덕분에 주식투자자들은 돈이 많이 생겼다는 믿음을 갖게 된다. 그리고 그중 일부는 주식을 팔아서 실제로 돈을 마련할 수 있게 되며, 그 돈으로 주택을 구매할 수도 있다. 물론 현실적으로는 그렇게 집값이 오르고 주가가 오르면 대출을 받아서라도 주식에 투자하거나 집에 투자하려는 수요가 생겨서 대출도 늘어나게 되고 통화량도 늘어난다. 그러나 정부가 은행에 그 누구에게도 대출해 주지 말라면서 은행 문을 닫아 버리더라도 사람들의 마음에 집을 사야겠다는 생각이 들면 집값은 얼마든지 오를 수 있다. 반대로 통화량이 2배로 늘어도 사람들의 마음에 집을 사야겠다는 생각이 사라지면 집값은 내려간다.

그럼, 여기서 질문을 한번 해 보자. 통화량이 늘어나면 왜 집값이 오를까? 통화량이 늘어나면 소득이 늘어나고, 소득이 늘어나면 장사할 수 있는 땅의 생산성과 효율이 늘어나며, 그런 땅에 집을 지어야 하니 집값도 오를 수밖에 없다고 설명했다. 그럼 소득이 늘어나면 반드시 땅의 효율성이 늘어날까? 대체로 그렇지만, 반드시 그렇지는 않다.

예를 들어, 매우 뛰어난 인공지능 로봇이 발명되어 3억 원 정도에 판매된다고 해 보자. 집안일도 척척 해결해 주고, 질문하면 모르는 것 없이 답변하고, 청소나 요리, 빨래도 다 해 주면 어떻게 될까? 한마디로 이 인공지능 로봇이 있으면 내 삶의 질이 달라지고, 홀로 사시는 부모님에 대한 걱정도 해결된다. 만약 그렇게 되면 사람들은 집을 사기보다는 우선 그 인공지능 로봇을 사기 위해 돈을 쓰게 될 것이다. 그 결과, 부동산 구입에 쓸 돈이 부족해지면서 집에 대한 수요가 줄어들 수도 있다. 또 가만히 앉아만 있어도 살이 빠지는 3억 원짜리 기계가 발명되었다고 해 보자. 사람들은 이런 생각을 할 것이다. '3억 원 정도면 평생 살찌지 않고, 비만으로 고통받을 일 없이 삶의 질이 달라지는데, 집이 약간 좁으면 뭐 어때? 집은 좀 더 여유 있을 때 천천히 사고 일단 여기에 투자하자.'

사람들은 이 기계를 사느라 집에 투자할 돈이 줄어들면, 역시 부동산에 대한 수요가 줄어들 수 있다. 미래에 나타나는 혁신적인 기기가 이렇게 부동산에 대한 수요를 줄일 수 있는 가능성이 분명히 있다. 다시 말하면 아파트값이 계속 오르는 건 늘어나는 통화량과 소득이 소비될 곳이 별로 없기 때문이라는 의미이기도 하다. 100년 전, 50년 전, 20년 전이나 현재 큰돈을 써서 만족을 느끼는 건 역시 집이 최고라는 생각에 변함이 없는 것이다.

통화량이 늘어나면 사람들의 소득이 늘어난다는 가정도 늘 맞는 설명은 아니다. 이론적으로는 통화량이 늘어도 그 돈은 결국 부자들의 주머니로 들어가게 된다. 부자들이 나쁘고 탐욕스러워서가 아니라 그들의 돈 버는 감각, 혁신적인 상품을 내놓는 부지런함이 다른 사람들보다 뛰어나기 때문이다. 어느 정도 돈을 벌고 나면 돈이 돈을 벌어 주면서 이들을 계속 부자로 만든다. 그래서 늘어나는 통화량이 소수 부유층에게만 흘러가면 집값은 오르지 않을 수도 있다. 일부 호화주택을 제외하면 주택의 수요가 별로 없을 것이기 때문이다. 정확히 말하면 수요가 없는 것이 아니라, 그 수요를 충족시킬 소득이나 자산이 없기 때문이라고 설명하는 게 맞을 것이다.

PART 5

부채:
현대 경제 시스템의 엔진

많은 사람이 빚을 경제적인 압박이나 불안의 원천으로 생각한다. 갚아야 할 의무가 지속적으로 존재하고 이자 때문에 부담이 더 커지는, 가능하면 피해야 하고 혹시라도 그 안에 빠져들었다면 빨리 탈출해야 할 족쇄 같은 것이라고 생각한다. 뭐든지 빚 없이 하는 게 좋은 것이고, 빚은 가능하면 피해야 하는 것이며, 우리 사회에서 빚은 사라지는 게 좋다고 생각한다. 그러나 빚은 현대사회에서 산소 같은 것이다. 산소는 우리 몸을 노화시키는 원인 물질이기도 하지만, 그렇다고 산소를 없애면 단 1분도 살아남을 수 없다. 마찬가지로 부채가 가끔 부작용을 일으키는 건 사실이지만 현대사회의 경제 시스템은 부채 없이는 단 1분도 돌아갈 수 없다.

우리는 저축을 권장하고 부채는 기피하지만 저축이 가능한 건 누군가가 그 돈을 빌려가기 때문이다. 부채나 빚이 없으면 저축도 불가능하다. 그리고 PART 1에서 배웠듯이 경제 규모가 커지면 돈의 양도 함께 늘어나야 하는데, 돈의 양이 늘어나는 가장 큰 수도꼭지는 '누군가의 대출 신청'이다. 그러니 경제가 활발하게 돌아가려면 누군가가 끊임없이 대출을 받아서 우리 사회에 필요한 돈의 유동성을 계속 공급해 줘야 한다. 빚이라는 존재의 실체, 그동안 어두운 면만 비춰 왔던 그 진짜 얼굴을 되돌아봐야 할 필요가 있다.

이 과정에서 우리는 어떻게 현명하게 빚을 이용할 수 있는지, 그를 통해 내 인생이 어떻게 바뀔 수 있는지도 알게 될 것이다.

경제 문제를 해결하는
부채의 역할

빚이나 부채라고 하면 사람들의 생각은 대부분 거의 일치한다. 한마디로 '나쁘다'는 것이다. 만약 빚이 있다면 '최대한 빨리' 갚아야 한다고 생각한다. 수많은 미디어에서 보이는 부채에 대한 나쁜 이미지 때문에 우리는 빚을 지면 큰일 난다고 생각하고, 위험한 상황에 처하게 될 수 있을 것이라고 여긴다. 실제 부채는 세계대전을 일으키기도 했다. 독일이 제1차 세계대전에서 패한 후 막대한 전쟁 배상금 때문에 힘들어 했고, 결국 이것이 히틀러에게 힘을 실어 주게 된 계기가 되기도 했다. 그러니 어떤 면에서 '제2차 세계대전은 빚 때문에 생겼다'라고 말할 수도 있다.

그런데 또 한편으로는 '부채는 정말 위험한 것일까?'라는 생각도 든다. 만약 그렇게 위험하고 큰일 나는 일이라면 왜 정부에서는 부채를 금지하지 않을까? 심지어는 대출을 하라고 권장하고, 자신들이 나서서 대출을 알선해 주기도 한다. 과연 부채의 진짜 얼굴은 무엇일까?

■ 은행의 핵심 수익 모델은?

부채를 한마디로 정의하면, '현재 경제 시스템의 엔진'이라고 할 수 있다. 빚이 없으면 경제가 돌아가지 않고, 나라가 발전하지 않는다는 이야기다. 다음 예를 한번 들어보자.

A라는 사람에게는 여윳돈이 좀 있다. 나중에 돈을 쓸 일이 있겠지만 그래도 당장은 쓸 일이 없으니 이자를 받고 굴리고 싶어 한다. B라는 사람은 돈이 필요하다. 면 뽑는 기계를 사서 지금 잘되고 있는 식당을 좀 더 확장하고 싶은 것이다. 이럴 때 두 사람이 만나서 이자를 정한 후 악수하고 돈을 빌려주고, 정해진 시간이 지난 후 이자와 함께 되돌려 받으면 모두가 행복하다. 그런데 여기에 문제가 있다. A는 2년 뒤에는 돌려받아야 하지만, B은 4년 정도 있어야 돈을 갚을 수 있다. 이렇게 되면 한쪽은 돈이 남고, 한쪽은 돈이 필요하지만 둘 사이에 거래는 이루어지지 않는다.

그림 17. 한쪽은 돈이 남고 한쪽은 돈이 필요하지만 둘 사이에 거래가 이루어지지 않는 상태에서 나서는 곳이 바로 은행이다.

　이런 상황에서 나서는 곳이 바로 은행이다. 예를 들어 A에게는 2년 동안 돈을 굴리도록 정기예금을 권하고, 중간에 돈이 필요하면 언제든지 원금을 돌려주겠다고 한다. 반면, B에게는 4년 동안 돈이 필요하니 4년 만기로 대출해 주되, 그때 갚지 못하면 연장을 허락할 수 있다고 한다.

　이 과정에서 은행은 A가 중간에 돈이 필요할 때, A에게서 받은 예금으로 부족하면 별도의 은행 자금으로 우선 처리한다. 마찬가지로 B가 갚을 시점에 갚지 못하더라도 은행은 여유를 가지고 기다려 줄 수 있다. 즉 은행은 여러 고객의 자금을 관리하면서 돈을 빌리고 싶거나, 여유 자금을 가지고 있는 사람들의 자금 만기가 서로 맞지 않더라도 이를 흡수하고 조정하는 역할을 한다.

사람마다 예금이나 대출의 만기가 다르기 때문에 은행은 이러한 만기 불일치를 해소해 주는 역할을 한다. 이는 은행의 핵심 수익 모델이며, '만기 불일치 해소 기능'이라고 한다. 사람들 사이에서 자연스럽게 만기가 딱 맞는 경우는 거의 없기 때문에 은행은 이러한 불일치를 흡수해 자금을 유연하게 운용하며 수익을 창출한다.

하지만 그렇다고 은행이 스스로 리스크를 지면서 이런 일을 하는 것은 아니다. 은행의 운용 방식은 자금을 순환시키는 구조로 이루어진다. 예를 들어, A가 예금을 찾으러 왔는데, B가 대출금을 제때 갚지 못하는 상황이다. 그런데 마침 C가 예금을 하러 왔고, 그 자금으로 A에게 예금을 돌려줄 수 있다. C는 자신의 돈이 은행에 안전하게 보관되어 있다고 믿지만, 은행은 사실 그 자금을 다른 사람에게 빌려주거나 A처럼 예금을 찾으러 온 고객에게 지급한다.

이러한 구조에서 만약 C가 다음 날 갑자기 예금을 찾으러 온다면, 은행은 그날 D가 예금한 돈으로 C에게 지급한다. 이렇게 은행은 예금자들이 맡긴 자금을 동시에 모두 지급할 필요가 없는 상황을 이용해 자금을 계속 순환시키며 운용한다. 이를 통해 고객들이 서로 다른 시점에 예금이나 대출을 필요로 하는 상황을 관리하면서 자금을 유동적으로 운용하는 것이다. 쉬운 말로 표현한다면 '돌려막기'를 한다고 볼 수도 있다. 하지만 이는 나쁜 돌려막기가 아니다. 돈이 필요한 사람이 빚을 지게 해 주고, 그것을 통해 사업도 하고 투자도 하면서 나라 경제 전체를 돌리기 때문이다.

■ 알고 보면 세상은 100% 부채로 구성되어 있다

우리는 은행에 예금을 했다고 표현하지만 은행 입장에서 보면 나중에 돌려 줘야 하는 돈이니 그 예금액이 사실 전부 부채다. 은행이 부채를 떠안지 않으면 은행 시스템이 돌아가지 않는다. 누군가가 은행에서 돈을 빌리면 그 돈은 그 누군가의 부채다. 그러나 그런 부채가 없다면 아무도 예금을 할 이유가 없고, 시중에 도는 돈의 양도 늘 일정할 것이다. 누군가가 은행에서 대출을 받아야 그만큼의 돈이 시중에 더 추가되기 때문이다.

생각해 보면 지금 지구상에 존재하는 돈은 모두 누군가의 부채를 기반으로 만들어진 것이다. 현금이라고 불리는 화폐도 화폐를 발행한 중앙은행이 국민들에게 진 부채다. 지금은 그렇지 않지만 과거에는 현금을 들고 은행에 가서 금으로 바꿔 달라고 요구하면 바꿔 줘야 했다. 1만 원이라는 화폐의 본질은 '언제든지 이 증서를 들고 중앙은행에 오면 1만 원의 가치가 있는 금 또는 유사한 것으로 내어 드리겠습니다'라는 약속을 한 증서이고, 중앙은행 입장에서 보면 언제든지 상환 요구를 받을 수 있는 부채이다. 금본위제가 끝난 이후에는 '언제든지 이 증서로 세금을 낼 수 있게 보장해 드립니다. 납세가 의무인 시스템이 유지되는 한 이 증서의 가치는 영원합니다'라고 부채의 담보물이 약간 바뀌었을 뿐이다.

실제로 우리나라에 존재하는 모든 부채(정부 부채와 기업 부채, 가계 부채)의 총합은 2023년 4분기 기준으로 6,033조 원이다. 그런데 공교롭게도 같은 시점에 우리나라에 풀려 있는 '광의 유동성'이라는 통화량 지표도 매우 흡사한 숫자인 6,600조 원이다. 참고로 이 광의 유동성이라는 지표는 우리나라의 모든 금융기관에 예치된 예금 또는 금융상품에 국채와 회사채, 기업어음 발행 잔액을 더한 것이다. 이것이 우리나라에 돌아다니는 돈의 총합이다.

그런데 왜 광의 유동성과 우리나라의 총부채 규모가 비슷할까. 생각해 보면 당연하다. 우리나라의 금융기관에 예치된 예금과 금융상품은 결국 그 예금주들이 언제든지 인출을 요구하면 내줘야 하는 우리나라 금융회사들의 부채이다. 그리고 국채는 정부의 부채, 회사채와 기업어음은 기업들의 부채이니 우리나라의 부채를 모두 더한 숫자와 비슷한 것이다. 그리고 우리나라 금융회사들의 부채, 즉 우리 국민들의 예금이 어디서 왔는지 생각해 보면 결국 누군가가 은행에서 돈을 빌리는 과정에서 늘어난 통화량이 경제활동을 통해 국민들에게 흩어지면서 늘어난 것이다. 결국 누군가가 가진 돈(A)은 누군가가 진 부채(B)에서 나오는 것이니 세상에 돈이 늘어났다는 말과 부채가 늘어났다는 말은 동의어인 셈이다. A와 B는 항상 상응한다. 그러니 B가 늘어났다고 걱정하는 건 우리의 재산이 늘어났다고 불안해하는 것과 같은 의미다. 좀 이상하지 않은가?

우리는 언제나 부채의 양과 규모가 늘어나는 것에 주목하고, 그것을 걱정하지만, 사실 걱정해야 할 것은 부채의 규모가 아니다. 우리나라의 경제주체들이 진 부채의 규모는 그들이 갖고 있는 유동성의 규모와 같으므로 경제가 성장하면서 부채가 늘어나는 건 자연스러운 일이다. 그리고 경제가 빨리 성장하면 부채도 빨리 늘어나고, 유동성도 빨리 늘어나며, 자산도 빨리 늘어나는 건 당연한 일이다. '부채가 늘어난다'와 '경제가 성장한다'라는 말은 치밀한 인과관계로 연결된 공식이며, 그래서 두 명제는 거의 동의어에 가깝다.

그렇다면 부채는 걱정할 일이 아니고 오히려 환영할 일이라는 뜻일까? 그렇지는 않다. 부채가 많으면 위험하긴 하다. 그러나 우리가 걱정해야 하는 것은 부채의 규모가 아니라 부채의 분포와 부채의 상태다. 부채의 총량은 통화량의 총량과 비슷하게 움직이므로 그 자체가 문제는 아니고, 그것을 피하거나 줄일 방법도 없다. 하지만 그 부채를 상환 능력이 뛰어난 경제주체가 감당하고 있는지, 상환 능력이 낮은 경제주체가 감당하고 있는지 그 내부 상황과 부채의 분포는 매우 신중하게 눈여겨볼 필요가 있다.

똑같은 1,000조 원의 부채를 지고 있더라도 취약한 경제주체가 그 부채를 감당하고 있는 것과 우량한 경제주체가 그 부채를 감당하고 있는 것은 전혀 다른 결과를 가져오기 때문이다. 우량한 경제주체가 부채를 보유하고 있다면 그 부채는 아무리 많아도 걱정할 이유가 없다. 오히려 그 부채가 유용하게 활용될 가능성이 높으니 심지어 권장할 만하다. 하지만 취약한 계층이 부담하고 있는 부채는 그 규모가 작아도 상환 능력에 문제가 생기면 큰 재앙이 될 수 있다. 그러나 아쉽게도 우리는 부채의 부담 주체가 어떤 상황인지 정확히 알 수 없기 때문에 늘 부채의 규모가 늘어나는 것을 보며 의미 없거나 부질없는 걱정을 하곤 한다. 그리고 그 걱정은 종종 부채는 위험한 것이라는 잘못된 상식으로 굳어진다.

경제가 성장할수록 부채는 늘어나기 마련이고, 늘어나는 게 바람직하다. 그런데 부채의 규모가 문제라고 착각하다 보니, 부채 문제가 계속 악화되고 있다고 오해하면서 부채의 양을 줄여 보기 위해 몸부림치고 있는 상황이다. 그러나 이론적으로는 가계 부채가 2,000조 원이든, 3,000조 원이든 그 규모는 아무 의미가 없다. 나라 경제가 성장하면서 가계가 얼마나 그 과정에서 기여하고 적극적으로 경제활동을 했느냐를 알려주는 수치일 뿐이다.

그러나 그 부채를 누가 지고 있으며, 그로 인해 어떤 부담과 부작용이 현실로 나타나고 있는지는 중요하다. 무엇이 중요한 것인지 잘 구별하고 이해해야 한다는 뜻이다. 부채가 위험하지 않다는 건 아니지만 부채가 늘어난다는 것 그 자체는 부채의 위험과는 구별해야 하는 별개의 현상이다.

■ 문제의 드라마틱한 해결

빚은 나쁠 수도 있지만, 그럼에도 불구하고 반드시 필요한 이유가 있다. 그것은 바로 '사람마다 성향과 능력이 다르기 때문'이다.

만약 세상의 모든 사람이 열심히 자기가 할 수 있는 최선을 다해 상품을 만들어 팔면 다 잘 돌아갈 것이며, 더는 고민할 일이 없다.

예를 들면 농민은 배추 농사를 잘 짓고, 유통 상인은 그 배추를 잘 사다가 배달해 주고, 김치공장에서는 배추를 아주 맛있게 김치로 만들고, 광고회사는 그 김치가 아주 맛있게 보이도록 광고를 멋지게 만들어 주고, 동네 슈퍼에서는 그 김치를 아주 잘 보이는 곳에 진열해 준다. 그리고 소비자가 이를 구매한다. 한 치의 오차도 없이 모든 것이 잘 돌아가고, 서로가 돈을 번다.

하지만 현실에서는 사람마다 기분, 컨디션, 능력, 의지 등이 다르기 때문에 모두가 항상 최선을 다하지 않는다. 어떤 농민은 배추를 열심히 기르지만, 또 다른 농민은 대충 기를 수도 있다. 김치공장도 마찬가지로 어떤 공장은 위생과 품질을 철저히 관리하지만, 다른 공장은 경영이 엉망이거나 직원들이 제대로 출근하지 않는 경우도 있다. 이처럼 경영자의 능력과 의지가 모두 같지 않기 때문에 관리가 부실한 김치공장은 망하게 되고, 배추를 대충 기른 농민은 돈을 벌 수 없게 된다. 이는 경제 시스템 안에서 개인의 능력과 의지가 다양하게 작용하는 현실을 보여준다.

이제 문제는 이 망한 배추밭과 김치공장을 어떻게 할 것이냐는 점이다. 배추 농사를 잘 짓는 농민이 있다면 그에게 더 많은 땅을 맡겨 농사를 짓게 하면 된다. 마찬가지로 김치공장이 망했을 때는 경영 능력이 뛰어난 사람이 그 공장을 인수해 빨리 운영을 재개해야만 공장에서 일하던 직원들도 계속 일하며 월급을 받을 수 있다.

이는 축구와 매우 비슷하다. 축구에서 좋은 컨디션을 가진 선수에게 패스를 많이 해 주어 골을 넣도록 한다. 경제에서도 잘하는 사람에게 자원을 집중시키는 것이 필요하다. 모든 사람이 동일한 능력을 가질 수는 없기 때문에 각자가 잘하는 일을 하도록 역할을 배분하고, 그들에게 기회를 주는 것이 경제의 성공을 위해 매우 중요하다. 물론 사람은 누구나 평등하고 존엄하지만, 특정한 일에서는 능력의 차이가 존재할 수밖에 없다는 사실을 인정해야만 한다.

그런데 김치공장을 인수하려면 많은 돈이 필요하다. 새로운 인수자가 이런 일이 생길 줄 알고 딱 100억 원을 준비해 놓는 경우는 없기 때문이다. 따라서 이럴 때는 은행에서 돈을 빌려주어야 하고, 새로운 인수자는 돈을 빌려야 한다. 결국 이 대출이라는 빚이 있어야만 문제를 드라마틱하게 해결할 수 있으며, 만약 빚이 없다면 아무런 일도 생기지 않게 되는 것이다.

결론적으로 우리는 빚을 '무조건 나쁜 것'이라고 여겨서는 안 된다. 빚이라는 제도가 없으면 사회는 돌아가지 않고, 망한 사람은 재기할 기회가 없고, 잘 나가는 사람이 더 사업을 확장할 기회도 줄어들게 된다. 빚이라는 돈이 흘러가야만 더 성장할 수 있고, 발전할 수 있는 여지가 생긴다는 의미다.

내 인생을 바꿀 수 있는
좋은 부채

　우리는 부채에 대해 과거부터 지금까지 너무 부정적인 이미지만 가져왔던 것도 사실이다. 물론 이는 외부에서 주입받은 정보와 지식 때문이기도 하다. 그러나 문제는 이런 왜곡된 관념만 갖고 있으면 그릇된 판단을 할 수 있다는 것이다. 예를 들어 부채는 부엌칼과 같은 존재이다. 잘못 쓰면 몸을 다칠 수도 있고, 어떤 경우에는 무기로도 사용될 수도 있다. 그러면 부엌칼은 '나쁜 것'일까? 하지만 이 칼이 없다면 우리는 몸을 건강하게 만들어 주는 요리를 효율적으로 할 수 없게 된다. 따라서 부엌칼 자체를 두고 '좋다, 나쁘다'라고 판단할 수는 없다. 어떻게 하면 잘 쓰느냐가 핵심이다. 그래서

부채에 관한 과도하게 부정적인 인식을 최소한 중립적으로 바꿔
줄 필요가 있다.

■ 지금이냐, 10년 뒤냐?

은연중에 빚에 대해 부정적인 인식이 있다는 사실을 알 수 있는
하나의 사례가 있다. 은행에서 대출을 받게 되면 이렇게 물어본다.
"고객님, 이제 최종적으로 금리도 결정됐으니까 이 돈을 원리금
균등 분할 상환으로 갚으실 겁니까, 아니면 원금 균등 분할 상환으
로 갚으실 겁니까? 고객님이 선택하시면 됩니다."

사실 은행이 이렇게 두 가지를 제안하는 것은 그 어떤 것이라도
은행에는 크게 이익이 되거나, 크게 손해가 되지는 않는다는 뜻이
다. 이 말은 반대로 자신이 뭘 선택해도 이익이 되거나 손해가 되지
않는다는 의미이다.

그런데 흔히 블로그에 실려 있는 글은 거의 대부분 원금 균등 분
할 상환이 원리금 균등 분할 상환보다 더 좋다고 조언한다. 일단 이
둘의 차이를 살펴보자.

사람들이 '원금 균등 분할 상환'을 좀 더 좋은 것이라고 추천하는
이유는 바로 '빚을 빨리 갚을 수 있다'라는 생각 때문이다. 이는 곧
'빚은 나쁜 것이기 때문에 빨리 털어 내야 한다'라는 인식이 잠재되
어 있기 때문이다.

- 원금 균등 분할 상환: 처음부터 일정하게 갚는 방식으로 부채를 좀 더 빨리 갚을 수 있다.
- 원리금 균등 분할 상환: 처음에는 조금씩 덜 갚다가 뒤로 갈수록 갚는 금액을 늘리는 방식으로 부채는 좀 더 길게 남는다.

하지만 사실 이것은 사람마다 다르다. 만약 자신이 여유자금이 충분하며 그 돈으로 뭔가 생산적인 일을 할 게 없다면 빨리 갚는 것이 좋겠지만, 어떤 사람은 대출을 좀 더 끌고 가는 것이 좋은 사람도 있다. 전체 기간 동안 이자는 조금 더 내기는 하겠지만, 그만큼 더 오랜 기간 자금을 쓸 수 있기 때문이다. 그리고 그런 방식은 초기에 내는 비용이 줄어들 수 있기 때문에 부채를 더 적극적으로 사용하려는 사람에게 유용하다. 그리고 중간에 돈이 확보된다면 중도에 상환하면 그만이다.

이처럼 자신의 사정이 어떤지, 그리고 어떤 경우에 빚을 쓰느냐에 따라 상황은 매우 달라진다. 예를 들어 자신이 매우 탁월한 경영자라고 생각해 보자. 손대는 회사마다 성장시켜서 직원을 늘리고 나라에 세금도 잘 내고 있다. 그리고 지금 기업을 인수할 필요가 있지만, 당장에 돈은 없다. 그럼에도 불구하고 '빚은 매우 나쁜 거니까, 그냥 지금처럼 돈을 열심히 모아서 10년 뒤에 인수해야지'라는 생각이 과연 옳은 것일까? 이것은 개인적으로도 국가적으로도 별로 도움이 되지 않는 판단이다. 10년 뒤에 그 기회가 남아 있을지, 없을지조차 모르기 때문이다.

뿐만 아니라 빚은 부모님에게 물려받은 재산이 없는 사람에게는 '성장의 사다리' 같은 역할을 할 수 있다. 물려받은 것이 없는 사람이라면 말 그대로 맨땅에 헤딩해야 하고, 그러면 머리에 상처가 생기고, 심하면 병원에 입원할 수도 있다. 하지만 은행으로부터 대출을 받는다면 그럴 일이 없고, 그 결과 조금 더 편하고 가볍게 시작할 수 있다. 그리고 그것을 도약으로 한 단계 더 발전해 나갈 수 있다.

대출받는 돈을 어떻게 사용하느냐에 따라 그 결과는 부엌칼처럼 양날의 칼이 될 수 있다. 기회의 균등 또는 기회의 허용이라는 점에서 적어도 대출을 규제하자는 움직임은 반서민적인 정책이다. 그러나 많은 경우 부유층이 오히려 부채를 적극적으로 활용하며, 서민들은 대출 규제에 우호적인 감정을 갖는다는 사실은 매우 아이러니다.

■ 빚으로 미래의 시간을 사다

부채는 투자 포트폴리오를 구성하는 데도 매우 중요한 역할을 한다. 이 말은 단순히 '빚을 내서 투자하라'는 의미가 아니다. 부채는 결국 '시간을 사는 일'이라고 할 수 있다. 따라서 먼 미래에 해야 할 투자를 빚을 이용해서 오늘부터 하는 것이다. 이렇게 하면 나의 현금이 모일 때까지 기다리지 않고 지금부터 투자해서 좀 더 많은 수익을 올릴 수 있다.

지금 막 사회생활을 시작한 A씨가 있다. 재테크를 하겠다고 굳게 마음먹고 '부동산 70 : 주식 30'이라는 포트폴리오도 준비했다. 다행히 그동안 아르바이트 하면서 모은 돈과 부모님이 주신 돈을 합해 3,000만 원이 있다. 자신이 만든 포트폴리오에 따르면 2,100만 원은 부동산에, 900만 원은 주식에 투자하면 된다. 그런데 문제는 2,100만 원짜리 부동산은 존재하지 않는다는 점이다. 아무리 눈을 씻고 전국의 아파트를 찾아봐도 2,100만 원짜리 아파트는 없다.

　그렇다면 A씨는 재테크를 포기해야 할까? 물론 한 가지 방법이 있다. 지금부터 열심히 일해서 10년, 15년 뒤에 10억 원을 모은 후 그때부터 부동산에 투자하는 것이다. 그런데 그때가 되면 부동산 가격은 또다시 오를 것이고, 지금 10억 원인 아파트는 그때는 15억 원이 되어 있을 가능성이 매우 크다. 그러면 그때도 10억 원으로 투자하기란 불가능하다.

　A씨는 영영 부동산에 투자할 방법이 없는 것일까? 그렇지 않다. 두 번째 방법으로, 그에게는 부채라고 하는 아주 강력한 무기가 있다. A씨가 앞으로 약 30년 정도 열심히 일한다면 약 20억 원 정도의 돈을 벌 수 있다고 해 보자. 그리고 그에게는 '20억 원으로 할 수 있는 포트폴리오'가 설정되어 있다. 여기에서 '부동산 70'이라는 투자비율을 따지면 14억 원이니 이 정도면 지금도 충분히 아파트에 투자할 수 있다. 따라서 지금 A는 빚을 내서 미래에 14억 원이 될 만한 아파트를 먼저 사고, 살아가면서 원리금을 조금씩 갚으면 된다. 그러면 부동산 70 : 주식 30이라는 포트폴리오에서 부동산 70

을 먼저 만들 수 있다. 결국 빚을 통해 '미래'라는 시간을 산 것이고, 그 결과 지금부터 자신의 포트폴리오에 맞게 투자해 나갈 수 있게 된다. 그리고 그가 60세가 되었을 때는 청년 시절에 꿈꿨던 '부동산 70 : 주식 30'의 포트폴리오가 완성되어 있을 것이고, 또한 그간 열심히 일해서 번 돈으로 빚도 모두 갚았으니 그는 나머지 인생을 한층 홀가분하고 여유롭게 즐길 수 있다. 이 모든 것이 가능했던 것은 바로 A씨에게 빚이라는 것이 있었기 때문이다.

물론 이 계획에도 리스크는 있다. 첫 번째 계획도 중간에 부동산 가격이 급등하면 저축 후 투자라는 계획은 실패한다. 두 번째 계획의 리스크는 건강상 문제로 회사를 계속 다니는 것이 어려워지거나, 중간에 회사가 문을 닫으면 일단 부채를 끌어서 집을 사고 그 원리금을 갚아 나간다는 계획에 차질이 생긴다. 이럴 경우 우리는 선택을 하면 된다. 부동산 가격이 중간에 급등할 가능성이 큰가, 아니면 내가 회사를 중간에 그만두게 되어서 소득이 끊길 가능성이 큰가? 둘 중 더 가능성이 큰 경우에 대해 리스크를 회피하는 쪽으로 선택하면 된다.

■ 견딜 수 없는 변동성의 위험

다만 A씨의 사례는 가장 이상적인 형태이며, 경우에 따라서는 '나쁜 빚'도 분명히 존재한다. 다음과 같은 것들을 머리에 담아 두자.

- 소비를 위한 빚
- 주식 등 변동성이 큰 투자를 위한 빚

부채는 유용한 것이며, 생산성을 높이는 좋은 방법이다. 하지만 소비를 위한 빚은 매우 신중해야 한다. 빚을 내서 투자하면 수익을 올릴 수 있기 때문에 시간이 흐를수록 큰 부담으로 작용하지 않는다. 하지만 빚을 내서 물건을 산다고 해서 수익을 올릴 수는 없다. 더 낮은 가격에 중고로 팔 수 있을 뿐이다. 따라서 소비를 위한 빚은 미래에 부담을 가중시키는 위험한 빚이라고 할 수 있다.

주식이나 코인 같은 변동성이 큰 자산에 투자하기 위해 빚을 내는 것도 위험을 키운다. 아무리 우량주라고 하더라도 고점에서 산다면 특정 기간에는 약 50% 정도 주가가 떨어지는 일도 자주 일어나게 된다. 만약 내 자산이 1억 원이 있는데, 1억 원의 빚을 내서 2억 원어치 주식을 샀다고 가정해 보자. 그런데 가격이 50% 떨어지면 2억 원어치의 주식은 1억 원이 되고, 앞으로 1억 원을 갚아야 하기 때문에 내 자산은 0이 된다. 내가 선택한 주식이 나쁜 종목이어서가 아니라, 아무리 우량한 주식이라도 변동성이 크기 때문이다. 변동성이 큰 자산은 중간중간 하락 구간에서 나의 자산을 파멸시킬 수 있으므로 부채를 활용한 투자는 바람직하지 않다.

반면 1억 원이 있을 때 1억 원을 빌려서 2억 원짜리 집을 사는 투자는 나쁘지 않다. 2억 원짜리 집은 주식보다 덜 오를 수는 있지만, 중간에 50%씩 하락하지는 않는다. 그러니 그 빚을 끝까지 유지하면서 투자할 수 있다. 주식은 나쁘고 덜 오르며, 집이 더 많이 오르는 좋은 자산이라는 이야기가 아니다. 10년 후에는 주식이 훨씬 더 많이 올라 있을 수도 있다. 하지만 주식은 그 10년 동안 큰 변동성 때문에 내 자산이 0이 되는 시기가 찾아올 수 있으며, 내가 그 구간을 견디거나 버틸 방법은 없다. 그러나 부동산은 10년 동안 자산이 0이 되는 시기가 오지 않는 변동성이 낮은 자산이므로 빚을 동원해서 투자하는 것이 가능하며, 심지어 바람직하다.

빚은 기본적으로 나쁜 것이지만 신중하게 쓰면 괜찮을 수도 있는 게 아니라, 빚은 기본적으로 좋은 것이거나 필수적인 것이다. 하지만 조심해야 될 분야가 있다고 생각을 조금 옮겨가는 게 필요하다. 빚은 그 필요성과 효능에 비해 과도하게 경계되고 있다는 생각이 들어서다. 오히려 빚에 대한 가장 씁쓸한 현실은 '빚은 잘 활용할수록 좋은 것'이라는 사실을 모든 경제주체가 받아들여 적극적으로 활용할수록 경쟁이 치열해지고 부채로 인한 리스크가 커지므로, 그 사실을 오히려 감추거나 경계하는 경향이 강하다는 점이다.

가계 부채 때문에
대한민국은 망하는 걸까?

    뉴스를 통해 한국의 가계 부채가 매우 높다는 사실을 한 번쯤 들어보았을 것이다. 실제로 우리나라 국내총생산(GDP) 대비 가계 부채비율은 2023년 말 현재 100.5%로 주요 43국 가운데 스위스(126.3%), 호주(109.6%), 캐나다(102.3%)에 이어 세 번째다. 금액으로는 대략 2,000조 원 정도가 된다. 특히 한국의 가계 부채 증가 속도가 매우 빠르기 때문에 '조만간 가계 부채가 뻥 하고 터져서 모두 망하는 것 아닌가?'라는 우려가 커지고 있다.

    하지만 앞서 살펴본 것처럼 부채는 단순히 그 규모만으로 위험하다거나, 위험하지 않다고 판단할 수는 없다. 우리나라의 가계 대출이 많은 것은 사실이지만 그 자체를 위기로 생각하기는 조금 어려운 여러 변수가 있기 때문이다. 지금부터 우리나라 가계 부채를 바라보는 약간 색다른 시선을 소개해 보겠다. 미리 밝혀 두자면 가계 부채가 늘어나는 게 바람직하다는 이야기를 하는 게 아니다. 가계 부채가 빠르게 늘어나는 것은 사실이지만 우리가 생각하는 것만큼 공포스러운 일은 아니라는 것이다. 그리고 가계 부채가 줄어들지 않으면 반드시 문제가 생긴다거나, 가계 부채 때문에 우리나라는 큰 위기를 겪을 것이라고 확신하는 시나리오를 바탕으로 투자 계획을 짜다가는 큰 손실을 입을 수도 있다. 그러므로 가계 부채의 본질과 현황을 보다 명확하게 이해해 보자는 제안이다.

■ 공포심에 사로잡힐 필요는 없어

'가계 부채가 위험하다'라는 이야기는 다양한 근거와 함께 자주 들었을 것이다. 이제 좀 다른 이야기를 함께 들어보자. 예를 들어 한 가정에 10억 원의 빚이 있다면 일반적으로는 '와, 빚이 엄청나네. 이자만 해도 도대체 얼마야?'라고 생각할 것이다. 하지만 그 집의 총자산이 100억 원이고, 매달 벌어들이는 돈이 5,000만 원이라면 10억 원이라는 빚은 크지 않다고 볼 수 있다. 놀랄 만한 금액이지만 빚을 갚을 능력이 충분하기 때문이다. 반면 어떤 가정은 1,000만 원 정도의 빚으로도 여러 가지 문제가 생길 수 있다. 빚은 규모 그 자체만으로 위험함을 판단할 수는 없다는 뜻이다.

같은 잣대를 우리나라 가계 부채에 적용하면 어떨까? 통계에 따르면 우리나라의 소득 상위 20%에 해당하는 고소득자들은 전체 소득에서 약 37%를 차지하고 있는데, 전체 부채에서 이들 상위 20%가 차지하는 비율은 무려 53%나 된다. 우리나라 가계 부채의 대부분은 상위 20% 고소득자들이 지고 있다는 의미다. 우리나라는 신용대출을 받기 쉽지 않고, 주택을 보유한 사람들만 거액의 대출을 받을 수 있기 때문에 나타나는 현상이다. 우리나라가 상위 20% 고소득자들에게 금융 자원의 대부분을 몰아주고 있다는 씁쓸한 현실이기도 하다.

그러나 바꿔 말하면 우리나라의 가계 부채는 대부분 고소득층이 주택이라는 자산을 담보로 차입한 것이어서 대출 상환에 문제가 생기거나, 대출로 인한 가처분소득 감소, 그리고 그로 인한 소비 위축이 상대적으로 작다는 의미이기도 하다. 가구 단위로 가계 부채 통계를 바꿔 보면 숫자는 약간 다르지만 통계가 보여주는 그림은 크게 다르지 않다. 우리나라 전체 가계 대출의 43%는 소득 상위 20%에 해당하는 가구가 빌려간 것인데, 이런 고소득 가구가 빌린 대출의 비중이 캐나다(30.5%), 뉴질랜드(25%) 등에 비해 꽤 높은 편이다.

요약하면 가계 부채는 그 규모 자체보다 누가 그 부채를 짊어지고 있느냐에 따라 위험도가 달라진다. 그런데 우리나라는 비교적 고소득층이 가계 부채 대부분을 짊어지고 있어서 다른 나라에 비해 그 규모는 크지만, 문제가 생길 가능성은 작다는 사실이다.

이 점을 굳이 살피는 이유는 우리나라의 가계 부채 규모가 다른 나라들에 비해 유독 큰 편이어서, 이 가계 부채가 우리나라 경제를 파국으로 몰고 갈 뇌관이 될 것이라는 전망이 한국 경제를 비관적으로 바라보는 시나리오에서 빠지지 않고 등장하고 있기 때문이다. 가계 부채를 경계하자는 의도는 십분 이해하지만 자칫하면 한국 경제의 미래를 비관하는 근거로 회자되면서 많은 사람의 투자 결정에도 좋지 않은 영향을 줄 수 있다. 투자의 세계에서는 어설픈 비관이 때로는 어설픈 낙관보다 더 위험하다.

많은 사람이 우리나라의 가계 부채를 걱정하며 이로 인해 금융 위기의 시발점이 될 수도 있다고 생각한다. 우리가 겪은 IMF 외환 위기가 외국에서 빌려온 부채인 '외채'에서 비롯됐고, 미국발 글로벌 금융 위기도 저신용자들에 대한 '주택담보대출'에서 시작됐다. 때문에 부채나 대출이 금융 위기의 주범이라고 믿고 있는 듯하다. 우리나라의 가계 부채는 문제가 될 경우 경제에 부담이 될 수 있다. 하지만 그 자체가 금융 위기의 뇌관이 되거나, 이로 인해 신용 위기가 발생하지는 않는다. IMF 외환 위기 때의 외채는 말 그대로 외국에서 빌려온 돈이어서 채권자가 돈을 갚으라고 하면 어디서든 달러를 조달해서 갚는 것 말고는 피할 방법이 없었다. 하지만 가계 부채는 한국의 은행들이 채권자이고, 국민들이 채무자이기 때문에 상환 요구에 응하지 못해도 파국을 맞지는 않는다.

즉 가계 부채의 대부분은 외국 은행에서 빌리는 것이 아니라 '우리나라 국민이 우리나라 은행에서 빌린 돈'이다. 때문에 실제로 위기가 발생할 조짐이 보이면 채권자인 은행은 채무자들이 만기를 연장할 수 있도록 도와주고, 아마 그렇게 하도록 강제될 것이다. 생각할 수 있는 시나리오는 집값이 하락해서 은행들이 담보로 잡은 주택들의 담보 가치가 상실되는 상황이다.

그런데 그로 인한 충격이 금융 위기나 신용 위기로 번질 정도라면 집값이 다시 오를 때까지 부채 상환을 미루며 버티게 될 것이다. 코로나 위기 때 자영업자들에게 수십조 원의 대출을 해 준 후 지금까지 은행들이 이자도 받지 않고 기다려 주는 상황을 보면, 자국민으로 구성된 채무자 집단의 연체 상황에서 자국의 은행이 상환을 요구해 파국을 심화하는 상황은 상상하기 어렵다. 그렇게 해서 국가 경제를 파탄에 이르게 할 하등의 이유가 없기 때문이다.

이런 이유로 자국 국민들의 가계 부채 때문에 나라가 큰 위기에 빠진 경우는 단 한 번도 없다. 미국의 서브프라임 모기지발 금융 위기는 미국 가계가 빌린 가계 부채 때문이 아니라, 그 과정에서 금융회사들이 가계 부채를 기반으로 만든 복잡한 파생상품으로 인해 발생한 신용 위기다. 미국발 금융 위기는 미국의 가계 대출이 파생상품으로 엉켜 있지 않았다면 그 위기의 출발이었던 일부 저신용자들의 연쇄적 대출금 연체를 지연시키거나 감당할 수 있었을 것이다. 결론적으로 우리나라의 가계 부채는 가계를 부담스럽게 할수는 있겠지만, 어느 날 갑자기 폭발하는 시나리오를 걱정할 필요는 없다는 뜻이다.

■ 가계 부채가 많을 수밖에 없는 이유

가계 부채와 관련한 또 하나 중요한 포인트는 우리나라의 가계 부채는 2,000조 원가량이지만 우리나라의 가계가 보유한 금융자산은 약 5,000조 원으로 가계 부채 규모를 능가한다는 사실이다. 가계 부채 규모가 걱정스럽긴 하지만 그보다 많은 자산이 있으니 부채의 상당 부분은 갚을 수도 있다는 뜻이다. 물론 이 사실이 우리나라 가계 부채가 아무 문제없다는 근거로 해석되어서는 안 된다. 가계 부채보다 가계 금융자산이 훨씬 많지만, 부채를 보유한 가구와 금융자산을 보유한 가구의 분포가 일치하지 않는다. 때문에 금융자산이 가계 부채 규모를 추월하더라도 가계 부채로 인해 문제가 생기는 가구는 얼마든지 있을 수 있다. 이 대목은 부채 문제를 판단할 때 중요한 포인트여서 다시 한번 강조하면 다음과 같다.

가계 부채와 관련한 설명에서도 가계 부채의 규모가 큰 것은 그 자체로 문제가 되는 것은 아니며, 부채의 분포와 그 부채를 떠안은 개별 경제 단위의 상황이 중요하다. 이와 마찬가지로, 가계 금융자산 역시 전체 규모가 가계 부채 규모를 추월했다고 그 자체로 부채 문제가 모두 사라지는 것은 아니라는 뜻이다. 그 금융자산을 소유한 가구의 분포와 상황이 제각각이므로, 가계 부채 문제가 그보다 규모가 큰 가계 금융자산으로 모두 해결되는 것은 아니다. 그러나 가계 부채에 대한 걱정과 우려를 단순히 가계 부채 전체 규모만 곱씹으며 계속 확대하려고 한다면 그보다 훨씬 많은 가계 금융자산은 왜 감안하지 않느냐는 반론을 던질 수 있다.

이렇듯 우리는 부채를 고민할 때 규모에만 초점을 맞추면 논의의 진전을 보기 어렵다. 그래서 지난 수십 년간 대한민국 가계 부채 사상 최대라는 뉴스가 늘 우리 마음을 불안하게 했지만 별다른 대책도 없고, 그렇다고 별다른 문제가 발생한 것도 아닌 모호한 상황이 이어져 온 것이다.

또 한 가지, 가계 부채와 관련해 생각해 볼 문제는 우리나라의 국민연금 기금이 약 1,000조 원쯤 쌓여 있다는 사실이다. 직장인들이라면 누구나 4대 보험으로 돈을 떼서 국민연금이라는 바구니에 담아 두고 있다. 고령화가 진행되면 조만간 고갈된다고 걱정하지만, 우선 지금은 계속 쌓이고 있다는 사실은 분명하다. 그리고 이 사실은 왜 한국의 가계 부채가 많이 생겼는지도 일정 부분 설명한다.

우리나라 국민들이 1,000조 원을 국민연금이라는 주머니에 따로 쌓아 두지 않았다면 국민들의 금융자산은 지금보다 1,000조 원 정도 더 많을 것이다. 그렇다면 과연 우리나라의 가계 부채가 2,000조 원이 넘는 상황이 도래했을까? 아마 그렇지는 않을 것이다. 저축액이 있었다면 그것부터 헐어서 쓰고 모자란 부분을 부채로 조달하는 게 상식이다. 그러므로 그동안 국민연금에 1,000조 원을 쏟아붓지 않았다면 가계 부채도 이렇게 늘어나지는 않았을 것이라는 말이다.

물론 국민연금 기금을 운영하는 나라는 일본, 호주 등 여러 나라가 있다. 그러나 우리나라가 쌓아 놓은 1,000조 원의 국민연금 기금은 그 절대 규모만으로도 일본, 노르웨이에 이어 세계 3위 규모이고, GDP 대비로 계산하면 단연 세계 1위다. 우리나라의 가계 부채가 GDP 대비 세계 4위가 된 배경에는 GDP 대비 세계 1위 규모로 쌓아 놓은 미래를 위한 금융자산이 따로 존재하기 때문이기도 하다. 앞서 언급한 가계 금융자산과는 별도의 돈이다.

또 하나 살펴봐야 할 것은 우리나라 주택임대사업의 특성이다. 우리나라는 외국과는 다르게 임대업자의 80%가 일반 개인이다. 반면 외국에서는 국가도 임대업을 하고, 기업도 임대업을 한다. 우리나라는 국가나 기업이 주택임대사업을 하는 비율이 전체 주택의 20%라면, 외국은 그 비율이 국가마다 다르지만 대략 40%에 이른다.

그런데 개인이든 국가든 기업이든 임대업을 하기 위해서는 은행에서 대출받아 주택을 매입하는 것은 모두 비슷하다. 따라서 주택임대업을 개인이 하지 않고 국가가 하게 되면 국가가 어딘가에서 돈을 빌려 와야 하므로 국가 부채가 늘어나게 되고, 기업이 그 일을 하게 되면 기업 부채가 늘어나게 된다. 하지만 우리나라는 개인이 주택임대사업을 하는 경우가 많기 때문에 자연스럽게 가계 부채가 늘어난 것이다. 그래서 우리나라의 가계 부채는 다른 나라에 비해 주택담보대출 비중이 높다. 이것은 우리나라의 가계 부채가 대부분 주택이라는 안전한 담보를 기반으로 하고 있으며, 그러므로 상황이 다른 외국의 가계 부채와 그 규모를 일대일로 비교하는 것이 가계 부채의 실제 문제를 파악하는 데 별 도움이 되지 않을 수 있다는 사실을 논증한다.

　마지막으로 우리나라의 가계 부채는 전체 15% 정도가 전세 대출인데, 이 역시 다른 나라의 가계 부채에는 존재하지 않는 형태다. 우리나라에만 독특하게 존재하는 전세제도에 따른 결과물이다. 물론 이 역시 가계가 은행으로부터 빌리는 돈이기 때문에 가계 부채로 포함되어 집계되는 게 옳다. 하지만 가계 부채는 그 규모가 아니라 분포와 개별 차주의 부담 정도로 그 위험함을 판단해야 한다는 전제를 이 문제에도 적용한다면, 적어도 우리나라의 가계 부채 가운데 15% 정도인 전세 대출은 별도로 생각할 필요가 있다.

　우리는 이쯤에서 가계 부채가 경제에 왜 악영향을 주는지에 대해 근본적인 질문을 던져 봐야 한다. 가계 부채는 다음 두 가지 경로로 경제에 나쁜 영향을 준다.

　첫째는 대출을 받은 차주가 원금이나 이자를 갚지 못하는 상황에서 담보물도 없거나, 그 가치가 대출 원리금에 못 미치면 대출을 내준 금융기관이 위험해진다. 이런 개별적인 문제는 일상적으로 발생하는 일이지만, 평소에는 그런 손실을 금융기관들이 쌓아 놓은 이익금으로 그 충격을 흡수한다. 그러나 그런 일이 대규모로 집단적으로 발생하면 금융기관들도 부담을 스스로 떠안기 어려운 상황이 되고, 결국은 예금보험기금과 한국은행의 발권력으로 금융기관들을 구제할 수밖에 없다. 이 과정에서 뱅크런 등의 혼란과 신용 위기가 발생할 수 있다.

　둘째는 대출을 받은 차주들이 가계 부채로 인한 원리금 상환 부담으로 소비 여력이 감소하는 것이다. 그 정도가 심해지면 소비가 전반적으로 위축되면서 경기가 나빠진다. 보통 경기 사이클에 의한 소비 위축은 단기에 그치지만, 가계 부채의 원리금 상환 부담은 단기에 사라지는 것이 아니기 때문에 그 악영향이 길게 이어진다. 그런데 전세 대출의 경우 앞에서 언급한 두 가지 악영향에서 비교적 자유롭다. 전세 대출은 본질적으로 집주인의 부동산을 담보로 한 대출로 일반적인 주택담보대출과 유사하므로 금융기관들에게 충격이 전이될 가능성이 작다. 우리나라의 가계 부채는 절반 이상이 주택을 담보로 한 대출이므로, 가계 부채가 경제에 악영향을 주는 첫 번째 경로는 실제로 작동될 가능성이 작다.

문제는 가계 부채가 경제에 악영향을 주는 두 번째 경로인 부채 원리금 상환으로 인한 소비 위축인데, 전세 대출은 월세 대신 이자를 내는 방식이어서 이자 부담이 소비에 영향을 주지 않는다. 오히려 전세 대출이 없었다면 이자보다 더 많은 월세를 지불하게 될 세입자가 월세보다 적은 금액을 이자로 지출하며 거주비를 갈음할 수 있으니 오히려 소비 여력을 더 늘리는 대출이다.

가계 부채는 그 절대 규모로 위험 여부를 판단하기 어려운 경제 지표이다. 하지만 특히 우리나라의 가계 부채는 앞에서 짚어 본 다양한 이유들 때문에 다른 나라들과 절대 규모 면에서도 부풀려져 있을 수 있다. 어떤 이유에서든 가계 부채 규모가 크다면 그 큰 규모로 인한 리스크는 생기기 마련이다. 그러나 강조하고 싶은 것은 우리나라의 가계 부채 규모가 다른 나라들에 비해 큰 것은 그럴만

한 이유와 독특한 배경이 있어서다. 무분별한 대출 제도 때문이거나, 가계의 리스크 선호가 다른 나라보다 강하기 때문이거나, 아니면 집값이 과도하게 비싸서 불가피하게 늘어난 대출 때문이 아니라 몇 가지 독특한 배경이 원인이다.

이런 상황과 배경을 이해해야 하는 이유는 가계 부채가 적다고 좋은 것도 아니고 많다고 좋은 것도 아닌, 경제 규모가 커지는 과정에서 적절하게 늘어나야 하기 때문이다. 우리나라의 가계 부채 규모를 배경과 정황을 빼놓은 채 숫자만으로 받아들이고 고민하다 보면 우리나라의 가계 대출을 비정상적인 것으로 단정하고, 그 절대 규모를 줄이는 노력이 필요하다고 잘못 판단할 수 있기 때문이다. 가계 대출은 경제 규모에 비해 과도하게 많은 것도 문제지만, 과도하게 억제하는 것도 성장을 훼손하는 문제를 초래하므로 그 판단은 매우 중요하다.

이제 국가 부채에 대한 내용을 짚어 보자. 현재 우리나라의 국가 부채는 매우 적은 편이라고 말할 수 있다. 무엇을 국가 부채로 규정할 것이냐에 따라서 조금씩은 달라지지만, 대체로 GDP 대비 50% 정도이다. 이 정도면 다른 나라들과 비교할 때 상대적으로 '매우 건전한 상태'라고 할 수 있다. 하지만 앞으로는 상황이 달라질 수 있다. 국가 부채의 증가 속도가 가파르게 빨라질 수 있기 때문이다. 그 이유는 간단하다. 우리나라는 전 세계에서 고령화 속도가 가장 빠른 나라이기 때문이다. 유럽의 여러 국가도 국가 부채비율이 높은데, 그 이유는 대부분 노인에게 지급하는 연금 때문이다. 결국

'노인 인구가 많아질수록 국가 부채도 많아질 수밖에 없다'라고 보면 된다.

그런데 "지금 한국도 노인 인구가 아주 많지 않나요?"라고 반문할 수 있다. 그러나 아직은 다른 나라보다 나은 편이다. 2023년 기준으로 한국의 65세 이상 인구 비율은 약 18%로 일본(29%), 이탈리아(24%), 핀란드(23%), 독일(22%), 그리스(22%)에 비해 낮은 수준이다. 하지만 시간이 흐르면 당연히 우리의 노인 인구 비중도 높아질 수밖에 없고, 국가 부채도 빠르게 늘어날 것이다. 지금까지 우리나라가 비교적 적은 국가 부채를 갖고 있었던 이유는 사회복지제도가 부실했기 때문일 수도 있지만, 사회복지제도의 혜택을 받을 노인 인구 비중이 낮았기 때문에 생긴 결과일 수도 있다.

이제까지 가계 부채와 국가 부채의 여러 측면을 살펴보았다. 우리나라는 가계 부채는 많은 편이고, 국가 부채는 적은 편이다. 지금까지는 대부분 그 이유를 가계가 위험선호적이거나 탐욕적이고, 국가는 복지에 인색했기 때문이라고 판단했다. 그러나 어떤 현상의 원인은 항상 입체적이다. 가계든, 기업이든, 국가든 과도한 부채는 위험을 초래할 수 있다. 부채가 갑자기 뇌관이 되어 폭발하지 않더라도 그 원리금 부담 자체로 경제에 활력이 돌지 않는 원인이 될 수 있기 때문이다. 그러나 부채는 경제의 활력을 위해 필수적인 수단이기도 하다. 줄여 나가는 노력도 반드시 필요하지만, 부채의 숫자만 보고 깜짝 놀라서 공포감에 사로잡힐 필요도 없다.

정답이 없는 딜레마,
부채라는 숙명

이 장을 통해서 부채에 대한 인식을 새롭게 했을 것이다. 부채는 좋기만 한 것도 아니고, 나쁘기만 한 것도 아닌, 경제가 성장하기 위한 필수품이다. 그런데 부채가 경제의 발목을 잡는 부담이 되기도 한다. 그렇다고 거부할 수도 없다. 항상 안고 가야 하는, 정답이 없는 딜레마다.

일단 부채는 좋은 부채이든 나쁜 부채이든 지금 당장 경제를 좋아지게 만든다는 점이다. 한마디로 경제가 시들시들할 때 번쩍 정신을 들게 하고, 뛰어다니게 만드는 특효약이라고 해도 과언이 아니다. 예를 들어 오늘 내가 은행에서 3,000만 원의 빚을 내서 자동차를 산다고 해 보자. 원래는 5년 뒤에 살 계획이었지만 성능이 너무 좋아서, 디자인이 너무 예뻐서 어쩔 수 없이 사게 됐다.

그러면 자동차를 파는 사람의 입장은 어떨까? 5년 뒤에 팔 수 있었던 자동차를 오늘 파는 셈이 된다. 미래의 3,000만 원이라는 돈이 오늘 당장 들어오면 회사에 활력이 돌게 된다. 직원들 월급을 주면서 자동차의 성능을 더 좋고, 더 예쁘게 만들려고 할 것이다. 물론 오늘 자동차를 산 내가 5년 뒤에는 자동차를 사지 사지 않을 가능성이 있다. 그러나 세상에서 자동차를 사는 사람은 나만이 아니다. 또 누군가가 부채를 일으켜 5년 뒤에 자동차를 사게 될 것이다. 경제는 바로 이런 식으로 돌아가는 것이다.

경제가 이런 식으로 돌아간다는 점을 생각한다면 갑자기 '오늘부터 빚을 내지 맙시다'라고 하긴 어렵다. 그것은 사실 소비를 하지 말자는 말이고, 아무도 장사를 하지 말라는 말이다. 더 나아가 부채를 낼 수 있어야 사업을 하고, 장사를 하고, 집을 사게 된다. 또 그래야 실업자가 일자리를 얻게 되고, 불치병에 걸린 아이들은 부모가 끌어온 부채를 통해서 약을 공급받을 수도 있다. 물론 개인적으로는 빚을 많이 지지 않고 건전한 소비 생활을 하는 것이 좋은 태도일 수도 있지만, 국가 경제적 차원에서 부채는 영원히 버릴 수 없는 숙명과도 같다고 할 수 있다. 다만 '현재의 우리가 자꾸 미래의 돈을 가져다 쓰면 후손들은 어떻게 하나?'라고 반문할 수도 있다. 하지만 지금에는 이에 대한 답은 존재하지 않는다.

국가 부채에 대한 비슷한 논란이 있다. 현재 세대가 국가 부채를 조달해서 사용한다면 미래 세대가 그 빚을 갚아야 하는데, 그것은 불공평하지 않느냐는 질문이다. 그런데 현재 세대가 국가 부채를 조달하기 위해서는 국채를 발행해야 한다. 그 국채는 현재 세대에서 여유 자금이 있는 계층이 매입할 것이고, 현재 세대의 자손들에게 상속될 것이다. 그 국채의 원리금은 미래 세대가 갚아야 하지만, 그 원리금을 상환받는 주체도 역시 미래 세대다. 그러니 현재 세대가 일으킨 국가 부채를 미래 세대가 갚아야 한다는 말도 맞지만, 미래 세대만 부담을 진다는 논리는 이상하다. 미래 세대가 그 돈을 갚을 때 부담을 짊어지는 주체도 미래 세대이지만, 그것을 상환받는 세대도 역시 미래 세대이기 때문이다. 정확히 말하면 현재 세대의 부유층이 가진 돈을 국가가 빌려 쓰고, 국채를 상속받은 미래 세대의 부유층에게 되갚는 것이다.

그럼 무슨 돈으로 되갚을까? 미래 세대의 부유층이 낸 세금으로 갚게 될 것이다. 결국 미래에 국채를 갚는 계층도 미래의 부유층(납세자)이고, 미래에 그 국채를 상환받는 계층도 미래의 부유층(국채 상속자)인 셈이다. 이것은 미래 세대의 일방적 희생일까, 아닐까? 그렇다고 볼 수도 있고, 아니라고 볼 수도 있다. 복잡한 문제다.

PART 6

금융 위기:
무엇이 위기이고,
어떤 점을 관찰해야 하나?

재테크의 본질은 좋은 자산을 오래 보유하는 것이다.

'좋은 자산'과 '오래 보유'라는 두 가지 조건이 있지만 둘 중 하나만 선택하라면 단연 '오래 보유'가 중요하다. 장기간을 가정하면 자산의 종류는 수익률에 그리 큰 영향을 주지 않기 때문이다. 관건은 투자 기간을 얼마나 길게 늘릴 수 있느냐, 또 하나의 관건은 얼마나 많은 돈을 투자의 바구니에 담을 수 있느냐다. 투자 기간을 얼마나 길게 가져가느냐, 얼마나 많은 돈을 투자하느냐는 투자의 용기에 달려 있다. 그리고 그 용기의 배경에는 투자를 계속 이어가도 되는지, 아니면 투자금을 빼야 하는지를 정확히 판단할 수 있는 통찰이 있다. 그런 통찰이 있는 사람은 과감하게 큰돈을 장기 투자에 베팅할 수 있다. 하지만 그런 통찰이 부족하면 항상 불안하고 불확실하기 때문에 투자를 오래 가져가지 못한다. 결국 재테크에 성공하기 위해 꼭 필요한 것은 지금 우리가 마주한 이 상황이 얼마나 위험한지 정확히 파악하는 능력이다. 많은 뉴스가 경제 위기 또는 금융 위기라는 용어를 자주 사용하면서 불안하게 만들고 있다. 하지만 그 가운데는 진짜 위기도 있고, 가짜 위기도 있다. 과연 경제 위기, 혹은 금융 위기라는 것이 무엇인지 그 본질에 대해 알아야 한다. 그래야 비슷한 상황을 마주했을 때 탈출이냐, 아니냐를 빨리 판단할 수 있다.

경제와 금융,
'위기'의 기준은 무엇일까?

누구나 한 번쯤 감기에 걸려 보았을 것이다. 몸이 괴롭고 힘들지만, 사실 의학적으로는 감기를 고치는 약도 없거니와 잘 자고 잘 먹으면 며칠이면 금방 낫는다. 아주 특별한 것을 하지 않아도 시간이 흐르면서 자연스럽게 해결된다. 그런데 암이라면 어떨까? 이때는 정말로 내 건강이 심각하게 위협받는 순간이다. 시간이 흐른다고 낫지 않으니 진짜 위기라고 할 수 있다.

불경기와 위기는 감기와 암에 비유할 수 있다. 불경기는 일종의 사이클이기 때문에 한참 활성화되면서 어느 순간 과열 상태에 이르게 되고, 또 시장의 여러 요인이 어우러져 자연스럽게 하강 국면으로 들어가게 된다. 마치 시간이 흐르면서 자연스럽게 감기가 낫는 것과 다르지 않다. 사이클이 반복될 뿐, 그 자체로 위기라고는 볼 수 없다.

■ 은행이 의심받는 그 순간

경제 위기, 금융 위기는 완전히 다른 이야기다. 그러면 경제 위기는 정확히 무엇을 의미하는 것일까? 경제 위기와 보통의 불경기, 또는 일상의 소란은 어떤 점에서 다를까? 한마디로 말하면 경제 위기 또는 금융 위기는 '은행이 의심받는 상황'이 생겼다는 것을 의미한다. 은행이 의심받는 상황이 아니라면 아직 경제 위기는 아닌 것이다. 그럼 왜 은행이 그 기준이 될까?

은행은 현대의 경제 시스템을 돌아가게 만드는 엔진이자 심장이다. 경제가 굴러가기 위해서는 돈이 계속 공급되어야 하는데 은행에서 항상 새로운 돈이 흘러나와 계속 공급되도록 만드는 게 현대 경제의 시스템이다. 그럼 어떻게 은행에서 새로운 돈을 만들 수 있을까? Part 1에서 설명한 것처럼 은행은 대출받으러 오는 고객에게 세상에 존재하지 않는 돈을 새로 숫자로 찍어서 대출해 준다. 그것이 가능한 이유는 대출받으러 온 고객이 자신에게 대출된 돈을 다시 그 은행에 예금하기 때문이다. 그래서 은행은 대부분의 경우 예금액과 대출액이 균형을 이룬다. 앞뒤 가리지 않고 대출해 줘도 그렇게 대출해 준 돈이 다시 은행으로 돌아오기 때문에 은행은 또 돈을 빌려줄 수 있다. 이것은 근본적으로 사람들이 은행에 맡기고 받은 계좌번호와 잔액을 신뢰하기 때문에 가능한 일이다.

그림 18.
은행은 예금액과 대출액이 균형을 이룬다.
앞뒤 가리지 않고 대출해 줘도
그렇게 대출해 준 돈이 다시 은행으로
돌아오기 때문에 은행은 또 돈을
빌려줄 수 있다.

예를 들어 어떤 사람이 스포츠카를 사기 위해 1억 원을 대출받았다고 가정해 보자. 그 돈은 그 사람의 계좌에 숫자로 100,000,000원이라고 찍혀 있다. 은행이 10분 전에 그 사람 계좌에 찍어 준 것이다. 10분 전까지 0이었던 계좌가 100,000,000이 되었고, 그 사람은 스포츠카 판매상의 계좌로 그 돈을 보낸다. 그러면 스포츠카 판매상은 자신의 계좌에 100,000,000원이라고 찍힌 것을 확인한 후 스포츠카를 보내 준다. 그리고 100,000,000이라는 숫자를 스포츠카 제조회사로 보내고, 그 제조회사는 그 100,000,000을 10등분 해서 스포츠카를 만드는 데 기여한 직원들과 부품회사 등에 보내 준다. 그리고 직원들은 그렇게 나눠 받은 숫자를 다시 여러 조각으로 나눠서 옷가게,

만두가게, 신발가게로 보낸다. 세상은 그렇게 숫자들이 돌면서 열심히 옷도 만들고, 만두도 만들고, 신발도 만든다. 그렇게 열심히 만들어야 사람들이 만두를 먹고, 신발을 신고, 옷을 입을 수 있기 때문이다. 이렇게 사람들을 열심히 일하게 만드는 원동력은 은행이 만들어 낸 100,000,000이라는 숫자다. 그 숫자가 세상에 태어나면서 사람들은 일하게 되고, 그 덕분에 세상이 돌아가는 것이다.

그런데 은행이 의심받기 시작하면 상황이 달라진다. 은행은 내 통장에 찍혀 있는 숫자를 언제든지 현금으로 내줄 수 있다고 믿기 때문에 사람들은 굳이 현금으로 인출하지 않고 더 편리한 숫자 덩어리로 놔둔다. 그런데 은행에 문제가 생겨서 언제든지 내 돈을 내줄 수 없는 상황이라고 생각되면 1억 원을 대출받은 사람은 그 은행 계좌에 100,000,000이라고 찍힌 숫자를 의심하면서 당장 현금으로 달라고 할 것이다. 현금으로 달라는 말은 우리나라의 중앙은행인 한국은행은 신뢰하지만 내가 거래하는 이 은행은 신뢰하지 않는다는 의미다.

우리나라의 모든 은행을 이렇게 의심하기 시작하면 대출을 받은 사람들은 숫자 대신 현금을 달라고 할 것이고, 그날부터 조폐공사의 인쇄기는 24시간 풀 가동할 것이다. 그러나 그런 노력은 금방 의미가 없다는 걸 깨닫게 될 것이다. 현재 우리나라에 풀려 있는 현금은 170조 원 정도인데, 금융회사 계좌에 있는 돈을 모두 인출하면 7,000조 원 가까이 된다. 그리고 무엇보다 은행이 대출해 주려면 은행에 예금이 있어야 가능하다. 과거에는 숫자로 존재하는 예금을 대출해 주는 것은 물리적으로 얼마든지 가능했다. 하지만 현금으로 대출해 줘야 한다면 예금도 현금으로 들어와야 한다. 그런데 과거에는 은행을 믿고 10분 전에 받은 대출 1억 원을 그냥 그 은행에 숫자로 묻어 뒀지만, 이제는 현금으로 모두 인출한 후 집에 보관해야 할 것이다. 그러면 은행은 그다음에 은행을 찾아온 고객에게 대출해 줄 현금이 없다. 그렇게 은행은 멈출 것이고, 경제도 멈출 것이다. 은행이 의심받기 시작하면 무서운 결과가 나타나는데, 이것이 금융 위기의 본질이다.

사실 우리는 언제나 은행에 대해 기본적으로 신뢰한다. 자신이 열심히 일해서 모은 돈이 내 집 금고가 아닌 은행에 있고, 카드 하나만 가지고 사용하면서도 '내 돈이 무사히 잘 있구나' 하고 안심한다. 이러한 안심과 신뢰가 있기 때문에 경제활동이 가능하다.

예를 들어, 내가 도시락이 필요하다고 해 보자. 그러면 도시락 가게에 전화해서 "사장님, 도시락 200개 보내 주세요. 도착하면 제가 물건을 확인한 후 돈을 보내 드리겠습니다"라고 말한다. 이 말은 은행에 가서 현금을 찾아 봉투에 넣고 도시락 가게로 직접 가서 돈을 주겠다는 것이 아니다. 은행에 내 돈이 안전하게 보관되어 있다는 전제하에 내가 도시락 값 200만 원을 송금할 것이며, 그 금액이 도시락 가게 사장의 통장에 정확히 입금될 것이라는 이야기다. 여기에도 기본적으로 은행에 대한 신뢰가 전제되어 있다.

종합해 보면, 은행에 있는 돈이 안전하게 보관되고 있다고 믿는 것은 경제활동의 기본 전제 중 하나다. 만약 은행이 무너지거나, 또는 평소처럼 돈이 잘 있다는 사실을 확인시켜 주지 못하는 상황이 발생한다면 이는 곧 금융 위기, 경제 위기로 이어지게 된다.

■ 뉴스의 크기에 상관없는 위기의 시작

금융 위기의 특징 중 하나는 혼돈과 충격, 불안을 동반한다는 점에 있다. 가장 대표적인 현상이 바로 '뱅크런(Bank Run)'이다. 불안해진 사람들이 자기 돈의 안전을 걱정하며 은행으로 뛰어가 예금을 찾는 행위다. 이때는 시간이 흐른다고 해결되지 않는다. 경찰이 출동해서 상황을 통제해야 하고, 정부가 나서서 문제의 해결 방안을 제시해야 한다. 이런 상황을 경제 위기라고 부른다.

사실 이런 상황도 정부가 나서서 해결하려고 하면 해결되기는 한다. 근본적으로 우리는 금이나 보석을 화폐로 사용하는 게 아니라, 정부의 권위와 신뢰를 기반으로 한 가상의 돈을 화폐로 사용한다. 때문에 정부가 가상의 돈을 찍어서 은행에 공급하면, 은행은 그다음 날부터 다시 정상화된다. 그러나 이런 위기가 발생했을 때 정부가 제때 적절한 조치를 취한다는 믿음이 100%가 아니기 때문에 사람들은 일시적으로나마 은행을 불신하고 자신의 재산을 현금화하려고 한다. 그리고 타인의 유동성을 신뢰하지 않으면서 대출뿐만 아니라 송금 거래조차 중단하게 된다.

신용이 사라진 사회에서는 사소한 거래도 일어나지 않는다. 예를 들어 우리가 편의점에서 우유 하나를 사고 1,500원을 내는 행위도 가게 주인과 고객 사이에 신뢰가 있어야 가능한 일이다. 우유를 주면 1,500원을 주겠다는 고객과 돈을 먼저 줘야 우유를 내주겠다는 가게 주인 중에 누군가는 상대를 신뢰해야 거래가 이뤄진다. 반면 양쪽 모두 상대를 신뢰하지 않으면 돈을 먼저 내라, 우유를 먼저 달라, 이러면서 아무런 진전이 이뤄지지 않을 것이다.

이런 신뢰 붕괴도 정부가 수습하기 시작하면 수습이 되기는 한다. 정부가 중간에서 우유와 1,500원을 들고 나타나서 둘 중 누구라도 손해를 보면 정부가 우유 또는 1,500원을 대신 지급하겠다고 선언하는 것이다. 그러면 정부를 믿고 둘 중 하나는 우유 또는 1,500원을 먼저 내줄 것이고, 정부는 아무런 지출 없이 자연스럽게 거래를 재개할 수 있다.

문제는 이렇게 신용이 붕괴된 순간부터 정부가 나서서 다시 신용을 회복하는 시간 동안 수많은 경제주체가 부도를 겪을 수 있다는 점이다. 사람들은 두려워서 일단 모든 자산을 현금화하려고 하고, 그것을 걱정한 사람들이 남보다 앞서서 자산을 팔려고 하면서 자산시장의 붕괴가 나타난다. 이것이 경제 위기의 본질이다.

그러나 우리의 일상에서는 은행의 위기와는 다른 조금은 안타까운 사건들도 많이 발생한다. 예를 들어 어느 날 은행에서 전혀 돈을 빌리지 않았던 국내 최고의 재벌 그룹사인 A 기업이 "오늘 우리 회사는 문을 닫습니다. 이제 더 이상 제품 개발도 하지 않고, 사업도 하지 않습니다'라고 발표한다고 해 보자. 이것은 매우 큰 뉴스다. 아마도 전 세계 언론이 주요 뉴스로 다룰 것이다. 거기다가 여러 복잡한 문제가 생기게 된다. 직원들은 새로운 일자리를 구해야 하고, 회사는 청산 작업을 거쳐야 한다. 그런데 이러한 충격적이고 놀라운 뉴스가 있다고 해서 은행이 의심받을 일은 없다. A 기업은 은행에서 돈을 빌린 적이 없고, 그래서 갚을 돈도 없기 때문이다.

그런데 '현재 평택의 한 아파트에 미분양이 많아졌고, 건설회사에 일정한 금액을 빌려주었던 중소형 규모의 금융사에 어려움이 생기고 있다'라는 뉴스가 있다고 해 보자. 미분양은 과거부터 오늘까지 늘 있었던 일이기에 충격적인 뉴스도 아니고, 불안이나 충격을 유발하지도 않는다. 거기다 지방의 한 소도시에서 일어난 일이라서 크게 이슈화될 수 있는 사안도 아니다. 그런데 문제는 '평택에 있는 중소형 규모의 금융사'에 돈을 예금했던 사람들에게는 매우 놀라운 뉴스가 될 수밖에 없다. 차라리 A사, 혹은 B사라고 이름이 특정 되면 좋겠지만, 그렇지 않을 경우 지역의 모든 중소형 금융사가 의심을 받기 시작한다. 그리고 그때부터는 사람들이 은행으로 뛰어가는 뱅크런이 발생하며, 진짜 '위기'가 닥치게 된다.

별 것 아닌 일을 위기로 인식하면 번거롭고 피곤하다. '알고 보니 별 것 아니었어'라고 말하면서 안심할 수는 있지만, 걱정하는 시간 동안 에너지가 낭비된다. 하지만 그렇다고 늘 '나중에 알고 보면 별 것 아닐 거야'라는 태도를 가지는 것도 위험하다. 진짜 위기일 수도 있기 때문이다. 따라서 재테크와 투자를 통해 돈을 불리려는 우리는 언제나 진짜 위기를 감지할 수 있는 능력을 갖추어야 한다.

은행이 처해 있는
의심받는 구조

　누군가를 의심하고 의심받는 일은 참으로 불편한 일임에는 틀림없다. 사람이든, 정부 기관이든, 회사든 다 마찬가지다. 그런데 그 의심이 전혀 근거 없는 것이 아니라면, 분명 '의심받을 구석'이 있다는 의미이기는 하다. 애초부터 그럴 거리가 없으면 의심은 쉽사리 생기지 않기 때문이다. 그렇다면 은행은 어떨까? 사실 은행은 고급스러운 점포와 톱스타를 활용한 CF도 내보낸다. 많은 은행원이 근무하고 있으며, 거기다가 돈을 주고받은 기업을 거래처로 두고 있다. 그러니 이런 은행을 의심하는 일은 쉽지 않다고 볼 수도 있다. 하지만 은행의 본질을 따져 보면 사실 은행은 '처음부터 의심받을 수밖에 없는 구조'를 갖추고 있다. 그래서 은행은 늘 사람들에게 '제발 의심하지 마세요'라고 부탁하는 기관이기도 하다.

■ 은행의 탄생

은행은 최초에 금을 보관하는 창고에서 시작됐다. 사람들이 금을 직접 소유하고 다니는 것이 위험하고 불편했기 때문에, 금을 안전하게 보관할 수 있는 장소가 필요했다. 이로 인해 은행이 금을 보관하는 역할을 하게 됐다. 사람들이 금을 은행에 맡기면, 은행은 금 보관증을 발행해 주었다. 그런데 시간이 지나면서 사람들은 이 금 보관증을 실제 금 대신 거래에 사용하기 시작했다. 예를 들어 내가 당신에게 금 한 돈을 줄 일이 생기면, 그냥 금 보관증을 주면 훨씬 간편하고 효율적인 거래가 된다. 거기다가 어차피 내가 금을 찾아서 상대방에게 준다고 한들, 그 사람 역시 다시 금을 들고 은행으로 가서 보관할 것이기 때문이다.

이렇게 하다 보니 은행에 직접 가서 금을 찾을 일은 드물게 되었다. 사람들은 금 보관증을 화폐처럼 사용하며 일상 거래를 해결했고, 진짜 금이 필요한 경우에만 은행에 가서 금을 찾았다. 이때 은행은 이런 생각을 하게 됐다.

'금을 맡긴 사람들이 실제로 금을 찾으러 오는 일이 별로 없네?'

그리고 은행은 보관된 금의 일부를 누군가에게 빌려주면서 이자

를 받기 시작했다. 보유한 금의 일부만 실제로 가지고 있고, 나머지
는 대출을 통해 수익을 창출하는 방식을 도입한 것이다. 그런데 돈
이 필요해서 금을 빌리러 온 사람들도 굳이 금을 가지고 집에 가서
보관할 필요가 없었다. 그래서 또다시 은행은 금 보관증을 써 주는
훌륭한 아이디어를 생각해 냈다.

　그 과정을 살펴보면 사실 매우 이상한 현실이 펼쳐지게 된다. 현
재 은행에 10개의 금이 보관되어 있다고 해 보자. 각각 1번 금, 2번
금… 10번 금이 있다. 그런데 은행이 금 보관증을 써 주면서 대출
해 주기 시작하자 10개만 있어야 할 금 보관증이 점점 늘어나게 된
다. 대출을 하려는 사람이 늘어나면서 1번 금에 대한 금 보관증만
10장, 20장이 되고, 2번 금에 대한 금 보관증도 40장, 50장이 된다.
어떻게 보면 있어서는 안 될 일 같지만, 현실에서는 이런 일이 일어
나도 사실 별 탈이 없는 상황이 펼쳐진다. 문제이긴 하지만 문제를
일으키지 않는 매우 애매한 상황임에 틀림없다. 거기다가 이렇게

세상에 풀려 나가는 금 보관증이 점점 많아지다 보니 모두 전보다 부자가 됐다. 원하는 것을 마음껏 살 수 있고, 투자도 늘어나고, 경제도 잘 돌아간다. 마치 모두가 부자가 된 것 같은 파티를 계속해서 즐길 수 있게 된다. 금 대신 금 보관증이라는, 금광에서 직접 캐지 않아도 마치 금처럼 기능하는 가짜 금을 화폐로 사용하면서부터 나타난 행운이다.

■ 지급준비율과 자기자본비율

금을 보관해 주고 금 보관증을 발행하는 은행은 금 보관증을 너무 많이 찍어서 팔고 있는 게 아니냐는 의심을 받기 시작했다. 물론 충분히 그럴 가능성이 있었고, 그럴 가능성이 있다면 실제로도 그런 짓을 하고 있을 가능성이 매우 크다고 보는 게 합리적이다. 그러나 그것이 의심스럽다고 내가 가진 금 보관증을 은행에 돌려주고 금을 찾아온다는 건 조금 어리석은 일이다. 그때부터는 금덩어리를 들고 다니면서 거래해야 되는데, 이만저만 불편한 게 아니고 사람들도 이상하게 처다볼 것이다. 분명 의심스럽긴 하지만 별문제가 없다면 그냥 금 보관증을 사용하는 게 여러모로 유리하다. 그러나 혹시 문제가 생긴다면 큰일이 벌어질 수도 있다. 사람들이 은행을 의심하지 않으면 좋겠는데 말이다.

사람들의 이런 딜레마를 해결한 것이 지급준비율 제도다. 이런 상황에서 사고가 발생하는 경우, 즉 누군가가 은행에 금 보관증을 들고 가서 금을 내달라고 할 때 금이 모자라는 일이 벌어지는 것이다. 시중에 돌아다니는 금 보관증을 모두 갖고 와서 금을 달라고 해도 내줄 수 있어야 하는데, 어떻게 모자라는 일이 생길까? 그것은 보관하는 금보다 더 많은 보관증을 시중에 풀었다는 의미다. 이런 일이 벌어졌다는 소문이 퍼지면 사람들은 은행으로 달려가서 금을 요구할 것이다.

　사실은 그런 사기를 벌이고 있다는 사실을 그제야 알고 달려가는 게 아니라, 그 사실에 대해 사람들이 두려워하기 시작했다는 걸 깨닫고 다른 사람들보다 빨리 은행에 도착하기 위해 달리는 것이다. 이런 일이 벌어지지 않으려면 아무 때라도 누군가가 와서 금을 달라고 할 때 반드시 금이 있어야 한다. 발행한 금 보관증의 10% 정도(이 비율이 더 높으면 좋겠지만 일단 이 정도라도)에 해당하는 실제 금은 늘 보관하고 있어야 한다는 지급준비율 의무는 이런 배경에서 탄생했다. 은행의 입장에서는 실제 보관하는 금의 10배보다 더 많은 금 보관증은 시중에 풀지 말아야 한다는 규제다.

　현대사회의 은행은 이와 비슷하기도 하고, 다르기도 하다. 다른 점은 금 같은 실물을 보관하지 않는다는 것이다. 과거에는 '은행에 금이 존재한다'라는 사실이 금 보관증의 가치를 보증하는 장치였지만 현대의 은행은 '은행에 금이 있건 없건 어쨌든 은행은 예금을 내달라고 하면 내준다'라는 믿음으로 운영된다. 그리고 그 믿음의 근거는 은행이 밖으로 내보낸 대출이 잘 회수될 수 있다는 신뢰에서 비롯된다. 은행은 100을 예금으로 받으면 대출도 100을 해 주고 있을 텐데, 그 대출 100이 안전하게 회수되기만 하면 예금 100도 언제든 내줄 수 있는 것이다.

그런데 문제는 밖으로 내보낸 대출 100이 정말 잘 회수될 수 있느냐다. 어제까진 아무 문제가 없다가도 오늘은 돈을 빌려 간 개인이나 회사에 문제가 생길 수도 있다. 그럼 내 예금은 지금 이 순간 안전한 것일까? 사실 안전하든 안전하지 않든 아무래도 괜찮긴 하다. 다만 사람들이 이런 불안감으로 은행을 의심하지만 않으면 될 텐데, 그게 영원히 가능할까?

이렇게 은행은 끊임없이 의심받을 수밖에 없는 대상이다. 그리고 사람들의 이런 걱정을 해결하기 위해 등장한 제도가 BIS 자기자본비율 규제다. 쉽게 말하면 외부로 대출해 준 금액이 100이라면 이 가운데 10 정도는 은행이 은행의 돈(은행의 자기자본)으로 늘 갖고 있으라는 것이다. 외부로 나간 대출의 10% 정도는 경기가 나빠지면 회수 불가능하게 될 수도 있으니, 언제나 그 정도의 돈을 준비하고 있어야 예금자들이 불안해하지 않을 것이라는 이론이다. 은행의 입장에서 보면 고객으로부터 받은 돈이 아닌 은행이 스스로 갖고 있는 은행의 돈(은행의 자기자본)의 10배까지만 외부로 대출해 줄 수 있다는 규제이다.

현대사회에서는 이런 장치를 통해 은행에 대한 세상의 의심을 끊임없이 희석하려고 노력한다. 그러나 경제 위기가 발생하면 경기가 나빠지고 사람들이 서로를 신뢰하지 못하면서 돈을 빌려주지 않고 회수하려고만 하다 보면 멀쩡한 기업도 무너지기도 한다. 그리고 그런 상황이 두려워 더욱 위축되는 악순환이 생긴다. 그러다 보면 은행이 돈을 빌려준 우량한 개인이나 기업들도 종종 파산하게 된다. 여기까지는 금융 위기가 아니지만, 여러 기업이 파산하면서 사람들의 마음속에 '어, 이런 상황이면 은행이 빌려준 돈의 10% 보다 더 많은 돈을 은행이 떼일 수도 있겠는데? 그럼 은행이 자기 자본으로 대출금의 10%를 보유하고 있더라도 구멍을 메울 수 없다는 말이 되고, 그러면 예금주 중에 일부는 결국 자기 돈을 찾지 못한다는 말이잖아? 얼른 은행으로 달려가서 예금을 인출해야겠다' 라는 생각이 들기 시작할 수 있다. 은행이 의심받는 순간이고, 불경기가 금융 위기로 번지는 순간이다.

평소에 우리는 은행을 믿고 경제활동을 하지만, 어느 순간 '어, 혹시?'라며 의심의 불길이 타오르면서 횃불이 되어 모두 은행을 의심하게 된다. 그리고 결국 사회적으로 큰 파장이 일어나게 된다. 이것을 우리는 금융 위기 또는 경제 위기라고 부른다.

은행과 대부업,
어디가 더 나쁠까?

잠시 은행과 대부업체를 한번 비교해 보자. 대부분의 사람은 대부업체보다는 은행이 사회적으로 더 중요한 기관이라고 생각하고, 은행은 정상적인 곳이지만 대부업체는 부도덕한 곳이라고 생각한다. 그런데 가만히 살펴보면 사실 정반대다.

대부업체는 실제 자신들이 가진 돈을 사람들에게 빌려주는 곳이다. 비록 이자가 높다고는 해도 그 자체는 부도덕하지도 않고 위험하지도 않다. 특히 대부업체는 자신이 빌려준 돈을 못 받는다고 해서 사회적으로 문제가 생기지도 않는다. 단지 자신의 돈을 빌려주고, 그것을 받지 못하면 망할 뿐이다. 하지만 은행은 어떨까? 자신의 돈을 빌려주지 않고 남의 돈을 빌려주면서 이자를 받고, 만약 망하게 되면 이제까지 은행에 예금을 맡겨 놓았던 모든 사람에게 사회적으로 큰 피해를 입히게 된다. 하지만 앞에서도 말했지만, 은행이 주는 경제 활성화의 기능 때문에 결국 은행의 이러한 위험한 일은 합법적으로 인정받게 되고, 사람들은 그것을 그냥 받아들이기로 한 것뿐이다. 그래서 똑같이 '대출'이라는 일을 하지만 은행은 그 대출을 통해 새로운 돈을 창출하고 세상에 돌아다니는 돈의 양을 늘린다. 그러나 대부업체가 사람들에게 빌려준 돈은 이름은 '대출'이지만 새로운 돈이 세상에 창출된 것은 아니다. 대부업체가 보유하고 있는 회삿돈이 다른 사람들의 주머니로 이동한 것뿐이다.

미국과 한국의 사례에서 보는
금융 위기의 전개 과정

　비교적 최근에 은행이 본격적인 의심을 받으며 시작된 금융 위기는 크게 두 번이 있었다. 한 번은 1997년 한국이 겪은 IMF 외환 사태이고, 또 하나는 2008년에 발생한 '서브 프라임 모기지 사태'다. 이 사태가 일어났던 이유는 평온하게 잘 유지되던 은행에 대한 신뢰가 급격하게 의심받는 상황으로 번졌기 때문이다. 이 둘의 상황을 차분하게 돌아보면 언제 금융 위기가 발생하고, 어떻게 위기 상황이 번지는지 잘 이해할 수 있다.

■ 최초의 좋은 의도

　미국인들은 한국인들보다는 근로 의욕이 다소 부족하고 저축도 잘하지 않는 면이 있다. 그래서 한 달에 한 번 급여를 주면 월 초에 돈을 거의 모두 다 써 버리곤 한다. 그래서 아예 주급으로 돈을 주면서 그나마 안정성을 찾도록 하고 있다. 거기다가 돈이 없으면 일하러 나가지만, 주머니에 돈이 좀 있다 싶으면 일을 잘하지 않는 타입이다. 그래서 '어떻게 하면 미국인들의 근로 의욕을 높일 수 있을까?'를 고민했고, 만약 사람들에게 대출해 줘서 자신의 집을 갖게 하면 일을 해야 할 긍정적인 선순환이 일어날 수 있을 것이라고 예상했다. 거기다가 '서민이라면 누구라도 집을 가질 수 있는 나라'를 한번 만들어 보자는 의욕도 작용했다. 바로 이것이 '서브 프라임 모기지 사태'의 출발이었다.

　그렇게 대출을 설계하던 중 신용이 낮은 사람들도 집을 담보로 돈을 빌릴 수 있는 대출을 고안하게 됐는데, 바로 '서브 프라임 모기지'다. 어떻게 신용이 낮은 사람들에게 거액을 선뜻 빌려줄 수 있었을까? 누군가가 그 돈을 제공했기 때문인데, 그 원천은 바로 서브 프라임 모기지 대출을 활용한 파생상품이었다.

　예를 들어 한 사람이 대출 계약을 맺으면서 '10년 동안 매달 이자를 내겠습니다'라는 계약서를 쓴다. 그러면 '1월 말에는 얼마, 2월 말에는 얼마'라는 식으로 이자에 대한 약정을 한다. 그러면 총 120개월에 해당하는 약 120줄의 이자 지급 약정 계약이 완성된다.

그런데 당시 이 대출은 수백만 명이 이용했다. 예를 들어 100만 명이라고 해 보자. 그러면 금융회사들은 1월 달에 이자를 내겠다는 100만 명의 약속을 한 덩어리로 만들고, 2월 달에 이자는 내겠다는 100만 명의 약속을 한 덩어리로 만들고, 3월에 이자를 내겠다는 100만 명의 약속을 한 덩어리로 만든다.

그리고 바로 이 한 덩어리 한 덩어리를 모두 금융상품으로 만들어 팔기 시작한 것이다. 아직 은행에 들어오지도 않은 돈이고, 사실 100% 다 돌아온다는 보장도 없지만, 이 자체를 금융상품으로 만들어 또다시 투자자들이 이 상품을 살 수 있도록 하여 높은 이자를 보장해 주었다. 서브 프라임 모기지 대출은 신용이 낮은 사람들에게 빌려준 대출이므로 이자가 높다. 그런데 문제는 그들이 대출 이자를 갚지 못할 가능성이 큰 저신용자들이므로 이자가 들어오지 않을 가능성도 크다. 이때 금융회사들은 고객들에게 이렇게 말했다.

"이건 바로 다음 달에 이자를 내겠다는 고객들의 약속으로 만든

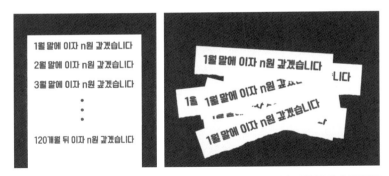

그림 20. 금융회사들은 1월 달에 이자를 내겠다는 100만 명의 약속을 한 덩어리로 만들고, 이 한 덩어리를 금융상품으로 만들어 팔기 시작했다.

상품이에요. 한 달 사이에 무슨 일이라도 나겠어요? 왜 이자를 못 내겠어요. 당장 다음 달인데 요즘 무슨 일이 일어났나요? 아무 일 없잖아요?"

"아무리 그래도 미국인데, 한두 명이면 몰라도 수백만 명이 한꺼번에 일제히 이자를 못 내는 일이 생기겠어요?"

이런 설득력 있는 설명을 배경으로 탄생한 상품이 바로 'CDO (Collateralized Debt Obligation, 부채담보부증권)'인데, 대출이나 채권 등 여러 개의 채무를 묶어서 하나의 금융상품으로 만든 증권을 말한다.

그런데 금융회사들은 여기에서 멈추지 않았다. 이 CDO를 가지고 또다시 상품을 만들었다. 사람들이 이자를 잘 내면 든든한 상품이므로 가격이 올라갈 것이고, 만약 사람들이 이자를 못 내면 가격이 내려갈 수 있다. 그러니까 이 CDO가 올라갈지 내려갈지를 베팅하는 또 다른 파생상품을 만든 것이다.

여기서 끝이냐 하면 그것도 아니었다. 이런 베팅을 하는 데는 늘 이익과 손해가 있기 마련이어서 베팅에서의 실패에 대비하는 보험 상품이 또다시 탄생하게 됐다. 이런 보험 상품을 신용부도스왑 (CDS, Credit Default Swap)이라고 하는데, 이는 CDO가 손실을 볼 경우에 보험처럼 보호해 주는 역할을 한다. 그러면 여기에서 끝이었을까? 아니다. 이 보험 상품의 가격이 오르고 내리는 것에 대한 베팅을 하는 또 다른 상품도 만들었다.

이를 정리해 보면 다음과 같다.

서브 프라임 모기지
→ CDO라는 파생상품
　→ CDO에 베팅하는 파생상품
　　→ 베팅에 대한 위험에 대비한 보험 파생상품
　　　→ 이 보험 상품에 베팅하는 또 다른 파생상품

한마디로 온갖 재미있는 장난을 쳐 놨다고 할 수 있다. 문제는 이러한 과정에서 금융시장은 매우 복잡해졌고, 위험을 정확하게 파악할 수 없도록 만들었다는 점이다.

2015년에 개봉한 영화 〈빅 쇼트(The Big Short)〉는 바로 이렇게 유발된 금융 위기를 보여준다. 이러한 파생상품에 대해서 영화의 설명을 가져오면 이렇다.

A, B 두 사람이 도박을 하고 있다. 그리고 주변에서는 사람들이 이를 구경하고 있었는데, 이때 'A가 이길 것이냐, B가 이길 것이냐'에 베팅하는 사람들이 생기는 또 하나의 도박판이 벌어졌다. 그런데 카메라가 생중계를 하고 있는데, 이 중계를 보는 사람들 사이에서 'A가 이길 것이라고 생각하는 사람들이 것인가, B가 이길 것이라고 생각하는 사람들이 이길 것인가'를 두고 또다시 도박판이 벌어진 것이다.

어쨌든 서브프라임 모기지를 바탕으로 만든 금융상품은 처음에는 모든 것이 순조로울 것만 같았는데, 2007년부터 휘발유 가격이 배럴당 4달러가 넘어가면서 문제가 시작되었다. 미국인들에게 휘발유는 우리나라의 쌀과 다름이 없다. 생필품과 다름없다는 이야기다. 휘발유가 비싸다고 직장에 가지 않거나 장 보러 나가지 않을 수 없으므로 휘발유에 먼저 돈을 쓰고, 그리고 남은 돈은 장 보는 데 쓴다.

그런데 이렇게 하다 보니 이제 돈이 바닥을 드러낸다. 생활비가 부족하게 되었지만, 휘발유를 넣지 않거나 장을 보지 않을 수는 없으니 대출 이자를 못 갚는 상황이 벌어진 것이다. 그리고 이 사태는 조그만 소도시에서만 일어나는 일이 아니었다. 미국 전역의 휘발유 가격이 동일하게 오르다 보니 비슷한 일이 미국 전역에서 동시에 휘몰아쳤다. 그리고 드디어 우려했던 일이 벌어지고 말았다. 미국 전역에서 동시다발적으로 수백만 명이 서브 프라임 모기지 대출 이자를 갚지 못하는 상황이 발생한 것이다. 이러한 대규모 연체 사태가 벌어지면서 비상등이 켜지고 말았다.

'설마 수백만 명이 동시에 이자를 못 갚는 일이 벌어지겠어요?'라면서 판매한 파생상품에 문제가 생기기 시작했다. 누가 이 파생상품에 투자했는지 아무도 모르기 때문에 사람들은 서로를 의심하기 시작했고, 서로를 의심하니 아무도 돈을 빌려주지 않게 됐다. 삽시간에 신용이 마비됐고, 이런 상황이라면 아무리 튼튼한 회사도 부도가 날 수 있겠다는 생각이 들자 사람들은 은행을 의심하면서 너도나도 자신의 현금을 인출하기 위해 은행으로 달려갔다. 이것이 바로 전 세계적으로 난리가 난 사건인 '2008년 서브 프라임 모기지 사태'다.

■ IMF, 환율이 만들어 낸 외환 위기

1980년대에 일본은 전 세계에서 제일 잘 나가는 나라가 되었다. 그러다 보니 일본은 제품을 만들기만 하면 전 세계적으로 히트를 쳤고, 반대로 미국의 제품이 잘 팔리지 않는 상황이 초래됐다. 그러니 미국은 자국 기업의 위기가 심각하다는 사실을 깨닫고 1985년 일본, 독일과 환율 조정 합의인 '플라자 합의'를 끌어냈다. 달러화의 가치를 절하하고, 일본과 독일의 통화를 절상해서 무역 불균형을 완화하는 것이 주요 내용이었다. 이렇게 하자 이후 10년간 달러의 가치는 큰 폭으로 내려가고 일본 엔화의 가치는 두 배로 상승하기 시작했다. 과거에 '일본 땅을 팔면 미국 땅을 전부 살 수 있다'라는 말이 나온 것도 바로 엔화의 가치가 급격하게 올라갔기 때문이다.

문제는 그동안 잘 나가던 일본의 수출이 '플라자 합의'로 발목을 잡혔다는 점이다. 그 덕분에 당시 한국의 수출이 잘되는 일도 벌어지기 시작했고, 한국의 반도체 산업도 싹을 틔울 수 있었다. 특히 당시만 해도 원화와 달러의 환율은 거의 고정되어 있었다. 무역을 하는 데 있어 판단도 해야 하고 계획도 세워야 했기 때문에 환율이 딱 고정되면 훨씬 편하게 무역을 할 수 있다. 그래서 당시에는 예를 들어 '1달러는 800원'이라고 해 놓고 문제가 있을 때 10~20원 정도만 움직이도록 해 놓았다.

그런데 플라자 합의 이후 10년 정도 계속 되다 보니 일본이 너무 힘들어지는 상황에 처했다. 그래서 일본은 다시 미국에게 환율을 정상화해 달라고 요청했다. 그런데 때마침 미국에서 대규모 재정을 동원해야 할 필요가 있었다. 미국은 자신들의 채권을 사 줄 나라를 찾고 있었는데 일본이 환율 재조정을 요구하자 채권을 사 주는 대가로 환율을 다시 조정해 준 것이다. 그렇게 해서 1년 만에 무려 36%나 엔화의 가치가 다시 내려가기 시작했다. 비슷한 시기에 중국도 자국 환율을 33%나 절하했다.

이렇게 되자 다시 반대로 달러의 가격이 올라가기 시작했고, 여기에 고정환율로 연동된 우리나라 돈의 가치도 함께 올라갔다. 그러니 당연히 수출이 잘되지 않는 상황이 초래되면서 경상수지 적자가 이어졌다. 이는 수출보다 수입이 많은 상황을 의미한다. 수출이 잘되지 않다 보니 달러가 자꾸 부족해지는 사태가 발생했다. 그런데 당시에 계속해서 달러가 부족했다면 뭔가 대책이라고 세울 수 있었을 텐데, 마침 그때 한국은 '금융 개방'을 진행 중이었다. 외국 투자자들로 하여금 한국 주식을 사거나 한국 기업에 투자할 때 외환 거래를 자유롭게 해 주는 정책이었다.

이로 인해 달러가 급격하게 유입되었고, 부족했던 달러의 문제가 더 이상 심각해지지 않게 된 것이다. 수출로 버는 달러는 없어도, 투자로 들어오는 달러가 많아지니 마치 별일이 없는 것 같은 상황이 지속됐다. 그러니 기업들도 달러를 빌리기가 무척 쉬워졌다. 특히 당시 우리나라는 고정환율이었기 때문에 국가가 다소 안정적으로 보호해 주는 상태였다. 그래서 불안감을 떨치고 자유롭게 달러를 빌릴 수 있었다.

하지만 내가 버는 돈 없이 늘 빚으로만 살아가면 결국 문제가 생기듯, 당시 한국도 수출로 벌어 오는 달러 없이 빌리는 것으로만 충당하다 보니 조금씩 속병이 생기기 시작했다. 경제 문제가 대부분 그렇듯, 평소에는 아무런 문제도 없다가 일단 '의심'이 시작되면 걷잡을 수 없는 상태가 된다. 당시 외국인들은 이렇게 생각하기 시작했다. '저 코리아라는 나라 좀 이상한데? 수출도 잘 안 되고 경상수지 적자도 계속 되는데, 달러는 계속해서 빌리기만 하고. 저러다가 나라가 망하지 않을까?'

결국 외국인 투자자들을 달러를 급속하게 빼내기 시작했고, 결국 'IMF 외환 위기', 혹은 'IMF 금융 위기'가 터지게 됐다. 이것도 역시 사실은 은행이 의심받는 상황이었다. 기업이 해외에서 직접 달러는 조달하는 게 아니고, 은행이 외국에서 빌려서 기업에게 주는 것이기 때문에 결국 모든 책임은 은행이 져야 했다.

금융 위기가 닥쳐올 때 보이는 신호들

위기가 닥치기 시작하면 맨 처음 나오는 신호는 환율과 금리로, 둘 다 높아진다. 신용도가 낮은 기업이나 개인들에게는 돈을 잘 빌려주지 않게 되면서 금리가 높아지는 현상이 나타난다. 과거에는 15%의 금리에도 돈을 빌려주었지만, 위험성이 증가하면서 18% 정도가 되어야 돈을 빌려줄까 말까 한 상황이 초래된 것이다. 이런 현상은 신용도가 낮은 기업들부터 영향을 받는다. 평소에는 신용도가 높은 기업과 낮은 기업이 돈을 빌릴 때 적용받는 금리의 차이가 크지 않지만, 위기가 닥치면 그 차이가 커진다.

두 번째는 환율을 주목해야 한다. 위기가 닥치면 우리나라에 투자한 외국인들은 우리나라가 위험하건 위험하지 않건 일단 우리나라를 떠나려고 한다. 지금은 위험하지 않지만 곧 위험해질 수 있다고 판단하고 떠나려고 할 수도 있고, 나는 떠나고 싶지 않지만 다른 외국인 투자자들이 떠날 것으로 생각되어 나도 떠나야 하는 상황일 수도 있다. 그 이유는 환율 때문이다.

외국인 투자자들이 우리나라를 떠나려고 하면 그들은 달러가 필요하다. 본

236

국으로 돌아가면 우리나라 돈 원화는 필요 없어지니 달러로 환전해야 한다. 그 과정에서 환율(달러의 가격)이 치솟는다. 그러면 굳이 우리나라를 떠나지 않으려고 했던 투자자들도 손해를 입는다. 그들은 우리나라 원화를 들고 투자하고 있는데, 원화의 가치가 하락하니 당연히 손실을 보게 되는 것이다. 그런 일이 벌어질 것으로 예상되면 우리나라를 굳이 떠나려고 하지 않았더라도 일단은 먼저 탈출하기 위해 경쟁이 벌어진다. 늦게 떠나면 더 비싸진 달러를 사들여야 하기 때문이다. 그 과정에서 환율이 오른다. 이런 이유로 환율은 우리나라 경제가 얼마나 위험한지를 보여주는 신호등이다.

이렇게 금리와 환율, 이 두 가지만 면밀하게 관찰해도 우리는 금융 위기에 대한 위험의 징후를 조금은 더 민감하게 그 징후를 파악할 수 있다.

PART 7

잘사는 나라의 비밀:
나는 무엇을 할 것인가?

우리가 어딘가에 투자를 한다는 건 사실은 그 자산이 존재하는 '국가'에 투자하는 것이다. 100년 뒤 서울 강남의 아파트는 가격이 올라 있을까, 내려 있을까? 코스피 지수는 30년 후에 어느 수준에 도달해 있을까? 이 질문에 답하기 위해서는 대한민국이라는 국가가 앞으로 어떻게 될 것인지 예측해야 한다. 서울 강남의 아파트 가격을 지탱하는 근본 동력은 우리나라가 수출로 벌어들이는 달러이며, 거기에서 나온 유동성이 우리의 소득이 된다. 그 소득이 아파트 투자의 종잣돈이라는 걸 이해하면 결국 아파트 투자든, 주식투자든 대한민국이라는 나라의 미래 전망에 투자하는 것임을 알게 된다.

그렇다면 대한민국은 50년 후, 100년 후에 어떤 나라가 되어 있을까? 이는 대한민국을 추월하는 다른 후발 개발도상국이 얼마나 많이 나오느냐, 미국 또는 중국이라는 거대한 국가가 어떻게 발전하느냐에 따라 다르다. 우리는 개발도상국들과 경쟁하면서 미국과 중국 같은 거대한 시장에 상품을 파는 게 주업인 나라이기 때문이다. 그러므로 대한민국의 미래를 점치기 위해서는 대한민국처럼 빠르게 경제 성장을 해서 현재의 대한민국과 같은 위상이 될 만한 나라들이 많아질 것인지 아닌지, 미국이라는 슈퍼파워는 앞으로도 건재할 것인지를 알아야 한다. 나라가 성장하고 발전한다는 것은 어떤 의미이며, 어떤 요인이 작용하는지를 배우는 이번 장은 그런 의미에서 중요하다.

도대체 잘사는 나라는
왜 잘살게 된 것일까?

사람은 누구나 잘사는 게 인생의 목표다. 아마 이 책을 읽고 있는 것도 잘사는 방법을 찾기 위해서일 것이다. 잘사는 것의 의미를 경제적으로 풍요롭게 사는 것이라고 좁혀 생각한다면 잘사는 방법은 크게 두 가지가 있다. 첫째, 남들이 기꺼이 지갑을 열 만한 좋은 상품을 나를 비롯한 소수만이 만들어 낼 수 있을 때. 둘째, 그런 소수에게 투자해서 그 결과물을 공유할 때다. 쉽게 말하면 내가 사업을 해서 성공하거나, 아니면 그런 회사에 투자해서 돈을 많이 벌거나 둘 중 하나는 해야 경제적으로 잘살 수 있다. 물론 둘 다 어려운 일이다.

그런데 이 두 가지를 제외하고도 경제적으로 풍요롭게 잘사는 방법이 하나 더 있다. 바로 잘사는 나라의 국민이 되는 것이다. 경제학자 블랑코 밀라노비치의 연구에 따르면 어떤 사람의 소득은 그 사람의 국적에서 50%가 이미 결정된다고 한다. 자신이 태어난 나라의 1인당 국민소득과 그 나라의 불평등 지수가 그 사람의 소득 중 50%를 결정하고, 30%는 그 사람의 유전자가 결정하며, 나머지 20% 정도가 노력과 운에 의해 소득이 달라진다는 것이 그의 주장이다. 노르웨이의 택시 운전사와 인도의 택시 운전사가 어디에서 소득의 차이가 생길지 생각해 보면 어느 나라의 국민인지가 소득의 상당 부분을 결정한다는 것을 직관적으로 이해할 수 있다.

그렇다면 잘사는 나라가 되려면 어떻게 해야 하는 것일까? 잘사는 나라의 국민들은 똑같은 노동을 해도 훨씬 더 높은 소득을 거둘 수 있다는 걸 이해하고, 잘사는 나라가 되는 방향으로 여론을 형성하고 투표권을 행사해야 한다. 부자가 되는 방법 가운데 잘사는 나라의 국민이 되는 것만큼 확률 높은 선택지는 없기 때문이다.

■ 어떻게 해야 잘사는 나라가 되는가

그렇다면 이제부터 우리가 생각해 볼 질문은 '어떻게 해야 잘사는 나라가 되는가?'이다. 이것은 의외로 답이 어려운 질문이다. 어떤 나라가 부자 나라가 되는 건 개인이 부자가 되는 것보다 훨씬 어럽고 복잡하다. 한번 잘사는 나라가 되었다고 하더라도 그것을 유지하는 일도 쉽지 않지만, 때로는 한번 잘살게 된 이후로 어떤 선순환으로 인해 계속 잘사는 나라도 생긴다. 물론 당연히 그 반대로 한번 가난해진 이후 악순환으로 인해 계속 가난하게 살아가는 나라도 있다. 사실 이 문제는 과거 수많은 경제학자를 괴롭힌 골치아픈 난제이자, 매우 중요한 연구 분야이기도 했다. 경제학자들은 '왜 어떤 나라는 가난해지고, 또 어떤 나라가 부자가 되는가?'라는 질문을 끊임없이 던져 왔고, 많은 연구를 통해 비교적 정답에 가까운 다양한 해답들을 도출해 왔다.

■ 단 하나의 정답은 없다

'천연자원이 많으면 부자 나라가 될 수 있는 것 아닌가?'라는 가정은 매우 직관적이다. 사우디아라비아나 아랍에미리트 등은 그냥 땅만 파면 사실상 현금이나 다름없는 석유가 나오기 때문에 이런 나라를 경제적으로 추월하기는 어려울 것이다. 하지만 다른 사례를 보면 꼭 그렇지도 않다. 땅만 파면 금, 구리, 코발트가 쏟아져 나오는, 전 세계에서 천연자원이 제일 많은 나라인 콩고는 현재 1인당 국민소득이 전 세계에서 113위에 불과하다. 그러니 천연자원이 부자 나라가 되는 비결은 아닌 셈이다.

'그 나라의 문화나 국민성이 중요한 요인이 아닐까?' 하는 가정도 있다. 그런데 중국이 그 가정을 무너뜨렸다. 중국의 1990년대와 2010년대의 국민소득은 6배나 차이가 난다. 하지만 그 20년 사이에 중국의 문화나 국민성은 얼마나 달라졌을까? 문화나 국민성 역시 부자 나라의 비결은 아니다.

자본주의나 사회주의라는 그 나라의 경제 운영 체제가 국가의 부(富)를 결정한다고 생각해 볼 수 있다. 자본주의 국가는 잘살고, 자본주의를 도입하지 않으면 잘살지 못한다는 가정은 일견 그럴듯하다. 하지만 여전히 국민소득이 낮은 아이티, 방글라데시 등의 나라가 굴러가는 방식은 자본주의 시스템이다. 자본주의를 도입하는 게 부자 나라의 비결도 아닌 셈이다.

혹시 과거 제국주의 시절 식민지를 가졌던 나라가 오늘날 부자 나라가 된 것은 아닐까? 당시 식민지로부터 노동력을 수탈하고 자원을 빼앗아 왔던 국가들이 그것을 동력으로 나라의 발전을 일으켰다고 볼 수 있다. 선진국들 가운데는 이 조건에 부합하는 나라들도 물론 있지만, 전혀 그렇지 않은 사례도 존재한다. 현재 1인당 국민소득에서 세계 1, 2, 3위를 차지하고 있는 노르웨이, 룩셈부르크, 스위스는 과거에 전혀 식민지를 가지고 있지 않았다.

최근에는 선진국과 후진국의 차이는 외부의 조건에 따라 결정되는 것이 아니라, 그 나라 국민에 따라 달라지는 것이라는 연구 결과도 흥미롭게 논의되고 있다. 미국과 멕시코가 걸어온 길을 살펴보면 이런 주장이 꽤 설득력을 갖는다.

18세기 멕시코는 미국보다 잘사는 나라였고, 쿠바도 미국보다 1

인당 소득이 더 높았다. 그런데 지금 멕시코와 쿠바는 미국과는 비교할 수 없을 정도로 못사는 나라가 되어 버렸다. 이렇게 된 이유가 무엇일까?

멕시코와 쿠바는 농업이나 광업과 같은 1차 산업이 매우 큰 비중을 차지하고 있었고, 그것이 그 나라를 잘살 수 있도록 만들어 주었다. 그런데 농업이나 광업 같은 1차 산업이 꾸준히 발전하기 위해서는 노동자들이 각자의 일에 싫증 내지 않고 열심히 일해야 한다. 만약 이런 나라에서 문맹률을 낮춘다는 명분으로 국민의 교육에 예산을 투입하면 노동자들은 그 과정에서 눈이 떠지고 새로운 생각을 갖게 되면서 반복적인 단순한 노동에 싫증을 내게 될 가능성이 크다. 멕시코와 쿠바는 그런 점을 고려해서 교육에 투자하지 않았다.

새로운 농지를 개척하거나 새로운 광산을 개발하는 일에도 소극적이었다. 농지와 광산을 계속 새로 열게 되면 농민이나 광부들에 대한 스카우트 경쟁만 생기고, 기존의 농지 소유자들은 경쟁에 노출된다. 그보다는 일부 엘리트가 산업이나 광업을 독점하고 노동력을 착취하는 것이 그들에게는 유리한 결정이었다. 쿠바나 멕시코는 그들 나름의 현명한 선택을 했던 것이다.

그런데 세상은 그들의 마음대로 그냥 평화롭게 머물러 있지 않는다는 것이 문제였다. 과학과 기술이 점점 발전하면서 자동차가 발명되고, 옷을 만드는 기술도 발전해서 의류 산업이 빠르게 발달하게 됐다. 또 여러 서비스업도 시작되면서 이제 경제의 중심이 더 이상 농업과 광업이 아닌 세상이 오게 됐다. 그런데 제조업과 서비스업에서 가장 중요한 것은 바로 일하는 사람들이 얼마나 좋은 교육을 받고, 얼마나 창의적이고 진취적인 생각을 하느냐다. 제조업은 똑같은 물건을 만들더라도 다양한 방식이 적용될 수 있기 때문에 쉽게 말하면 '머리를 잘 써야' 발전할 수 있는 산업이다. 부지런히 씨앗을 뿌리고 열심히 땅을 파서 무엇인가를 채취해 오는 농업이나 광업과는 게임의 룰이 다른 산업이다.

바로 이 지점에서 미국의 경쟁력이 쿠바나 멕시코를 추월할 수 있었다. 당시의 주력 산업이던 1차 산업에서 쿠바와 멕시코에 뒤졌던 미국은 두 나라들보다 제조업이나 서비스업을 더 적극적으로 수용하고 받아들였다. 제조업에 필요한 노동력을 공급하기 위해 교육에 예산을 투입하면서 제조업이라는 새로운 산업의 물결에 적극적으로 뛰어들었다.

이런 미국의 약진은 기존 산업으로는 경쟁하기 어렵다는 절박감에서 비롯됐을 가능성이 크다. 그러나 하필 그때 증기기관의 발전으로 제조업이 주요 산업으로 부상하게 된 것은 미국의 입장에서는 행운에 가까운 사건이었다.

앞서 살펴본 사례들은 우리의 관심사인 '잘사는 나라'가 되기 위한 단 하나의 비결 같은 건 존재하지 않으며, 하나의 요인이 그 나라의 부를 결정하지는 못한다는 결론을 이끌고 있다. 다만 그동안 부자가 된 나라들의 공통점을 찾아본다면 석유 시대의 개막이든, 제조업의 시작이든 어떤 기회가 왔을 때 스스로 갖고 있는 장점을 적극적으로 활용해서 성과를 끌어내려는 노력이 그 나라를 잘사는 나라로 만들었다는 사실이다. 결국 잘사는 나라가 되는 비결은 천연자원도 아니고, 경제 시스템도 아니고, 과거의 역사도 아닌 바로 그 나라를 운영하는 '사람들' 그 자체에 있는 것이다.

■ 제2의 대한민국이 쏟아질 수 있을까

지금부터는 한국이 선진국의 대열에 진입할 수 있었던 요인에 대해 살펴보려고 한다. 사실은 우리 스스로도 우리나라가 어떤 요인으로 가파른 경제 발전을 이뤘는지 정확히 모르고 있다. 워낙 많은 요인과 변수가 결합한 결과물이기 때문이기도 하고, 우리가 과거를 정확하고 꼼꼼하게 분석할 시간을 갖지 못했기 때문이기도 하다. 많은 개발도상국이 한국의 경제 발전의 비결을 배우려고 하지만, 그와 관련해서 특별히 전수해 줄 노하우나 지식이 없는 것도 그런 배경에서다. 그러나 한국이 어떤 과정을 거쳐서 선진국이 되었는지에 대한 몇 가지 포인트를 이해하는 것에서 중요한 통찰을 전해줄 수 있다.

첫째, 한국은 인류 역사에서 후진국이었다가 매우 빠른 기간 안에 선진국으로 진입한 가장 최신 케이스다. 우리는 지금 잘사는 나라가 되기 위한 조건에 대해 알아보고 있는데, 잘사는 나라가 되기 위한 조건이 시대에 따라 다르다면 가장 최신의 사례인 한국의 케이스가 지금 우리가 던지는 질문에 대한 가장 정확한 답을 줄 수 있다.

둘째, 우리가 지금 가장 궁금한 것은 '대한민국이 앞으로 어떻게 될 것인가?' 특히 '경제적으로 그동안의 성장 기울기를 계속 살려 나갈 수 있을 것인가?'라는 질문이다. 그런데 이 질문에 대한 답은 수출 중심의 제조업 강국인 한국의 위상과 역할을 대체할 수 있는 새로운 경쟁자가 나타날 수 있느냐에 있다. 인도, 베트남, 말레이시아, 인도네시아, 멕시코, 폴란드 등 한국의 뒤를 추격하는 제조업 중심 국가들이 지난 50년간 한국이 걸어온 길을 비슷하게 걸으면서 한국을 추격할 수 있느냐의 여부가 매우 중요하다. 그동안 한국이 걸어온 경제 성장의 과정을 면밀히 분석하면 과연 이 국가들이 그 과정을 재현하고 모방할 수 있을지 아닐지를 판단할 수 있기 때문이다.

한국의 역사와 지정학적 위치, 그리고 경제 발전을 위한 조건들을 거론할 때 늘 등장하는 표현은 '타고난 불리함'이다. 역사적으로는 주변에 강대국이 많아 늘 침략을 받아 왔으며, 대륙의 끝에 위치해서 마치 섬과 같은 나라였다는 사실도 경제 발전에 불리한 조건이다. 천연자원도 거의 없고, 인구는 산업을 일으키기에는 조금 부족하지만, 먹여 살리려고 들면 너무 많은 애매한 사이즈다. 하지만 오늘과 같이 산업화에 성공해 제조업 강국, 수출 강국이 된 과정에는 적지 않은 운이 작용하기도 했고, 다른 나라에서는 찾아보기 어려운 집요한 노력이 있기도 했다.

보통 후진국이 한 단계 점프하려면 제일 처음 필요한 건 딱 하나, 자본이다. 다른 것도 필요하지만 자본이 없으면 애초에 스타트가 되지 않는다. 티셔츠를 만들어서 수출하고 싶다면 일단 공장과 재봉틀, 원단이 필요하다. 그런데 후진국들은 자본이 없어서 아예 시작조차 못 한다. 후진국들이 자본을 만드는 방법은 세 가지다. 선진국에서 얻어 오거나, 빌려 오거나, 아니면 선진국에 무엇인가를 팔아서 돈을 벌어 와야 한다. 우리나라도 똑같은 상황이었다. 우리가 선택한 방법은 수출이었는데, 그 수출은 쉽지 않았다.

1963년까지 우리나라는 미국의 원조에 의존해서 살아왔다. 쿠데타로 집권한 지 2년 후인 1963년에 박정희 대통령이 측근들에게 빈약한 나라의 경제 상황에 대한 답답함을 토로하며 '혁명을 괜히 한 것 같다. 후회된다'라고 털어놨다는 일화는 1963년까지 우리나라는 아무것도 없는 나라였다는 걸 보여준다.

그런 우리나라에 자본이라는 게 생기기 시작한 건 수출을 본격화하기 시작한 1964년부터다. 당시에 연간 수출 1억 달러를 겨우 넘기는 정도였는데, 우리나라의 경제 발전 역사에서 좀 특이한 점은 바로 이 무렵 1965년에 대일청구권 자금을 일본으로부터 5억 달러나 받아 왔다는 사실이다. 35년간의 식민 지배 역사에 대한 배상금으로는 작은 돈일 수 있지만, 5억 달러면 당시 우리나라 입장에서는 꽤 큰돈이었다. 당시 우리나라 1년 수출액이 2억 달러가 안 됐던 걸 감안하면 대략 3년 치 수출액이다. 이 스케일을 그대로 지금 상황에 대입하면 요즘 1년 수출액이 6,000억~7,000억 달러 수준이니 약 2조 달러가 갑자기 생긴 것과 같다.

우리나라가 지난 수십 년간 벌어 들여서 쌓아 놓은 외환 보유액의 5배 정도에 해당하는 금액을 한꺼번에 받은 것이지만, 그때와 지금은 경제 규모가 달라서 직접 등치시킬 수는 없다. 그러나 우리에게는 큰 도움이 된 돈이었던 것은 분명하다. 일본의 입장에서도 당시 우리나라에 준 대일청구권 자금 5억 달러는 일본의 외환 보유액(16억 달러)의 3분의 1에 해당하는 금액이었다.

1965년에 우리나라는 다른 후진국들은 가질 수 없었던 기회를 또 잡게 되는데, 베트남전에 참전하면서 달러를 받게 된 것이다. 당시에는 참전군인들에게 미국이 돈을 줬는데, 그 달러가 국내로 유입되면서 수출해서 돈을 번 것과 동일한 효과가 있었다. 그것을 계기로 미국이 원조 금액도 늘려 주고, 자신들이 쓰던 무기도 싸게 넘기고, 미군 부대 공사도 한국 기업이 맡게 되면서 베트남전으로 인한 직·간접적인 달러 획득 규모가 그 이후 9년간 50억 달러 정도되는 것으로 추산된다.

많은 후진국이 경제 발전을 시도하지만 대부분 자본 축적이 잘되지 않아서 실패한다. 수출하려면 돈이 필요하고, 돈을 벌려면 수출해야 하는데, 어디서부터 풀어야 할지 모르는 답답한 악순환에서 벗어나는 것이 제일 어렵다. 그런데 우리나라는 공교롭게도 수출을 시작한 지 단 몇 년 만에 우연과 행운이 겹치면서 자본을 대규모로 축적할 수 있게 되었다.

물론 식민 지배의 배상금으로 받은 돈이기도 하고, 우리의 젊은 이들이 남의 나라 전쟁에 가서 흘린 피의 대가이기도 한 돈이어서 우연과 행운이라고 표현하는 것이 오해를 불러올 수도 있겠다. 그러나 이 대목에 집중하는 이유는 한국을 제외한 다른 개발도상국들이 한국처럼 경제 발전을 하고 싶다고 가정할 때 한국의 경제 발전 초기에 있었던 이런 대규모 달러 획득 이벤트를 어떻게 모방할 수 있는지를 생각해 보기 위해서다. 앞으로 몇 가지 이유를 더 설명하겠지만 20세기에 대한민국이 보여준 가파른 경제 성장은 다른 나라들이 재현하기는 매우 어려울 것이다. 한국의 성장은 다양한 요인을 통해 이뤄진 결과물이지만, 경제 개발 초기에 일반적이지 않은 계기로 대규모로 쏟아져 들어온 달러가 결정적인 역할을 한 것은 사실이다.

참고로 베트남전은 컨테이너 박스라는 새로운 문명의 이기가 처음 사용된 전쟁인데, 이 컨테이너 박스의 도입도 결과적으로 한국의 수출에 큰 도움이 됐다. 실어 나를 물건을 컨테이너 박스에 싣고 와서 그 컨테이너 박스를 해체하지 않고 그대로 배에 실어서 옮기는 방식은 해상 물류 비용을 절반 이하로 낮췄다. 오늘날 우리의 눈으로 보면 컨테이너 박스의 발명에 대해 '그게 뭐 대단한 발명이지?'라고 생각할 수도 있지만, 당시만 해도 이 컨테이너 박스의 발명은 '파괴적 혁신'이었다. 예를 들어 요즘 시대에 36만 원의 원가가 들어가는 물건 하나를 제조한다고 해 보자. 그런데 어느 날 갑자기 이 원가가 1만 원으로 떨어진다면 어떨까? 만약 이런 기술을 발

그림 21. 컨테이너가 발명되지 않았을 때는 사람들이 일일이 배에 짐을 실어야 했다. 컨테이너가 발명된 후 짐을 배에 싣는 과정이 간단해졌고 물류비가 36배나 낮아졌다.

명해 낸다면 모두 충격으로 입을 다물지 못할 것이다.

컨테이너가 발명되지 않았을 때 수출하기 위해서는 사람들이 일일이 등짐을 지고 배에 올라서 차곡차곡 쌓아 올리는 일을 무한 반복해야 했다. 그리고 그 배가 다른 나라에 도착하면 또다시 물건을 내리기 위해 사람들이 배에 올라가서 등짐을 지고 내려와서 다시 차곡차곡 쌓아야 하는 일을 무한 반복해야 했다. 이 말은 곧 하나의 제품을 수출할 때 인건비를 포함하는 물류비가 상당히 많이 들어간다는 점이다. 그런데 컨테이너 박스가 발명된 이후에는 큰 변화가 있었다. 단순히 배에 싣는 과정 자체가 간단해진 것만이 아니라, 물류비가 대폭 내려간 것이다. 컨테이너 발명 이전에는 1톤당 평균 5.8달러가 들던 물류비가 16센트로 낮아진 것이다. 무려 36배로 낮아졌으니 파괴적 혁신이 틀림없다고 할 수 있다.

컨테이너 방식의 수송이 이렇게 원가를 크게 낮출 수 있다는 사실이 알려진 후에도 컨테이너가 실제 무역에 사용되지는 못했다. 컨테이너가 사용되기 위해서는 항구에 컨테이너를 운반할 크레인을 설치해야 하고, 컨테이너를 전문적으로 실어 나르는 배가 필요하다. 그리고 공장과 항구 사이를 오가며 컨테이너를 실어 나를 트럭도 있어야 한다. 크레인이나 컨테이너선은 기술적으로 만들기 어려운 건 아니었지만, 먼저 자본을 투자해서 크레인이나 컨테이너선을 만들었다가 컨테이너 사용량이 늘어나지 않으면 망하는 사업이 되기 때문이다.

눈치를 보기는 무역업자들도 마찬가지였다. 컨테이너로 실어 나르는 게 좋을 것이라는 사실은 알고 있었지만, 기존 관행을 모두 바꿔야 하는 컨테이너 도입에 매우 소극적이었다. 그런데 베트남 전쟁이 터지면서 미군이 베트남 항구로 전쟁 물자를 실어 나르기 위해 컨테이너 박스를 사용하기 시작했고, 전시에 국가가 주도적으로 컨테이너를 사용하면서 항구에도 컨테이너 크레인이 만들어졌다.

컨테이너가 없던 시절에는 해상 운송비의 절반이 인건비였다. 부두까지 물건을 싣고 와서 배에 옮겨 싣는 과정은 모두 인력으로 해결했다. 수많은 인부가 달라붙어서 등짐을 지고 물건을 배로 옮겨 실었다. 바다를 건너는 데 드는 비용보다 물건을 배에 싣거나 배에서 내리는 데 드는 비용이 더 많았다. 운송비가 비싼 시절이어서 다른 나라로 물건을 수출하는 일은 매우 드물었고, 대부분의 상품은 자급자족이 원칙이었다.

그러나 베트남 전쟁을 계기로 컨테이너가 해상 운송에 사용되면서 운송비용이 낮아졌고, 그 결과 무역량이 크게 늘었다. 특히 미국에서 베트남으로 전쟁 물자를 실어 나른 후 다시 미국으로 돌아가는 빈 컨테이너선은 중간에 일부러 일본과 한국에 들러서 일본산 제품과 한국에서 만든 수출품을 대량으로 배에 실었다. 어차피 빈 배로 갈 상황이었으므로 운송비용은 더 저렴해졌다. 만들기만 하면 미국까지 수출하는 게 매우 용이해진 이 환경은 한국을 유망한 수출 국가로 성장시키는 계기가 됐다.

■ 하필 중국이 개혁 개방을 늦게 해서…

한국이 경제 발전에서 맞이한 행운 가운데 하나는 중국이다. 중국이 개혁 개방을 했던 시기는 1980년대였다. 이때부터 중국 곳곳에서는 경제특구가 설립되고, 외국 자본와 기술이 쏟아져 들어왔다. 그리고 공업과 제조업 부문에서도 개혁이 가속화됐다. 2001년 세계무역기구에 가입한 중국은 2010년대에 시진핑이 지도자로 취임하면서 미국과 경쟁하려는, 이른바 '일대일로(一帶一路)' 전략을 실행하면서 아시아, 아프리카, 유럽으로까지 진출하기 시작했다. 그리고 단 20년 만에 세계의 패권국가로 전진할 만큼 엄청난 성공을 거두었다.

그런데 만약 중국이 실제보다 20년쯤 앞선 시점인, 한국의 경제 발전과 비슷한 시기인 1960년대부터 개혁 개방을 시작했다면 어땠을까? 아마도 중국은 20년 뒤인 1980년대에 이미 크게 산업을 발전시켰을 것이며, 그 방대한 영토와 엄청난 인구로 인해 우리나라는 중국산 제품과의 경쟁에서 밀렸을 것이다. 다행히 중국보다 20년쯤 앞선 경제 성장 덕분에 중국이 제조업 강국으로 떠오르기 시작했을 때 한국은 중국과 경쟁하는 나라는 아니었다. 오히려 중국이 갖지 못한 기술과 설비를 갖춘 한국은 중국이 경제 발전을 시작하면서 중국의 경쟁국이 아닌 협력 상대로 중국의 눈부신 성장에서 나오는 과실을 즐길 수 있었다.

말레이시아, 태국, 인도네시아, 베트남 등 한국의 뒤를 이어 경제 발전을 추구하는 여러 나라가 이렇다 할 성과를 거두지 못하고 있는 이유 가운데 하나는 그들이 중국과 경쟁해야 하는 불행한 운명이라는 점도 적지 않은 영향을 주고 있을 것이다.

한국의 경제 발전이 유례없이 빠른 속도로 진행된 것이 사실이지만, 한국의 경제 발전과 관련해서 세계가 주목하는 지점은 후진국에서 중진국으로 빠르게 부상했다는 사실이 아니다. 오히려 중진국에서 선진국으로 무난히 안착한 것이 더 눈길을 끄는 대목이다. 후진국이 중진국으로 올라오는 케이스는 많다. 하지만 중진국이 선진국으로 한 단계 더 부상하는 건 이론에서나 가능했지 현실에서는 그 케이스를 찾기 어렵다.

2024년 세계은행이 발간한 보고서에도 경제 발전을 시작한 많은 나라들이 중진국 함정(middle income trap)이라고 하는 걸림돌을 넘지 못하고 있는 상황에서 한국의 부상은 매우 이례적이라고 경제학자들은 서술하고 있다.

중진국 함정은 쉽게 말하면 후진국보다 원가가 비싸졌는데 품질과 성능은 아직 선진국을 따라가지 못하니 싼 맛에 사기도 그렇고, 비싼 값을 하지도 못하는 가성비로 보면 최악인 제품만 만들어 내는 상황을 의미한다.

우리는 중진국 함정을 자칫 잘못하면 중진국들이 빠지기 쉬운 함정이라고 이해하고 있지만, 세계은행의 보고서에 따르면 잘못하면 빠지기 쉬운 함정이 아니라, 모두 예외 없이 다 빠지는 함정이다. 그리고 이 함정에 빠지지 않는 중진국이 없다는 결론을 내리고 있다. 그 이유는 후진국이 선진국이 되려면 점프를 한 번만 해서는 안되고 세 번 연속 삼단점프를 해야 한다. 그런데 삼단점프를 하기 위해서는 점프한 상태에서 공중에 떠서 한 번 더 점프하고, 다시 떨어지지 않고 그 자리에서 한 번 더 세 단계 점프를 해야 하는데, 그게 진짜 어렵기 때문이라는 결론을 내리고 있다. 여기서 말하는 삼단점프는 이런 의미다.

어떤 후진국이든 초기에 자본을 만들어서 수출을 시작하고, 후진국의 때를 벗기 시작하면 그 나라 안에는 기득권과 카르텔이 생기는데, 이런 기득권을 스스로 깨뜨리고 한 번 더 점프해야 한다. 그리고 그다음에는 해외의 기술과 혁신을 받아들여서 다시 도약해야 하는데, 이 과정에서도 내부의 기득권과 카르텔의 저항을 또 한 번 깨뜨려야 한다. 그런데 많은 경우에 이 기득권을 깨뜨리는 것에서 좌절하고 실패한다. 세계은행 보고서는 한국은 그것을 해낸 유일한 나라라는 결론을 내리고 있다.

이런 스토리를 복기해 보는 이유는 우리가 참 열심히 살았다는 이야기를 하려는 게 아니라, 한국의 경제 발전 역사를 다른 나라들이 모방하고 복사해서 반복할 수 있는지를 가늠해 보자는 것이다. 그 질문에 대한 답은 한국이 21세기에도 그 지위와 잠재력을 유지할 수 있을 것이냐는 질문에 답을 하기 위해서도 필요하기 때문이다.

다시 후진국의 성장 이야기로 돌아가보면, 기본적으로 후진국은 규모의 경제가 만들어지기 어려워서 기업을 만들더라도 경쟁력이 떨어질 수밖에 없다. 예를 들어 후진국은 아무것도 없기 때문에 뭐든지 수입해 와야 하는데, 이 과정에서 무역적자가 생기고, 그러면 환율이 오른다. 환율이 오르면 수입품 가격이 뛰게 된다. 그것이 생필품이면 안 살 수 없으므로 물가 상승을 그대로 겪어야 하는 악순환이 반복된다. 우리나라도 처음에 농사에 필요한 비료를 해외에서 수입해 왔을 때 그런 일을 겪었다. 그럼 우리나라에 비료공장을 세우면 되는 것 아니냐고 생각할 수 있는데, 그게 어렵다는 데 문제가 있다.

비료공장을 세우는 기술과 설비는 가져오면 되지만 문제는 한국의 수요에 맞게 작은 규모로 세우면 우리나라에서 만든 비료가 수입 비료보다 비싸진다는 것이다. 원료도 대규모로 사 오고, 설비도 대규모로 설치해야 규모의 경제가 만들어져서 단위당 원가가 낮아진다. 그리고 처음에는 비료공장의 수율도 떨어지므로 외국 비료회사보다 큰 공장을 세워야 하는데, 그러면 거기서 나오는 비료를 누가 다 사 준다는 보장이 있어야 공장을 돌리기 시작할 것이다. 그런데 누가 후진국에서 막 만들어 낸 비료를 사 줄까? 이렇게 후진국에서는 비료공장 설립 계획이 원점으로 돌아가는 악순환이 늘 생긴다.

삼성그룹이 1966년에 만든 비료공장이 당시 세계 최대 규모로 설계된 건 이병철 회장의 특별한 호연지기나 큰 스케일 때문이 아니라, 나름의 복잡한 사연이 있었다. 이때 정부의 역할이 필요하다. 비료 사업은 당분간 삼성만 할 수 있다는 보호막을 쳐 줘야 안심하고 투자할 수 있다. 그런데 이것은 나중에는 정경유착의 씨앗이 되어 뇌물을 주고받으며 계속 독점을 유지하게 되면서 생산성 혁신이나 기술 개발은 뒷전이 되는 게 중진국 함정의 전형이다.

그런데 한국은 처음에는 그렇게 독점을 보장해 주다가도 그 기업이 조금만 성장하면 자꾸 새로운 과제를 던지는 다소 이례적인 일이 벌어졌다. 예를 들어 우리나라의 자동차 산업은 처음에는 외국의 자동차 회사들이 만드는 모델을 그대로 부품만 들여와 조립 생산해서 다시 수출하거나, 내수용으로 팔았다. 아무 기술이 없으니 당연히 그렇게 할 수밖에 없었다. 그런데 이때 정부가 몇몇 회사만 그런 조립 사업을 할 수 있게 지정해 주고 보호해 줘야 그 시작이 가능하다.

우리나라 자동차 산업도 처음에는 GM과 합작한 신진자동차, 포드와 손잡은 현대자동차 등 몇몇 회사만 자동차 조립 사업을 할 수 있게 막아 줬다. 이때 보통의 경우에는 그렇게 돈을 번 자동차 회사는 정치인들에게 로비 자금을 풀어 독점을 계속 유지하는 아름다운⑺ 공생관계가 발생한다. 그런데 한국에서는 좀 색다른 일이 벌

258

어졌다. 정부가 현대자동차 등 조립 생산하는 자동차 회사에게 자동차의 부품 국산화율을 76% 이상으로 올리라고 숙제를 내준 것이다. 이 숙제를 하지 못하면 조립 생산 라이선스는 뺏겠다고 했다. 외국산 모델의 조립 생산은 부품도 수입해 온다. 그런데 부품 국산화율을 76%로 올린다는 건 외국에는 없는 국산 고유 모델을 만들어야 하는 일이었다. "자, 이제 몇 년 동안 외제차 조립해 봤지? 이제 자동차 고유 모델을 만들어. 그래야 수출도 하고 돈도 벌지. 언제까지 조립만 하고 수수료 받을 거야?" 이런 이야기를 정부가 던진 것이다.

현대자동차의 고유 모델 포니는 정주영 회장이 우리나라도 고유 자동차 모델이 있어야 한다는 구국의 일념으로 열심히 만들었다고 설명한다. 하지만 사실은 정부가 내준 숙제를 안 하면 사업을 못 하니까 억지로 한 것이기도 하다. 그것을 성공시킨 건 물론 대단한 일이지만 이런 시도를 하게 하느냐, 아니면 그냥 안주하게 하느냐는 아주 중요한 포인트다. 참고로 브라질은 우리나라보다 자동차 조립 산업의 역사가 훨씬 긴데도 아직도 자동차 고유 모델이 없다.

후진국이 선진국이 되려면 한 번의 점프가 아니라 삼단점프를 해야 한다고 세계은행이 분석한 것은 한 나라의 경제가 발전하는 전형적인 양상을 설명한다. 첫 점프가 어떻게든 자본을 도입해서 자동차 공장을 만드는 것이고, 거기에 안주하지 않고 해외 기술을 적극적으로 도입해서 성장해야 한다. 이탈리아에서 디자이너를 데려오고, 엔진을 수입해서 독자 모델을 만든 현대자동차의 업그레이

드가 바로 그 두 번째 점프라고 할 수 있다. 세 번째 점프는 그 상황에서 다시 한번 혁신해야 하는데, 자동차로 치면 전기차나 자율주행차로 업그레이드하는 것이다. 이 과정에서 가장 중요한 건 내부 기득권의 저항을 이겨내는 것이다.

'테슬라는 전기차를 잘 만드는데, 왜 벤츠나 아우디는 전기차를 못 만드는가?'라는 질문에 대한 답은 아우디나 현대, 벤츠 같은 기존 자동차 회사들은 전기차에 집중하자고 하면 왜 전기차가 나쁘며, 왜 가솔린 엔진을 계속 만들어야 하는지 주장하는 사람들이 여럿 튀어나온다. 그래서 선진국이 되기 위한 세 번째 단계는 기득권의 저항을 어떻게 줄이고, 새로운 산업을 계속 만들어 내느냐는 것이다.

세계은행은 한국이 이런 삼 단계 점프를 그나마 잘 해낸 거의 유일한 나라라고 분석하면서, 지금도 그런 점프를 계속하고 있는 나라는 미국이 유일하다고 말한다. 미국이 다른 나라와는 다른 것은 [그림 22]의 그래프가 잘 설명하고 있다.

이 그래프가 보여주는 핵심은 미국은 기업이 시간이 흐를수록 고용을 많이 하는 대기업이 되는데, 다른 나라의 기업들은 시간이 흘러도 계속 고만고만한 기업으로 남아 있다는 것이다. 그렇다 보니 미국은 100년 기업이 드물고, 오히려 다른 나라들은 100년 기업이 많다. 100년 기업이 많다는 것이 좋은 게 아니라는 뜻이다. 미국의 기업들이 시간이 지날수록 점점 큰 기업이 된다는 말은 그 기업이 경쟁 기업을 인수하든, 경쟁 기업을 무너뜨리든 그 업계의 다

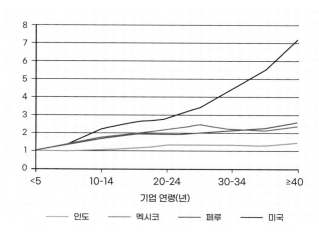

그림 22. 설립 5년 미만 기업 대비 고용비율

른 기업들이 계속 사라진다는 뜻이다. 그러다가 이 대기업도 작은 기업의 도전에 제대로 응전하지 못하면 또 망한다. 그래서 미국에서는 100년 기업이 나오기 어렵고, 100년 기업이 드문 나라가 좋은 나라이다. 물론 100년 기업은 훌륭한 기업일 가능성이 있지만, 훌륭한 기업도 자꾸 망하는 나라가 좋은 나라이다. 한번 훌륭해진 기업이 100년, 200년 계속 승승장구한다는 건 이상한 것이라는 뜻이고, 그런 기업이 수십, 수백 개라는 것은 기업 간 경쟁이나 진입 퇴출 구조에 문제가 있다는 신호다.

참고로 독일은 1950년 이전에 설립된 기업이 상장기업 중 70%를 차지한다. 그런데 미국에서는 그 비율이 50%에 그친다. 미국에서는 전체 기업의 8%가 매년 새로 태어나고 사라지는데, 독일은 그 비율이 3%다. 미국은 기업이 자꾸 생기고 죽고 성장하는데, 독일은 기업이 죽지도 않고 생기지도 않고 오래 가지만 혁신은 없다는 뜻이다.

우리는 얼마 전까지만 해도 피처폰을 쓰다가 지금은 스마트폰을 쓰고 있는데, 피처폰을 만들던 회사가 스마트폰을 만들게 된 이유가 뭘까? 그것은 새로운 진입자가 기존 기득권을 위협하기 때문에 생기는 혁신이다. 애플이 갑자기 스마트폰을 들고 나와서 시장을 휘저으니까 피처폰을 만들던 회사들도 스마트폰을 개발하게 된 것이다. 애플이 아니었으면 아직도 우리는 피처폰을 쓰고 있을 것이고, 노키아가 아니었으면 아직도 우리는 삐삐를 쓰고 있을 것이다. 그러면 모토로라가 세계 1위 기업으로 계속 존재했을 것이다.

이런 변화와 혁신은 새로운 기업이 계속 나와서 기존 기업들을 꺾는 장면이 반복되는 과정에서 나오게 되는데, 미국은 그 생태계가 훌륭하게 조성된 나라다. 창업한 새로운 기업들이 벤처캐피털의 투자를 받아서 종전에 없던 새로운 사업을 만든다. 그렇게 기득권을 무너뜨리는 혁신이 계속 나타나야 하는데, 과연 중국에서 그것이 될까? 그래서 기껏 만들어진 알리바바나 텐센트 같은 기업들을 중국 정부가 공동부유라는 이름으로 억누르고 규제한다는 뉴스는 앞으로도 미국의 시대는 계속될 가능성이 크다는 신호를 주는 뉴스로 해석될 수밖에 없다.

중진국들이 중진국 함정에서 벗어나지 못하는 이유는 기득권의 안주와 국민의 분배 요구다. 둘 다 매우 자연스러운 요구이자 욕구

이기 때문에 거의 모든 후진국은 경제가 성장하면서 이런 단계를 만나게 된다. 오히려 이런 단계에서 한 단계 더 점프하는 게 어렵고 이례적인 일인데, 대한민국은 어떻게 그것이 가능했을까? 하나의 정답은 없겠지만, 대한민국의 독특한 남북 분단 상황이 가져온 위기감이 다른 나라에서는 발견하기 어려운 지속적인 압박을 가능하게 했던 것으로 보인다. 북한과 체제 경쟁과 군비 경쟁을 해야 했던 박정희 정부는 여유롭게 한숨을 돌리고 다음 단계를 구상할 시간이 없었기 때문에 자동차 조립 사업을 시작한 지 3년밖에 안 된 현대차에게 국산 차 고유 모델을 만들라고 지시한 것으로 해석할 수 있겠다.

영국에서 살펴보는
잘사는 나라의 원인

　인류의 역사에서 '잘사는 나라'를 꼽으라면 빼놓을 수 없는 나라가 영국이다. 산업혁명을 거치면서 철강, 섬유, 기계 산업이 급성장했고, 그 결과 한때 '세계의 공장'이라고 불리면서 세계 무역과 경제의 중심지로 자리매김했기 때문이다. 또한 이러한 경제력을 기반으로 광범위한 식민지 제국을 건설해 더 많은 경제적 이득을 꾀할 수 있었다. 이것의 기반은 바로 증기기관을 통한 산업혁명의 발전이었다. 그런데 산업혁명이 결정적으로 성공할 수 있었던 것에는 단순한 기술의 발전만이 있었던 것은 아니다. 당시 나무보다는 석탄을 써야 했던 정치·경제적 상황이 존재했고, 또한 증기기관 관련

특허를 보호할 수 있었던 특허 제도, 그리고 영국 의회의 개방성이라는 점도 주요한 원인이었다고 볼 수 있다.

■ 나무에 목숨 걸어야 했던 영국

우선 산업혁명을 간단하게 정의하면 '과거 가축이나 사람의 힘으로 했던 행위를 기계의 힘으로 대체한 것'이라고 볼 수 있다. 그리고 여기에서 기계의 힘이란 바로 뜨거운 물이 만들어 내는 증기를 이용한 증기기관이다. 집에서 라면이 한참 끓을 때도 냄비 뚜껑이 들썩거리며 일종의 힘, 에너지가 생기게 되는데 바로 이 힘을 여러 산업에 적용하는 것을 말한다.

증기기관이라고 하면 제임스 와트(James Watt)가 떠오를 것이다. 우리는 제임스 와트가 증기기관을 만들어 낸 발명자라고 오해하고 있는데, 사실 증기로 무엇인가를 할 수 있다는 사실은 기원전에 살던 사람들도 알고 있었다. 또 제임스 와트가 살던 시절에도 이미 영국은 물론이고, 그 이외의 나라에서도 여러 종류의 증기기관이 발명되어 있었다. 제임스 와트는 최초로 증기기관을 발명한 것이 아니고, 기존 증기기관의 문제점을 혁신적으로 개량해서 어떠한 산업에서나 누구나 사용할 수 있는 보급형 증기기관을 만든 것이다.

그런데 여기에서 주목할 것은 왜 다른 나라도 아닌 영국에서 이러한 개량 작업이 성공적으로 이루어졌느냐는 점이다. 그것은 당시 영국이 마주했던 시대적 상황과 관련이 있다.

당시 영국에서 나무는 지금의 석유와 같은 역할을 했던 매우 중요한 자원이었다. 영국은 해전을 통해서 국가 경제를 키우던 시절이었기 때문에 좋은 배를 만들면 전쟁에서 이기는 것이고, 좋은 배가 없으면 전쟁에서 지는 것은 물론 나라가 망할 수도 있는 상황이었다. 뿐만 아니라 당시 철기를 사용하기 위해서는 용광로에서 철을 녹여야 했는데, 이때 뜨거운 불을 얻기 위해서도 나무를 사용했다. 그리고 이러한 용도 이외에도 나무는 수없이 많은 곳에서 땔감으로 사용되었다. 특히 소금을 만들 때도 연료로 사용됐고, 비료의 원료인 칼륨을 만들 때도 사용됐다. 그러니 수많은 일자리 역시 나무와 관련되어 있을 수밖에 없었다. 당시 영국의 근로자들 대부분은 나무를 베거나 나무를 나르는 일을 했다.

그러다 보니 영국 정부에서는 너무 많은 나무가 벌목되는 일을 막기 위해서 '웬만하면 나무를 쓰지 말고 석탄을 쓰자'라고 호소하며 캠페인을 벌일 정도였다. 그런데 이렇게 석탄의 사용을 권장하다 보니 증기기관을 개량할 필요성이 더욱 대두됐다. 증기기관을 석탄으로 돌리기도 했지만, 석탄을 캐는 과정에서도 증기기관의 힘이 활용됐기 때문이다.

당시의 탄광에서는 사람이 석탄을 대량으로 캐기 위해 조금 더 깊이 들어가려 하면 자꾸 갱도로 물이 차고 흘러서 상당한 난관을 겪고 있었다. 물을 퍼내며 노동자들은 열심히 일했지만, 한계가 있었기에 증기기관을 활용해 물을 퍼낼 수밖에 없었다. 하지만 증기기관의 효율성이 썩 높지는 않았다. 그나마 사람이 하는 작업보다는 조금 더 낫기에 그냥 사용하는 상황이었다.

더 나아가 이렇게 캐낸 석탄을 용광로에서 철을 녹이는 데 사용하다 보니 또 문제가 있었다. 석탄이 타기는 잘 타지만, 계속해서 바람을 불어넣어야 했기 때문이다. 결국 이것도 처음에는 사람이 했지만, 증기기관을 사용해서 바람을 넣는 게 훨씬 효율적일 여지가 있었다.

하지만 여기에도 문제가 있었다. 증기기관의 성능이 뛰어나지 못하니 수증기가 자꾸 옆으로 새는 바람에 작업이 효율적으로 이루어지지 않았던 것이다. 결국 여기까지의 상황을 정리해 보면 다음과 같다.

- 나무가 너무 귀한 자원이라 석탄을 활용해야 했던 영국
- 탄광에서 석탄을 캐는 과정에서 사용된 증기기관(그러나 만족하지 못한 효율성)
- 용광로에서 석탄을 사용하는 과정에서 사용된 증기기관(역시 만족스럽지 않은 효율성)

비유하자면, 배가 고파서 음식을 먹긴 먹어야 하지만 영 입맛에도 맞지 않고 양도 충분하지 않은 그런 불만족스러운 상태라고 할 수 있다.

바로 이런 상황에서 등장한 인물이 제임스 와트였다. 그는 당시

기계를 고치는 기술자로 일하고 있었고, 증기기관의 이러한 비효율성에 대해서는 누구보다 잘 알고 있었다. 결국 그는 증기기관 개량 작업에 나섰다. 핵심은 증기가 새지 않도록 증기기관을 정밀하게 만드는 것이었는데, 마침 그때 개발된 대포를 정밀하게 만드는 기술에서 아이디어를 얻어 기존 증기기관이 가지고 있는 단점을 획기적으로 개선할 수 있었다. 그리고 사람들이 만족할 정도의 높은 효율성을 지닌 증기기관의 개량에 성공하게 됐다. 그로 인해 석탄을 캐는 양과 속도도 빨라졌고, 그렇게 캐낸 석탄을 용광로에서 활용할 때도 증기기관으로 송풍을 할 수 있게 됐다. 결국 제임스 와트가 개량한 증기기관 덕분에 영국의 석탄 생산량, 그리고 철강 생산량이 다른 나라에 비해 압도적으로 높아질 수 있었다.

■ 개량된 증기기관의 압도적인 효율성

중기기관의 성능 개선은 당시 최첨단 산업이라고 할 수 있었던 의류 산업에도 직접적인 영향을 미쳤다. 그때나 지금이나 의식주(衣食住)는 사람이 해결해야 할 가장 큰 문제였으며, 의류 산업은 바로 의(衣)에 해당한다.

물론 당시에도 옷은 사람이 손으로 만드는 수공업이었기 때문에 옷 한 벌 가격도 비쌌고, 또 만드는 것도 그리 쉽지 않았다. 목화에서 실을 뽑고, 이 실로 다시 천을 만들고, 그다음에야 재단할 수 있었기 때문이다. 더구나 이 과정에서는 수력 방적기가 활용됐다. 물을 이용해서 사람의 노동력을 대체하면 그나마 빠르게 옷을 만들 수 있었기 때문이다. 이름 그대로 '수력' 방적기였기 때문에 물을 빠르고 효율적으로 공급해야 했고, 그래서 당시 대부분의 의류 제조업체는 강이나 바다 근처에 위치하고 있었다.

그런데 제임스 와트가 개량한 증기기관이 석탄의 채취와 철의 제조에 매우 효과적이라는 이야기를 들은 의류업자들은 서둘러 수력 방적기가 아닌 증기를 활용한 방적기를 도입하게 됐고, 이때부터 의류 산업도 폭발적으로 성장하기 시작했다. 당시의 작업 효율이 어느 정도였는지를 살펴보면 다음과 같다.

> • 한 명의 직공이 면화 45kg에서 실을 뽑아내는 데 걸리는 시간: 5만 시간
> • 동일한 작업을 수력 방적기가 했을 때 걸리는 시간: 3,000시간
> • 동일한 작업을 증기기관이 했을 때 걸리는 시간: 300시간

결국 영국에서의 의류 산업은 다른 나라에 비해 압도적인 원가 경쟁력을 가질 수 있었다. 그 결과, 영국은 당시 최첨단 산업이었던 의류 산업 분야에서 최강자의 자리에 오르면서 세계적인 강국으로의 발판을 마련할 수 있었다. 이를 통해 천재적인 기술자가 만들어 낸 기술이 한 국가를 얼마나 잘살 수 있게 만드는지를 알 수 있다.

그런데 이 이야기는 제임스 와트에서 끝나지 않는다. 바로 영국 산업혁명에 기여한 또 한 명의 대단한 인물이 있었기 때문이다. 그

는 바로 2019년 이전까지만 해도 영국의 고액권인 50파운드 지폐
뒷면의 주인공으로 제임스 와트와 함께했던 매튜 볼턴이다.

그림 23. 영국 50파운드 구권, 매튜 볼턴(좌)과 제임스 와트(우)

2019년 7월에 이 주인공이 영국의 천재 수학자인 앨런 튜링으로
바뀌었지만, 여전히 매튜 볼턴은 영국 역사에서 큰 기여를 한 인물
로 평가받고 있다.

그림 24. 영국 50파운드화 새로운 주인공, 영국의 컴퓨터 과학자이자 수학자인 앨런 튜링
(사진: 영국중앙은행)

제임스 와트가 기술밖에 모르는 천재였다면, 매튜 볼턴은 기술 말고는 모든 것을 다 잘하는 동업자였다고 보면 된다. 그가 했던 최고의 일은 바로 거의 끝나가던 제임스 와트의 특허 기간을 연장해 줌으로써, 산업혁명의 도화선에 불을 붙였다는 점이다.

당시 제임스 와트는 개량에 완전히 성공한 보급형 증기기관을 만들어 내기 전에도 몇 가지 증기기관과 관련된 특허를 가지고 있었다. 하지만 그저 특허일 뿐, 아직 개량 작업이 끝나지 않았고 상업화되지도 않았다.

제임스 와트는 매일 연구와 실험을 거듭하면서 성공을 위해 열심히 노력했지만, 이 특허기간이 점점 끝나가고 있었던 것이다. 만약 특허기간이 끝나면 이제까지 제임스 와트가 특허를 냈던 기술들이 풀리게 되고, 그러면 사실 제임스 와트로서는 무척 힘이 빠지는 상황이 될 것이었다. 설사 개량에 성공하더라도 예상했던 만큼의 큰 돈을 벌 수 없게 되므로, 역시 끝까지 개량 작업을 할 의미가 없어지기 때문이다. 만약 그때 제임스 와트가 계속되는 연구를 포기했다면, 이후 영국의 산업 발전에도 큰 차질이 빚어졌을 것이라고 생각할 수 있다.

그런데 바로 이때 나선 사람이 매튜 볼턴이었다. 막대한 자산가였던 그는 매일 같이 영국 의회에 드나들면서 의원들에게 부탁도 하고 로비도 하면서 제임스 와트의 특허기간을 연장하는 데 성공했다. 만약 그의 이런 역할이 없었다면 제임스 와트 역시 증기기관의 개량에 도전하지 못했을 것이고, 그 결과 산업혁명은 영국이 아닌 또 다른 나라에서 시작되었을 수도 있다. 결국 매튜 볼턴에 의한 특허 연장은 '영국 산업혁명의 숨은 주역'이라고 할 수 있다.

따라서 우리는 여기에서도 잘사는 나라의 비결 하나를 뽑아낼 수 있다. 그것은 바로 기술자들이 돈을 벌 수 있도록 해 주는 특허 제도, 그리고 필요에 따라 이 제도를 유연하게 바꿔 주는 영국 의회의 개방성이다. 즉 기술과 제도의 뒷받침이 든든한 동력이 되어서 잘사는 나라를 만들게 된다는 이야기다.

■ 이자가 만들어 낸 잘사는 나라의 비결

영국의 사례에서 찾아볼 수 있는 또 하나의 비결은 바로 '이자율'이라는 것에 있다. 나라가 잘사는 것과 이자율이 어떤 관계인지 선뜻 이해되지 않을 수도 있지만, 나라가 경제적으로 부유해지려면 금융이 발전해야 한다. 금융의 본질은 마치 축구에서 패스와 같은 것이어서 돈을 좀 더 효율적으로 사용할 수 있는 경제주체들에게 적시에 돈을 공급해 주는 것이다. 이자율이 존재한다는 것은 그런 금융 활동이 존재한다는 말과 같고, 이자율이 낮다는 건 그런 금융 활동이 낮은 비용으로 이뤄지고 있다는 의미가 된다. 그래서 이자율이 안정적인 나라는 금융이 발전한 나라이고, 그것이 잘사는 나라가 되는 기반이 되는 것이다.

우선 이자에 관한 짧은 역사를 살펴보는 것으로 시작해 보자. 기원전 18세기경에 쓰인 『함무라비 법전(Hammurabi's Code)』은 세계에서 가장 오래된 성문법으로 당시 메소포타미아 지역에서의 법과 정의의 실현을 위한 규범으로 사용되었다. 여기에 최초의 이자율에 대한 언급이 있다.

당시 보리를 빌려주고 1년 후에 갚을 때는 33%의 이자율이 적용되고, 마찬가지로 1년간 은을 빌렸다가 되갚을 때는 20% 정도의 이자율이 적용되었다. 지금의 시각으로 보면 당시의 이자율은 상당히 높다고 볼 수 있다. 그런데 바로 이렇게 높은 이자율에서 한 가지 유추할 수 있는 것이 있다. 그것은 누군가가 은을 비롯해 재화 등을 빌려서 그것으로 사업을 벌이기는 쉽지 않았을 것이라는 점이다. 그저 생계를 유지하기 위해서 급전을 빌리는 수준이지, 그렇게나 높은 이자율을 감당하면서 실패할 위험성이 있는 사업을 하기는 쉽지 않다. 그렇다면 이렇게 이자가 높은 이유는 무엇이었을까? 그것은 바로 사회의 시스템과 채무에 대한 인식 때문이었고, 이는 '문명화의 정도'라고 생각해 볼 수 있다.

예를 들어 당시 20%의 높은 이자율에 대해 한번 생각해 보자. 당시에 이렇게 이자율이 높았던 것에는 다 이유가 있었을 것이다. 왜냐하면 누군가가 괜한 욕심으로 20%의 이자율을 요구했다면, 또 다른 사람은 "우리는 15%에 해 드릴 테니 제 은을 쓰세요"라고 할 수 있기 때문이다.

하지만 그렇지 않고 이자율이 20%로 정해졌다는 것은 은을 빌려주는 입장에서도 일정한 리스크를 감당해야 했기 때문이다. 가장 대표적인 것은 사람들이 연락을 끊고 돈을 갚지 않고 도망가거나, 혹은 도저히 돈을 벌 수 있는 일이 많지 않아 갚고 싶어도 갚을 수 없는 그런 상황이 있었기 때문이다. 따라서 은을 빌려주는 입장에서도 최소 20%는 되어야 자신도 어느 정도 이익이 보장받을 수 있다는 인식을 공유했을 가능성이 매우 크다.

그리고 돈을 갚지 않고 도망가도 추적하기 힘든 사회, 그리고 돈을 갚고 싶어도 갚지 못하는 사회는 곧 사회의 시스템이 확립되지 못한 사회라는 뜻이고, 경제도 발전하기 어렵다. 그래서 경제가 잘 돌아가면 이자율이 낮고, 반대로 살기 힘들고 제조도 엉망이었던 시대에는 이자율이 매우 높았다. 또 경제가 잘 돌아가서 이자율이 낮으면 돈을 쉽게 빌릴 수 있으므로, 그 돈으로 투자도 하고 일자리도 만들면서 경제는 더욱 발전할 수 있다.

노벨 경제학상을 받은 더글라스 노스(Douglass North) 교수는 영국이 세계에서 가장 잘살 수 있는 나라가 되었던 또 하나의 이유를 전쟁 비용을 손쉽게 조달할 수 있었기 때문이라고 설명한다. 사실 전쟁이라는 것도 결국은 돈이 좌우하게 마련이다. 다른 나라에서 용병을 데려올 때도 돈이 필요하고, 무기를 만들 때도 돈이 필요하다. 그러니 돈 많은 나라가 결국 계속해서 전쟁에서 승리할 수 있었고, 당시 영군 군대 역시 막강한 돈을 기반으로 끊임없는 연전연승의 행렬을 이어가면서 식민지를 개척해 나갈 수 있었다. 그런데 이렇게 영국이 전쟁 자금을 잘 조달할 수 있었던 것은 1688년에 있었던 명예혁명과 관련이 깊다.

물론 과거에도 여러 나라의 왕들은 부자들에게 돈을 빌려서 전쟁을 치렀다. 그런데 부자들의 입장에서 보니 이게 자신들에게 상당히 불리한 일이었다. 설사 왕에게 막대한 자금을 빌려주어 전쟁을 치렀다고 하더라도, 전쟁에 지면 돈을 못 받을 가능성이 있었다. 설사 전쟁에서 이겼다고 하더라도 왕이 이런저런 핑계를 대면서 돈을 갚지 않을 수도 있었다. 그렇다고 왕에게 따지기도 힘들고 돈을 갚지 않았다고 왕을 감옥에 넣을 수도 없는 노릇이다. 결국 부자들은 왕이 돈을 빌려 달라고 하면 돈이 없다고 하거나 '그냥 이자라도 비싸게 부르자'라는 생각에 높은 이자로 빌려주기도 했다. 즉 이렇듯 돈을 구하기가 매우 힘든 상황, 그리고 돈을 빌리더라도 이자율이 매우 높은 상황에서 한 나라는 전쟁을 수행하기 쉽지 않다.

과거 영국도 비슷한 상황이었지만, 당시 영국에서는 명예혁명이라는 커다란 사건이 좀 다른 환경을 만들었다. 부자와 귀족들이 모인 영국 의회가 왕에게 저항했던 것이다. 왕이 걸핏하면 돈을 빌려가서 원금도 갚지 않고 이자도 주지 않고, 세금도 마음대로 올리니까 한마디로 '못살겠다, 갈아 보자'라는 심정으로 왕을 바꾸었다. 그리고 왕에게 앞으로 빌린 돈을 제대로 갚고, 세금도 마음대로 올리지 못하게 하는 문서에 서명하게 한 것이다. 왕이 의회에 굴복하게 되자 그 뒤로 부자들은 안전하게 왕에게 돈을 빌려주었고, 왕이 돈을 잘 갚기 시작하자 부자들은 앞 다투어 "제 돈 좀 빌려가 주세

요" 하는 상황이 만들어졌다. 그러니 이자율은 자연스럽게 낮아졌
고, 왕은 이 돈으로 전쟁을 수행하면서 식민지를 늘리고 부자 나라
로 나아갈 수 있었다.

영국의 사례를 통해서 살펴본 부자 나라의 조건은 몇 가지로 요
약된다. 그 나라의 환경과 그것을 극복하는 기술력, 그런 변화를 가
능하게 만드는 제도와 금융의 발전이 그것이다.

불편한 환경의
극복 과정에서 이뤄지는 성취

산업혁명이 왜 영국에서 발생했는가 하는 의문은 오랜 기간 수많은 학자의

호기심을 자극하는 연구과제였다. 산업혁명의 모티브를 제공한 증기기관

이 기술적으로 매우 난이도가 높아서 영국이 아닌 나라들에서는 흉내조차

내기 어려운 혁신적인 장치가 아니었기 때문이다.

영국뿐 아니라 꽤 많은 나라에서 초기 단계의 증기기관은 다들 사용하고

있었음에도 그 증기기관의 개량이 왜 하필 영국에서만 현실화됐는가 하는

점은 흥미로운 연구 과제가 아닐 수 없다.

이 질문에 대한 답은 다양하지만 영국이 가진 불편한 환경을 극복하기 위

한 노력의 결과물이 만들어 낸 우연과 필연의 복잡한 산물이라는 설명이

꽤 설득력을 가진다.

산업혁명 당시 영국이 다른 나라들과 다른 점은 인건비가 상대적으로 비쌌

다는 점이었다. 반대로 석탄은 풍부했다. 당시 사업을 했던 지주와 귀족들은 어떻게 하면 인건비를 줄이고, 값싼 석탄을 더 잘 활용할 수 있을지가 머릿속을 떠나지 않는 고민이었다.

그런 그들에게 증기기관은 반드시 성공해야 할 장치였고, 그런 절실함의 정도는 다른 어느 나라에서보다 영국에서 더 강했다.

부자 나라의 비밀, 결국 다시 사람으로…

　이제까지 세계 여러 나라의 사례를 통해 잘사는 나라의 비결에 대해 알아보았다. 어떻게 보면 기막힌 우연의 연속인 것 같기도 하고, 또 한편으로는 치밀한 노력의 결과라고 볼 수도 있다. 좀 더 정확하게는 '우연과 행운, 노력의 절묘하고 기막힌 조화'라고 할 수 있다. 그렇다면 이제 현대적인 경제 이론에 근거해서 '잘사는 나라'에 대한 이야기를 마무리해 볼까 한다.

■ 발전이 멈추고 성장에 한계가 있을 때

잘사는 나라가 되는 것은 그렇게 어렵지 않다. 한마디로 '돈 되는 상품'을 잘 만들어 내면 된다. 이런 제품을 많이 팔면 그것이 경제 성장이고, 부자가 되는 길이다.

생각해 보면 우리가 알고 있는 모든 부자 나라는 바로 이 '돈 되는 상품'을 잘 만들어 왔다. 미국의 아이폰, 일본의 워크맨, 프랑스의 명품, 스위스의 관광과 시계, 그리고 한국의 반도체…. 뭔가를 끝내 주게 만들고 멋지게 판다면, 그것이 부자가 되는 길의 전부라고 해도 과언이 아니다. 그래서 GDP가 올라가는 비결도 사실은 매우 간단하다. GDP란 해당 국가의 국민들이 1년 동안 만들어 낸 '돈 되는 상품'들의 총합이다. 그런데 경제학에서 이 GDP를 올리는 방법에 대해 이렇게 설명하고 있다.

- 풍부한 자본
- 지속적인 설비투자
- 우수한 노동력

좀 더 쉽게 요리에 비유해 보면 다음과 같다.

- 풍부한 자본 → 맛있는 천연의 식재료
- 지속적인 설비투자 → 빠르고 많은 요리를 할 수 있는 좋은 주방도구
- 우수한 노동력 → 요리사의 능력

이러한 삼박자가 잘 갖춰진 식당이라면 당연히 음식이 맛있을 것이며, 그러면 사람들이 많이 자주 찾아오게 되고, 결국 식당은 큰돈을 벌게 된다.

사실 우리나라도 바로 이런 과정을 겪었다. 한국전쟁 직후 아무것도 없던 허허벌판에서 외국 돈을 빌려와서 그 돈으로 공장을 짓고, 설비를 사 와서 설치하고, 직원들을 뽑았다. 그리고 운동화도 만들고, 와이셔츠도 만들고, TV와 자동차를 만들어 오늘에 이른 것이다. 사실 어떻게 보면 지극히 단순한 원리지만, 이것은 생각보다 쉽게 되지 않는다는 것이 참 신기한 일이기도 하다. 모두 이러한 과정을 거쳐서 잘사는 나라가 된다면 경제 발전을 하지 못하는 나라는 존재하지 않을 것이기 때문이다.

경제 발전은 자본과 설비, 노동을 투입하기만 하면 되는 간단한 과정으로 보이지만, 자본과 설비는 일정한 시간이 흐르면 반드시 한계에 도달한다. 다시 요리에 비유해 보자.

처음에 돈을 조금씩 버는 재미에 푹 빠졌던 식당 주인은 이제 돈을 더 벌고 싶어진다. 그래서 식당도 넓히고, 식재료도 더 많이 사오고, 냄비와 프라이팬도 더 좋고 큰 것으로 산다. 그러면 더 많은 사람이 오게 되고, 심지어 모든 동네 주민이 하루 삼시세끼를 모두 이 식당에서 먹을 수도 있다. 그런데 문제는 바로 여기서부터다. 버는 돈을 더 늘릴 수 있는 방법이 한계에 봉착한다는 점이다. 이를 위해서는 옆 동네 사람도 와야 하고, 기왕이면 더 비싸게 팔아야 한다. 하지만 아직 옆 동네 사람들까지 부르기에는 음식 맛이 그렇게 좋지는 않고, 또 음식 가격을 갑자기 내일부터 올린다면 이제까지 오던 손님도 오지 않을 가능성도 있다. 이렇게 한계에 부딪히게 된다.

■ 사업할 의지와 인센티브

경제학에서는 이러한 상황을 '자본과 설비투자의 한계 효용'이라는 말로 설명한다. 아무리 돈을 더 투자하고 설비를 늘려도, 즉 냄비와 화구의 숫자를 늘려도 요리의 드라마틱한 발전이 일어나지 않는다는 이야기다. 오히려 정반대의 문제가 생길 수도 있다. 너무 늘리고 넓혀서 생산량이 많아지면 재고가 쌓이게 된다. 한마디로 '과잉 투자'가 발생하게 된다. 요즘 중국이 겪고 있는 '중진국의 함정'이라는 것도 일부 이런 문제가 발생했기 때문이다.

하지만 이제 남은 것이 딱 하나 있다. 바로 요리사다. 똑같은 식당, 똑같은 설비, 똑같은 식재료라고 해도 요리사의 능력에 따라서 더 맛있는 요리를 개발할 수 있다. 그러면 이제 옆 동네의 사람들까지 올 수 있고, 기존에 팔지 않던 새로운 메뉴를 개발했으니 얼마든지 더 비싸게 팔 수 있다. 결국 경제 성장의 요인은 매우 다양하다고 말하지만, 최종적으로는 인적 자원이 모든 것을 결정한다. 투입하면 할수록 계속해서 효율이 올라갈 수 있는 유일한 자원이 바로 인적 자원이기 때문이다.

경제 성장에서 또 하나 중요한 것은 바로 '인센티브 제도'다. 사람들로 하여금 생각할 수 있게 하고, 행동에 돌입할 수 있도록 만들어 주기 때문이다. 사실 사람은 누구나 남에게 고용되었을 때보다는 자기 사업을 할 때 더 열심히 일한다. 따라서 자기 사업을 할 수 있도록 투자할 수 있는 환경을 만들어 주고, 인센티브를 부여하면 나라의 경제도 전반적으로 발전하게 된다. 반대로 자신의 사업을 하는 것을 싫어하고, 또 할 수 없는 환경이 제시되면 노동 효율도 떨어지고 잘사는 나라에서 멀어지게 된다.

그러면 이제까지 살펴보았던 '잘사는 나라의 비결'에 대해서 마지막으로 다시 한번 정리해 보도록 하자. 앞의 ①, ②, ③은 잘사는 비결인 것처럼 생각되지만 실제로는 그렇지 않은 것들이다.

잘사는 나라를 만드는 여러 요인 중에서는 역시 가장 중요한 것은 바로 '근로자의 능력'이라는 인적 자원이라고 보는 것이 타당하다.

<잘사는 나라의 비결>
① 천연자원 X → 사우디, 아랍에미리트, 콩고
② 문화, 국민성 X → 중국
③ 과거 식민지 보유 X → 노르웨이, 룩셈부르크, 스위스
④ 산업의 확대 ○ → 멕시코 VS 미국, 한국
⑤ 근로자의 능력 ○ → 미국, 한국
⑥ 주변국의 상황 ○ → 한국과 중국
⑦ 기술의 발전 ○ → 컨테이너, 증기기관
⑧ 제도적 뒷받침 ○ → 영국
⑨ 금융의 발전 ○ → 영국

우리는 여기에서 인생의 소중한 경험 하나를 얻을 수 있다. 내가 가진 환경, 돈도 물론 내가 앞으로 잘살 수 있는 훌륭한 도약대가 될 수 있다. 그러나 뭐니 뭐니 해도 이제까지 말했던 노동자의 품질, 즉 나 자신의 능력이 제일 중요할 수밖에 없다는 점이다. 내가 가진 지식과 정보, 더 잘살고 싶은 간절한 마음, 그리고 성실과 근면이라는 '나의 품질'이 종국에는 '부자인 나'를 만들게 된다는 이야기다.

대한민국은 경제 발전을
지속할 수 있을까?

이 장에서 우리나라의 경제 발전 과정과 함께 잘사는 나라들은 어떻게 잘 살게 됐는지를 살펴본 이유는 우리에게 아주 중요한 질문인 '우리나라의 미래는 어떨 것인지'를 생각해 보기 위해서다. 우리나라가 경제를 발전시켜 온 원동력이 무엇인지 살펴보고, 미래에도 경제 발전이 계속 이어질지를 확인하면 그 질문에 답하기가 쉬워질 것이기 때문이다.

우리나라의 경제 발전 과정에서 알게 된 첫 번째 사실은 우리나라가 의외로 운이 참 좋은 나라였다는 것이다. 우리의 노력도 적지 않았지만 아무것도 존재하지 않던 후진국 중에서도 뒤에 있던 나라가 수십 년 만에 선진국이 되는 인류 역사상 유례가 없는 그 과정은 노력만으로는 가능하지 않았다고 보는 게 합리적일 것이다. 실제로 미국은 소련과 경쟁해야 하는 냉전 질서 속에서 지금이라면 상상하지 못할 지원을 한반도 남쪽에 퍼부었다. 그리고 미국과 일본이 경제 개발 초기에 한국에 쏟아부은 거액의 달러는 그 명분이 식민지 배상금이든 참전 수당이든 앞으로 한국과 비슷한 후발 개발도상국은 경험하기 어려울 행운임이 분명하다. 거기에 중국과 소련의 지원을 받은 북한이 우리와 비슷한 수준의 경제 발전 속도를 보이면서 한반도 남쪽의 정부는 중진국 함정에 빠질 겨를 없이 계속 기업들을 다그쳐 성장하도록 만들었다. 정통성이 없는 군사정권이 국민들의 민심을 얻기 위해 더욱 경제 발전에 힘을 쏟을 수밖에 없었던 점도 경제의 측면에서 보면 운이 좋았던 장면 중 하나다.

미국과 중국의 화해 무드 속에서 중국이 생산하고 미국이 소비하는 글로벌 분업 구조를 만든 것도 한국의 입장에서는 매우 유리한 상황이다. 중국이 부상하기 전에는 중국이 담당하던 저가 상품 생산을 한국이 맡으면서 한 단계 점프했고, 중국이 부상한 후로는 중국이 생산하는 제품을 위한 설비와 소재, 부품을 한국이 생산하면서 두 번째 점프를 했다. 한반도를 둘러싼 4대 강국이 적어도 경제에 관한 한 대한민국에 도움을 주면 줬지 거의 해를 끼치지 않았던 것이 우리의 지난 50년이었다.

그러나 이런 행운은 중국과 미국의 대립이 심화되고, 일본이 다시 우리의 경쟁국이 되면서 계속 이어지기 어려운 상황이 되고 있다. 우리나라의 미래가 과거처럼 순풍을 타기는 어려울 것이라는 예상이 나올 만한 지점이다.

우리나라의 경제 발전 과정을 관찰하면서 확인하게 된 두 번째 사실은 우리나라는 수출이 경제의 상당 부분을 좌우한다는 것이다. 그것은 과거에도 그랬고 지금도 그렇다. 그리고 앞으로 우리나라의 미래가 어떨지를 예상하려면 '수출이 잘될 수 있을까?'라고 질문을 단순화해 보면 된다. 그러므로 우리나라의 미래를 예측하면서 고령화, 저출산, 인구 감소가 '정해진 미래'인 것처럼 받아들이는 미래 전망은 틀릴 수 있는 것이다. 우리가 지금까지 경제를 성장시켜 온 가장 큰 원동력이 '건강한 인구 구조 덕분'이라고 단정할 수 없다면(비슷한 인구 구조를 가진 다른 나라들도 많다) 결국 미래 예측은 인구 변화 그 자체보다 지금까지 우리 경제를 이끌어 온 수출 경쟁력이 여전히 유효한지를 살펴야 하지 않을까?

인구 구조가 고령화되면 근로자들의 생산성도 떨어질 가능성이 크니 그 자체가 수출에 유리한 조건은 아닐 것이다. 그러나 수출은 결국 제품의 경쟁력이 결정하는 것이지, 그 제품을 만드는 근로자의 숫자나 그 근로자의 평균 연령으로 결정되는 것이 아니다. 고령화나 인구 감소에도 불구하고 공장 자동화 등을 통해 한국 제품은 계속 수출이 잘될 수도 있고, 그렇다면 우리나라의 미래는 전혀 다른 시나리오가 펼쳐질 것이다.

이 포인트는 앞으로 우리나라가 인구 감소 시대를 경험하게 될 때 개인들은 어떤 선택을 해야 하는지도 함께 짚어 준다. 인구가 감소하면 내수 시장이 성장하지 못하는 것은 자명하므로 기업은 '수출'을 중심으로 성장해 나가야 한다. 우리가 기업을 바라보는 잣대도 이제는 '이 회사가 해외 사업을 어느 정도로 하고 있는지, 해외에서 매출과 이익이 얼마나 나오고 있는지'를 살펴서 투자하고 입사해야 한다.

PART 8

게임의 본질과
선택의 역설:
더 현명한 인생을 위해

마지막으로 '인생의 선택'에 관한 이야기를 하려고 한다. 우리는 매일매일 여러 가지 선택을 하면서 살아가고, 그 선택의 결과가 우리의 삶을 만든다. 우리의 인생은 우리가 선택한 것들의 총합이므로 좋은 선택을 한다는 건 좋은 인생을 산다는 것과 동의어다. 생각해 보면 우리가 살면서 별 쓸모가 없을 것 같은 수학이나 과학을 배우는 이유도 그 학문을 배우는 과정에서 길러지는 합리적인 사고력이 우리가 중요한 선택을 해야 할 때 요긴하게 발휘되기 때문이다. 우리가 운동을 열심히 하고 잠을 푹 자며 몸에 좋은 음식을 골라먹어야 하는 이유도 몸이 건강해지기 위해서가 아니라 그런 건강한 몸이어야 좋은 선택을 할 수 있기 때문이다.

그런데 우리는 종종 나쁜 선택을 한다. 인간의 본능 때문에 또는 편견이나 불안감 때문에 잘못된 선택을 하는 경우가 많다. 굳이 고민하지 않아도 될 지점에서 오래 고민하고, 정작 고민해야 하는 자리에서는 무심코 선택해 버린다. 우리는 왜 잘못된 선택을 하고, 잘못된 생각을 할까? 그것을 피하려면 어떻게 해야 할까? 그것을 이해하면 우리의 삶도, 우리의 투자도 좀 더 나아지지 않을까? 이 장에서는 바로 이 고민에 초점을 맞춰 보자.

거래라는 게임,
여기에 적용되는 의외의 법칙

　인생은 결국 수많은 게임의 집합체라고 해도 과언이 아니다. 공부로 승부를 보는 게임이기도 하고, 사랑을 놓고 줄다리기 하는 게임이기도 하며, 누가 돈을 많이 버는지 겨루는 게임이기도 하다. 그리고 그 과정에서 우리는 특정한 선택을 하게 되고, 그 선택에 따른 결과를 받아들이게 된다. 그런데 이때 가장 저질러서는 안 되는 실수 하나가 있다. 바로 게임의 본질을 모르거나 잊어버린 채 선택하는 것이다.

　인생이라는 게임의 본질은 무엇일까? 여러 대답이 있을 수 있겠지만 대체로는 '행복'에 맞춰질 것이다. 하지만 자칫 그 본질을 이뤄 주는 수단에 불과한 돈에만 올인하는 경우가 있다. 그러면 사람과 사람 사이가 나빠지고, 법적인 문제에 휘말리게 되면서 결국에는 후회할 일이 꽤 많이 생기게 된다. 물론 대다수의 사람은 자신이 하고자 하는 행위의 본질을 잘 알고 있다. 하지만 때로는 그에 따른 선택이 아닌 전혀 엉뚱한 선택을 하곤 한다. 도대체 왜 이런 일이 발생하는 것일까?

■ 노점상의 높은 가격에 대한 괘씸함

돈과 상품을 서로 주고받는 행위도 하나의 게임이다. 내가 가진 필요성과 타인이 제시한 가격 사이에 어떤 선택을 하느냐의 문제이기 때문이다. 사실 그런데 이 게임은 그리 어려운 게임이 아니다. 제시된 가격을 합리적이라고 생각하면 받아들이면 되고, 그렇지 않으면 받아들이지 않으면 그만이다. 그런데 이 간단한 게임에서조차도 우리는 때로 어리석은 선택을 하게 된다.

행동경제학자 리처드 탈러(Richard Thaler)가 사람의 구매 행위에 대한 심리를 설명하는 유명한 사례가 있다. 더운 여름, 해변에서 놀고 있는 4명의 친구가 있다. 뜨거운 태양과 해변에서의 놀이로 인해 갈증이 났고, 그들은 시원한 맥주가 마시고 싶다는 생각이 간절했다. 그런데 그때 한 친구가 자신이 호텔 꼭대기에 있는 루프탑 카페를 알고 있으니, 거기 전화를 걸어 맥주를 좀 배달하는 것이 어떻겠냐고 제안했다. 하지만 또 한 친구는 아무래도 호텔 루프탑이니 가격이 비싸지 않겠냐고 걱정했다. 그러자 또 한 명의 친구가 제안했다.

"그러면 각자 맥주 한 병이 어느 정도 가격이면 적당한지 말해봐. 그 가격을 들어본 후에 호텔에 전화해서 가격이 얼마인지 한번 물어보자. 우리가 생각했던 것보다 가격이 비싸면 안 시키고, 싸면 시키면 되지 않을까?"

나름 괜찮은 아이디어라고 생각돼서 친구들이 생각하는 '적당한 맥주 가격'의 평균을 구해 보니 병당 8달러였다. 호텔에 전화해서 맥주 가격을 물어보니 다행히 7달러였고, 4명의 친구들은 맥주를 주문해서 시원하게 마셨다. 더운 여름에 시원한 맥주를 해변에서 마실 수 있다는 건 8달러의 가치를 갖는 것인데, 그것을 7달러에 팔고 있으니 당연히 구매하는 게 합리적이다.

그 4명의 친구들은 다음 날에도 같은 해변에 가서 신나게 놀다가 맥주 생각이 났다. 호텔에 전화를 걸어 보니 그날은 호텔 루프탑 카페가 쉬는 날이었다. 맥주를 마실 수 없다는 사실에 실망하던 차에 한 친구가 호텔 앞 노점상에서도 맥주를 파는데 배달도 해 주는 것 같으니 거기에 전화를 걸어 보자고 했다. 다행히 노점상은 문을 열었는데 노점상이 제시한 맥주 가격은 한 병에 5달러였다.

"원래 가격이 4달러인데, 너무 비싸게 팔잖아. 호텔도 아닌 주제에 너무 심한 거 아니야? 야, 먹지 말자."

그렇게 해서 친구들은 간절하게 맥주를 마시고 싶었지만, 노점상에게 바가지를 쓰기 싫어서 맥주를 포기해 버렸다.

그림 25. 호텔 루프탑 카페에서 파는 맥주나 노점상에서 파는 맥주는 완전히 동일한 브랜드, 동일한 맥주다. 그리고 시원한 맥주를 마시는 가치는 어제도 오늘도 동일하다. 생각한 가격보다 노점상의 맥주 가격이 비싸다고 생각해 맥주를 포기하는 것은 구매행위의 본질을 잊었기 때문이다.

　자, 이 결정은 과연 합리적인 것일까? 사실 루프탑 카페에서 파는 맥주나 노점상에서 파는 맥주나 완전히 동일한 브랜드, 동일한 맥주다. 그리고 더운 여름 해변에서 맥주를 시원하게 마시는 것의 가치는 어제도 오늘도 8달러로 동일하다. 그렇다면 노점상에서 파는 맥주도 그 가격이 8달러보다 저렴하다면 구매하는 것이 합리적이다. 그런데 왜 이 친구들은 이런 합리적인 선택을 하지 않았을까? 그것은 구매행위라는 게임의 본질을 잠시 잊었기 때문이다.

　친구들의 최종 목표는 '적당한 가격의 시원한 맥주로 갈증을 해소하는 일'이었다. 이것만 만족되면 아무런 문제가 생기지 않고, 그것을 위한 선택을 하면 된다. 호텔 루프탑 카페의 맥주든, 노점상의 맥주든 아무런 상관이 없다. 동일한 맥주이기 때문이다. 하지만 이 과정에서 갑자기 '노점상 주제에 왜 비싸게 팔아?'라는 마음이 생기면서 "야, 먹지 말자"라는 본질에 어긋난 선택을 하게 됐다. 결국 일종의 괘씸함이라는 감정이 합리적인 선택을 방해한 것이다.

■ 뷔페 음식에서 무엇을 먹어야 하나?

또 하나의 사례를 들어보자.

가끔 아이들을 데리고 뷔페 식당에 가면 화가 날 때가 있다. 기껏 비싼 입장료를 내고 들어갔는데, 아이들이 가져오는 음식들은 떡볶이, 김밥, 만두, 탄산음료…. 하나 같이 언제든 분식집에서 먹을 수 있는 음식이었기 때문이다. 아버지인 나는 배운 사람이니까 화를 내지 않고 아이들에게 차분하게 설명한다.

"얘들아, 아빠 이야기 좀 들어봐. 경제학에는 '기회비용'이라는 개념이 있어. 너희들이 지금 김밥을 먹잖아? 그럼 배가 불러서 저기 갈비를 먹을 수가 없겠지. 그러면 지금 먹는 이 김밥은 정말로 비싼 김밥이 되는 거야. 그러니까 김밥 때문에 못 먹는 갈비 가격이 이 김밥의 기회비용이 되는 거야. 여기 입장료가 얼만지 알지? 여기서 분식만 먹으면 돈이 너무 아깝다고. 그러니 분식은 그만 먹고 얼른 가서 갈비를 더 많이 가져와!"

그런데 아이들도 배운 집 자식의 자녀들인지 이렇게 대응한다.

"아빠, 경제학에는 매몰비용이라는 것이 있어. 여기 식당에 입장할 때 이미 낸 돈은 어차피 돌려받지 못하는 매몰비용이잖아. 그게 아까워서 지금 집밥이 먹고 싶은데 굳이 갈비를 가져다 먹으면 '에이, 나는 김밥 먹고 싶은데'라고 생각하게 되고, 기분이 별로라면 그게 더 잘못된 선택 아니야? 일단 돈 내고 들어왔으며 그다음부터는 지금 이 순간 내가 제일 먹고 싶은 것을 맛있게 골라 먹는 것이 최선의 선택인 거야."

자, 누구의 말이 맞을까. 사실 둘 다 맞을 수도 있다. 기회비용을 따지는 아빠의 말도, 매몰비용을 따지는 자녀의 말도 일면 타당하다. 그런데 여기에서도 생각해 볼 것은 '본질'이라는 것이다.

아빠가 자녀들을 데리고 뷔페 식당에 간 본질적인 목표가 '비싼 음식을 잔뜩 먹어서 식당 주인을 거덜 나게 하자'라는 것이었을까? 그렇지 않다. 좀 비싸더라도 이것저것 자신이 원하는 것을 선택해서 먹을 수 있는 자유, 그리고 그 시간을 통해서 가족이 더 화기애애해지는 일일 것이다. 결국 역시 게임의 본질을 생각한다면 자녀의 생각이 옳다고 볼 수 있다.

이번에는 제품을 판매하는 기업의 입장에서 한번 생각해 보자. 보통 기업은 '소비자들에게 정직하고 싸게 판다고 설득하면 고객이 합리적으로 느끼고 우리 회사 제품을 구매할 거야'라고 생각한다. 사실 어떻게 보면 지극히 상식적이다. 그런데 실제 거래라는 게임에는 또 다른 본질이 작동된다. 보다 정확하게는 고객의 입장에서는 '저렴한 제품을 산다'라는 합리성보다는 '나는 저렴한 제품을 선택했어'라는 안도감이 더욱 중요하다.

1850년대에 생긴 메이시스(Macy's) 백화점은 미국인들에게는 매우 친숙한 백화점 체인이다. 뉴욕 맨해튼에 있는 본점은 세계에서 가장 큰 백화점으로 알려져 있다. 그런데 이 백화점은 한때 잘못된 마케팅을 선택함으로써 꽤 큰 실수를 저질렀다.

그들은 신문 광고에 할인 쿠폰을 인쇄했고, 고객들이 그것을 가져오면 저렴하게 판매하는 행사를 했다. 초기에 적지 않은 인기를 끌었고, 지속적으로 행사를 하다 보니 고객들이 백화점을 찾을 때 거의 대부분 그 쿠폰을 가지고 왔다. 하지만 계속해서 할인해 주다 보면 수익이 줄어들 수 있기 때문에 애초에 10달러에 파는 제품의 가격을 일부러 11달러로 적어 놓고, 쿠폰을 가져오면 10달러에 팔기도 했다. 그런데 문제는 할인 쿠폰을 많이 사용하다 보니 '고급 백화점'이라는 이미지가 손상되는 것이었다. 고객이 계산할 때마다 주섬주섬 쿠폰을 찾는 모습은 경영진이 보기에 좋지 않았다. 그러다 보니 결국 쿠폰 행사는 처음에는 좋아 보였지만, 시간이 흐르면서 부작용이 있었다.

■ 고객을 설득하면 되지 않을까?

결국 경영진들은 용단을 내려서 고객들을 설득하기 시작했다.

"이제 쿠폰은 가져오지 않아도 됩니다. 가격을 일괄적으로 내려

그림 26. 매번 할인을 해 주다 보면 수익이 줄어들 수 있기 때문에 제품의 가격을 일부러 11달러로 적어 놓고, 쿠폰을 가져 오면 10달러에 팔았다. 백화점 경영진이 했던 실수는 무엇이었을까. 그들 역시 눈에 보이지 않는 '소비자 심리의 본질'을 몰랐기 때문이다.

서 쿠폰 없이도 저렴하게 살 수 있도록 하겠습니다."

그리고 가격표를 저렴한 가격으로 바꾸고 쿠폰도 모두 없앴다. 그러면 정말로 고객은 쿠폰을 들고 오지 않아도 되는 편리함에 만족할 수 있었을까? 사실 결과는 대실패였다. 손님은 급격하게 떨어졌고, 백화점 경영진은 그 사실에 매우 당황할 수밖에 없었다.

경영진이 했던 실수는 무엇이었을까? 그들은 눈에 보이지 않는 '소비자 심리의 본질'을 몰랐기 때문이다. 사실 소비자도 백화점 측에서 가격을 올리고, 쿠폰을 가지고 가면 정상 가격에 판매하고 있다는 사실을 전혀 몰랐을 리는 없다. 그 과정에서 소비자들은 '나는 저렴하게 샀어'라는 심리적인 만족감을 얻은 것이다. 그런데 쿠폰을 없애 버리는 순간, 자신이 저렴한 가격에 산 것인지 아닌지 불안감이 들게 된다. 따라서 결국 소비자들은 '정직한 가격에 팔겠습니다'와 같은 말보다는 차라리 정상 가격에 빨간색으로 ✕(엑스)를 치고, 그 옆에서 세일 가격을 적어 놓는 것을 훨씬 선호하게 된다.

지금도 수많은 판매점에서 봄맞이 세일, 감사 세일, 신학기 세일, 여름 대 바겐세일 등을 끊임없이 하고 있다. 하지만 사실 냉정하게 생각해 본다면 세일이라는 행사 자체가 참 번거로운 일이다. 굳이 세일한다는 광고와 홍보를 하고, 가격표를 새로 만들어 붙이는 일도 돈이 들어가게 된다. 그리고 이 돈 역시 고스란히 소비자에게 전가된다고 봐도 무방하다. 하지만 소비자 심리의 본질을 염두에 둔다면 '참 바보 같은 짓이지만 어쩔 수 없이 그렇게 해야 한다'라는 결론이 나온다. 백화점이라는 사업의 '본질'은 소비자들에게 합리적인 구매를 하도록 하는 것이 아니라, 소비자들이 합리적 구매를 했다고 느끼도록 하는 것이기 때문이다.

어떻게 보면 인생에서 해야 하는 선택이란, 매우 아이러니한 경우가 많다. 분명 내 생각이 맞고, 모두 내 생각이 맞다고 하지만 정작 거기에 따른 선택을 해서는 안 되기 때문이다. 그래서 이제 앞으로 우리는 무엇인가를 선택할 때 늘 '본질'이라는 것을 잊어서는 안 된다. 내 생각이 맞냐, 맞지 않냐는 사실 중요하지 않은 일일 수도 있다. 본질에 맞는 선택만이 내가 원하는 것을 얻을 수 있기 때문이다.

회사와의 소통에 적용되는 게임의 본질

거래뿐만 아니라 회사를 다니거나, 혹은 타인과 소통하는 과정에서도 게임의 본질을 대입해 볼 수 있다. 흔히 회사에 다니면서도 자꾸 불만이 생기곤 한다. '우리 회사는 다 좋은데 급여가 너무 적어'라든가, '회사 사장은 자기가 뭐든지 다 결정해. 내가 뭐 자기 노예야?'

이런 불만이 생기면 이때도 게임의 본질이라는 것을 생각해 봐야 한다.

'회사라는 것은 무엇일까? 직원들이 돈을 벌 수 있게 하려는 사명과 목적을 가지고 설립하는 것일까? 아니면 창업자 자신과 대주주가 돈을 많이 벌기 위해 설립하는 것일까?' 일차적으로는 당연히 후자일 수밖에 없다. 회사는 자신이 버는 돈보다는 직원에게 주는 인건비인 급여가 적으니까 그 차액으로 돈을 버는 것이다. 따라서 합리적인 틀 안에서라면 최대한 직원에게 주는 급여를 낮춰야만 한다. 이는 반대로 직원의 입장에서 회사에서 일하겠다는 선택은 '돈을 최대한 적게 주려는 게임'에 참여한 것이다. 애초에 이 게임의 목적은 직원에게 돈을 많이 주는 것이 아니기 때문이다.

따라서 '다 좋은데 급여가 적어'라는 불만은 본질적인 면에서 봤을 때는 온당한 것은 아니라고 볼 수 있다. 거기다가 '회사 사장은 뭐든지 자기가 결정해'라는 것도 마찬가지다. 사실 회사 사장은 애초부터 뭐든지 자기가 결정하기 위해서 회사를 차린 것이다. 그렇지 않다면 그 역시 창업하지 않고 다른 회사에서 직원으로 일했을 것이다.

물론 그렇다고 해서 '급여를 너무 짜게 주는 악덕 고용주 밑에서 일한다고 해도 불만을 가져서는 안 된다'라는 말을 하려는 것은 아니다. 자신이 회사를 다니기로 선택하는 그 게임의 본질을 잊어서는 안 된다는 말이다.

이러한 게임의 법칙은 일상의 소통 과정에서도 생기곤 한다. 남자들은 가끔 아내나 여자친구에게 "나를 얼마나 사랑해?"라는 질문을 받는다. 그럴 때 이렇게 대답한다면 어떨까?

"내가 가진 사랑의 총량을 100%라고 한다면, 지금 당신을 사랑하는 양은 30%이고, 나머지는 부모님이 될 거야. 뭐 오차 범위는 한 5% 내외가 되지 않을까? 그런데 이걸 유효 숫자 소수점 두 자리까지 한번 계산해 본다면… 30.25% 정도?"

'나를 얼마나 사랑해?'라는 질문의 본질은 '그냥 나를 사랑한다고 지금 당장 말해 줘'이다. 따라서 여기에 가장 합당한 대답은 '하늘만큼 땅만큼'이 되는 것이다. 사실 어떻게 사람이 다른 사람을 하늘만큼 땅만큼 사랑하겠는가. 그럼에도 불구하고 그 대답이 유용한 것은 바로 소통의 본질에 제대로 들어맞기 때문이다.

재테크에 내재한
게임의 법칙

이제 앞에서 살펴본 게임의 본질을 이제까지 우리가 이야기했던 재테크에 적용해 보자. 그러면 우리는 어떻게 좀 더 현명한 투자를 위한 선택을 할 수 있는지 알 수 있을 것이다. 우선 지적해야 할 점은 우리가 가진 편견이다. 주식이나 부동산에 투자할 때 '손실을 봐서는 안 된다'라고 생각한다. 그리고 돈을 넣은 후에는 가격이 빠르게 상승해야 한다고 생각한다.

또 하나의 편견은 '재테크를 할 때는 미래를 예측할 수 있어야 한다'라는 점이다. 그래야 넣을 때와 뺄 때를 알 수 있고, 성공적인 투자를 할 수 있기 때문이다. 하지만 이 두 가지 생각은 재테크의 본질과 충돌하는 것이다. 내가 산 가격이 항상 저점이어서 나는 투자를 시작한 후에는 손실을 보면 안 된다는 생각과 미래를 예측할 수 있다는 착각은 재테크를 늘 실패하게 만드는 주범이다.

■ 예상치 못했던 새로운 법칙

재테크에 내재한 다음 두 가지 게임의 본질이라고 기억해 두자.

> • 재테크는 돈이 물리는 게임이다.
> • 재테크는 미래를 예측하는 게임이 아니다.

일견 우리가 가지고 있는 상식과는 상반된 것이라고 할 수 있다. 그러면 첫 번째부터 살펴보자.

어떻게 보면 주식을 사는 순간부터 불안과 초조가 시작된다고 할 수 있다. 아무리 치밀하게 연구한 후에 주식을 샀다고 해도 '올라가야 할 텐데'에서 시작해, 하루 이틀이 지나서 '왜 안 오르지?'라는 의문을 품게 된다. 그리고 마이너스 10%가 되면 '아, 안 오르나 보다. 잘못 샀구나'라고 판단을 내린다. 그리고 다시 주식을 팔면서 손해를 입는다. 여기서 이야기하려는 것은 '마이너스가 되어도 팔지 마'라는 것이 아니다. 처음부터 주식을 할 때 내가 지금 어떤 게임의 본질 속에 들어가는지를 알아야 한다는 점이다.

내가 산 주식이 반드시 올라야 한다고 생각하는 것 자체가 이미 잘못된 생각이다. 주식시장이란, 마음씨 좋은 사람들이 투자자가 무조건 돈을 벌 수 있게 하도록 차려 놓은 잔칫상이 아니다. 수많은 사람이 참여해 돈을 벌고 잃는 과정이 벌어지는 전쟁터다. 그러니 '내가 산 주식은 내가 주식을 산 다음 날부터 올라야 해'라는 생각 자체가 주식이라는 게임의 본질을 전혀 모르는 셈이다.

그런 점에서 '주식은 무조건 물리는, 산 가격보다는 반드시 내려 갈 수밖에 없는 게임이다'라고 생각하고 참여해야 한다. 투자의 신 워런 버핏도 주식을 최저가에 사지는 못한다. 중요한 점은 '좋은 주식에 물렸냐, 나쁜 주식에 물렸냐'라는 점이다. 만약 좋은 주식이라면 마이너스 10%, 설사 마이너스 20%가 되어도 결국은 체력을 회복해서 꾸준히 우상향하기 마련이다.

특히 주식은 가격 변동성이 크기 때문에 이만하면 싸게 샀다는 생각이 들더라도 그 지점에서 더 아래로 내려갈 수도 있다. 애초부터 그럴 가능성이 있다고 생각하고 마음 편하게 접근해야 한다. 우리가 신경 써야 할 것은 '이 주식이 좋은 주식인가'이지, '이 지점이 정말 최저점인가'가 아니다. 그것은 알 수도 없고, 그것을 맞추려고 해서도 안 된다. 주식은 싸게 구입하는 게 정말 중요하지만, 최저점에서 사는 건 불가능하다. 그러므로 주식은 '돈이 안 물리는 게임'이 아니라 '좋은 주식에 돈이 물리는 게임'이라고 보면 된다.

이와 동시에 주식은 '미래를 예측하는 게임'이 아니라 '버티고 견디는 게임'이라는 사실을 알아야 한다. 장기적으로 주식이 오르는 것은 분명한 사실이기 때문에 누가 얼마나 잘 버티느냐가 결국 게임의 승패를 좌우하게 된다. 주식투자라는 게임의 '본질'은 꽤 장기적인 기간 동안 높은 수익을 거둘 수 있는 투자 대상을 찾는 과정이지, 어떤 주식의 최저점을 맞춰서 그 주식을 구매하는 것이 아니다. 그러니 우리는 우리가 선택한 주식이 꽤 장기적인 기간 동안 높은 수익을 거둘 수 있는 투자 대상인지를 늘 고민해야 할 뿐, 우리가 매수한 시점보다 얼마나 가격이 내렸는지 또는 올랐는지에 일희일비해서는 안 된다. 그것은 본질을 망각한 반응이기 때문이다. 이는 부동산도 마찬가지다. 일시적으로 오르락내리락 할 수는 있지만, 결국 완만하게 상승하기 때문에 부동산도 역시 버티고 견뎌야 승리할 수 있다.

■ 계좌를 열어 보지 않으면 얻게 되는 이득

그런데 이러한 게임의 법칙에 충실하기 위해서 해야 할 일이 있다. 바로 본업에 충실하는 것과 계좌를 자주 열어 보지 않는 것이다. 우선 본업에 충실해야 하는 이유는 잘 버티고 견디기 위해서다. 연봉도 오르고 일도 잘해 나가면 설사 갑자기 돈이 필요할 때도 저축한 금액으로 해결할 수 있기 때문에 투자금을 깨지 않아도 된다. 만약 그렇지 않으면 당장 현금화할 수 있는 투자금을 깨야 하기 때문에 장기간 오래 버티는 일은 매우 힘들게 된다.

계좌를 자주 열어서 확인하는 것도 매우 적극적으로 지양해야 할 일이다. 러닝머신에서 뛰고 있을 때 자꾸 시간을 들여다보면 어떨까? 시간이 빨리 갔으면 하는 마음이겠지만, 이럴 때 시간은 더욱 느리게 간다는 느낌이 들게 된다. 주식 계좌도 자꾸 열어 보면 부작용이 생긴다. 조금이라도 수익률이 내려가면 깜짝 놀라면서 '주식은 위험한 것이다'라는 관념이 강해진다.

경제학자들이 두 그룹으로 나누어 실험을 진행하였다. A 그룹은 1년에 8번만 계좌를 확인하게 하고, B 그룹은 연말에 한 번만 계좌를 확인하게 했다. 다음 해에 각 그룹에 자산의 몇 %를 주식에 투자할 것인지 설문한 결과, 연말에 한 번만 계좌를 확인한 그룹은 자산의 70%를 주식에 투자하겠다고 답했다. 반면, 1년에 8번 확인한 그룹은 수익률이 같았음에도 불구하고 41%만이 주식에 투자하겠다고 응답했다. 결국 계좌를 자주 열어 볼수록 주식투자에 대한 두

그림 27. 수익률은 같음에도 연말에 한 번만 계좌를 확인한 그룹은 자산의 70%를, 1년에 8번 확인한 그룹은 41%만이 주식에 투자하겠다고 응답했다. 결국 계좌를 자주 열어 볼수록 주식투자에 대한 두려움이 점점 더 증가한다.

려움이 점점 더 증가한다는 이야기다.

주식투자는 매 순간 매출을 보면 매우 불안정하게 움직이는 자산처럼 보이지만, 전체 지수를 길게 보면 안정적으로 우상향하는 자산이다. 너무 자주 주식을 들여다보면 불안감이 생기면서 주식의 본질을 오해하게 되어, 결국 자신에게 손해를 가져다주는 포트폴리오를 짜게 되는 결과를 초래하게 된다.

'닭고기'를 먹지 않는 개인적인 이유를 말해 보려고 한다. 그 이유는 어린 시절 집 앞에 닭을 잡아 파는 식당이 있었기 때문이다. 그 식당은 반으로 나뉘어 한쪽에서는 손님들이 식사를 하고, 다른 한쪽에서는 닭을 길렀다. 중간 공간에서는 닭을 잡아 털을 뽑고 끓여 손님에게 제공했다. 어린 시절 매일 아침 그 장면을 보는 것이 일상이었고, 그 경험이 이상한 감정을 남겨 닭고기를 먹지 못하게 되었다. 즉 부정적인 기억이 강하게 남아 있으면 그것이 현재와 미래의 행동에도 영향을 미친다는 점이다. 결국 닭 잡는 광경을 너무 자주 본 탓에 인생에서 아주 좋은 단백질 공급원인 닭고기 하나를 잃어버린 것이라고 볼 수 있다. 마찬가지로, 주식 계좌를 너무 자주 열어 본 후 생기는 두려움 때문에 장기적으로 훌륭한 투자 방법의 하나인 주식을 잃는 우를 범해서는 안 될 것이다.

동전을 던져서 하는 선택이
제일 현명한 이유

선택이라는 것은 참 쉬워 보이기도 하지만, 매우 어려운 일이기도 하다. 그것이 어려운 이유는 마치 수학처럼 우리가 머리로 이해하지 못하는 복잡함 때문이 아니다. 사실 대부분은 선택의 과정에서 생기는 우리의 마음과 관련이 있다. 사실 선택을 할 때 주어지는 선택지 자체는 그리 많지 않다. 간단하게는 'A냐, B냐'라는 것이고, '할 것인가, 말 것인가'일 뿐이다. 그러나 이 두 가지 중에서도 우리는 선택하지 못하는 경우가 허다하게 생긴다. 때로는 누가 봐도 A를 선택하는 것이 맞거나, 모두 '하라'고 다그치는 경우 선택하지 못하게 된다.

■ 인생에서 좋아하는 일을 꼭 찾아야 하나?

우리가 무엇인가를 선택할 때는 그로 인해 나에게 이익이 되는 일이 있기 때문이다. A보다는 B, 혹은 B보다는 A를 선택했을 때 나에게 주어지는 장점이나 이로움이 더 많기 때문에 선택하게 된다. 그런데 여기에는 하나의 역설이 존재한다. 계산을 잘해서 선택했다고 해서 나에게 반드시 도움이 되는 것은 아니며, 차라리 선택하지 않을 때 오히려 더 도움이 될 때도 있다는 점이다.

가끔 이런 말을 하는 청년들이 있다.

"선생님, 저는 아직 제가 좋아하는 일을 못 찾은 것 같습니다. 어떻게 하면 제가 좋아하는 일을 찾을 수 있을까요?"

'좋아하는 일을 찾는다'라는 말은 곧 미래에도 꾸준하게 할 수 있는 자신의 일을 선택한다는 의미이다. 특히 이러한 문제는 인생의 행복감을 좌우하는 매우 중요한 문제다. '나는 언제까지 내가 좋아하지도 않는 일을 해야 하지?'라는 생각이 들면 인생이 우울해지고, 삶은 무기력해지기 때문이다. 마치 기계처럼 텅 빈 영혼이 되어 매일매일 생활한다고 생각해 보자. 눈앞이 깜깜해질 것이다. 그래서 누구나 좋아하는 일을 찾고, 그것을 내 인생의 일로 선택하는 것은 무엇보다 중요한 일인 것처럼 생각이 들 수밖에 없다.

그런데 이런 질문을 한번 던져 보자.

"만약 정말 좋아하는 일을 찾았다고 해 보자. 그다음부터는 어떤 일이 벌어질까?"

예를 들어 빵을 한번 만들어 봤더니 정말 이 일이 마음에 들고 만족감이 들었다. 그러면 그다음부터 해야 할 일은 빵을 아주 잘 만드는 일이다. 내가 좋아하는 일임에도 불구하고 실제 결과물이 나쁘면 영 자존심이 만족하지 않는다. 그래서 친구도 만나지 않고 주말도 없이 미친 듯이 빵 만드는 일에 몰두하게 된다. 그래서 동네에서 제일 잘 나가는 빵집이 되었다고 해 보자. 그런데 빵집에 사람들이 많이 드나든다는 사실을 알고 근처에 또 하나의 빵집이 생긴다. 그러면 나는 또 더 열심히 해야겠다는 생각이 든다.

'내가 좋아해서 선택한 일이고, 일단 동네에서 제일 잘 나가는 빵집이 되었는데 여기서 질 수는 없지!'

그때부터는 내가 좋아하는 일이 나를 피곤하게 만든다. 피곤한데도 그것을 이기면서 일하게 되고, 눈이 벌겋게 충혈되어도 퇴근할 줄을 모른다. 애인에게 신경 쓰지도 못하고, 자녀가 있다면 양육에도 관심을 덜 기울이게 된다. 그러면 애인과 헤어질 수도 있고, 배우자에게 타박을 받으면서 부부싸움이 잦아질 수도 있다. 결국 나는 좋아하는 일을 찾고 만족했지만, 그것이 내 인생을 오히려 피곤하고 힘들게 할 수도 있다.

여기에서 하고자 하는 말은 '좋아하는 일을 찾으면 불행해진다'라는 것이 아니다. 좋아하는 일을 찾고 그것을 선택하게 되면 꽤 많은 것을 희생하게 될 수 있으므로, 설사 지금 좋아하는 일이 없더라도 불행하게 생각하지 않아도 된다는 의미이다. '그래, 아직 좋아하는 일을 못 찾았지만, 그래서 불행한 것은 아니야', '어쩌면 지금이 내 인생의 진짜 황금기일 수도 있어!'라고 생각할 수도 있다는 이야기다. 그리고 '최종적으로 선택하지 않는 것도 선택이다'라는 의미이다.

■ 최소한 49의 가치는 반드시 있다

판단에 관한 두 번째 역설은 '두 가지 중에 도저히 선택하기 쉽지 않아서 막상막하라면, 아무거나 선택하라'가 정답이라는 이야기다. 우리는 보통 '아무거나 선택하라'고 하면 왠지 무책임해 보이고 성의 없어 보일 수 있다. 하지만 경제학적 관점으로 봤을 때 '아무거나 선택하라'는 꽤 지혜로운 방법이다.

얼마 전 딸이 부탁을 해 왔다. 학교가 너무 멀어서 학교 근처에서 자취를 하고 싶다며 방을 하나 구해 달라고 했다. 근처 부동산 중개업소에 딸과 함께 갔고, 동네에 있는 오피스텔과 원룸 몇 개를 보니 금방 몇 개의 방으로 압축할 수 있었다. 모두가 괜찮아 보여서 딸에게 결정하라고 했지만 일주일이 다 되도록 말이 없었다. 다시 물어보니 두 개의 방으로 압축했는데, 그다음부터는 결정 내리기가 힘들다고 했다. 이 방을 선택하자니 저게 아쉽고, 저 방을 선택하자니 또 다른 게 마음에 남아 결정을 내리지 못하고 있었다. 하지만 이야기를 들어보니 단점은 있었지만 충분히 해결 가능한 것들이었다. 예를 들어 서향이라 여름에 좀 더울 수는 있지만, 커튼을 치거나 에

어컨을 켜면 불편함 없이 지낼 수 있었다. 그래서 딸에게 이런 조언을 해 주었다.

"어떤 방을 선택하든 그 안에서 더 즐겁게 지내려고 노력하면 돼. 방이 넓다면 그 공간을 즐기고, 불편한 점이 있다면 그 상황에 맞춰 대처하면서 살아가면 되는 거 아니겠어? 중요한 것은 선택하지 못하고 머뭇거리는 것이 최악의 상황이라는 점이야. 어른이 된다는 것은 신중하게 선택하고, 선택의 순간이 오면 결단을 내리고 그 선택에 책임을 지는 거야."

사실 적지 않은 사람들이 딸과 같은 처지에 놓여 있다. 선택지는 단 두 개에 불과하지만, 이러지도 저러지도 못한다. 이럴 때 답은 매우 간단하다. '어떤 것을 선택해도 상관없다'라는 것이다. 둘 중에 선택하지 못하는 상황은 숫자로 표현하면 51 대 49로 막상막하여서 결론을 못 내리는 상황이다. 만약 우리 앞에 있는 두 가지의 선택지가 90 대 10이거나, 70 대 30이라면 더 이상 고민할 필요가 없다. 90이나 70을 선택하면 그만이다.

하지만 51 대 49라면 어떤 것을 선택하든 최소한 49의 가치를 지닌다. 따라서 이런 경우에는 그냥 아무거나 선택하고, 그 선택이 51이든 49이든 그 결과를 내가 노력해서 더 좋은 선택이 되도록 만들면 되는 것이다. 또 처음에는 51이라고 생각했던 것이 막상 선택해 보니 49가 될 수도 있고, 49였지만 나중에 의외의 재미가 있어 51이 되기도 한다. 하지만 이 정도는 사람의 노력과 태도로 충분히 역전할 수 있다.

더불어 이런 상황에서는 아무리 현명한 사람에게 질문해도 그 답을 알지 못한다. 이것은 마치 "선배님, 제가 점심으로 짜장면을 먹을까요? 짬뽕을 먹을까요?"를 질문하는 것과 다르지 않다. 만약 누군가에게 질문하고 싶다면 자신이 파악한 장점과 단점 중에 빼먹은 것이 있는지에 대해 질문하면 된다. 예를 들어 "선배님, 제가 생각하는 a안과 b안에 장점과 단점이 있습니다. a안의 장점과 단점은 이것이고, b안의 장점과 단점은 이것이라고 생각합니다. 혹시 제가 빼먹은 게 있습니까?"

우리가 선택이라는 행위 앞에서 갈등하고 힘들어하는 건 둘 중에 더 나은 것을 골라야 한다는 강박 때문이다. 그러나 선택이라는 게임의 '본질'은 더 좋은 걸 골라내는 게 아니다. 불확실성으로 가득한 환경에서 우리가 어떻게 늘 좋은 걸 골라낼 수 있겠는가. 결과적으로 더 나은 것이 선택되더라도 그건 행운의 결과일 뿐이다.

우리가 하는 선택이라는 게임의 '본질'은 최선의 선택을 하는 게 아니라, 그 선택의 결과물이 나에게 최선의 결과가 되도록 사후에 노력하는 것이다. 그러니 선택할 때 우리가 해야 할 일은 제발 이 선택이 옳은 선택이 되게 해 달라고 기도할 게 아니라, 내가 선택할 때 혹시 빠뜨린 고려 사항은 없는지를 살피는 것뿐이다. 그런 게 없다면 담담하게 선택하고, 그 결과를 담담하게 받아들이는 게 선택이라는 게임을 잘하는 방법이다.

■ 은행이 나에게 선택을 하라는 이유

그런데 이렇게 둘 중에 아무것이나 선택해야 하는 또 하나의 이유가 있다. 그것은 바로 세상을 살아가면서 우리가 아는 것은 극히 한정되어 있기 때문이다. 예를 들어 결혼이라는 선택을 하는 것과 하지 않는 것 중 어떤 것이 더 나을까. 분명 인생을 꾸려 나가는 것에는 큰 차이가 생길 수는 있다. 하지만 사실 우리는 둘 중에서 어떤 것이 더 나을지 모른다. 원래 우려했던 일이 생각보다 별 것이 아닐 수도 있고, 큰 기쁨이라고 생각했던 것이 막상 닥쳐 보니 생각보다 우울한 일일 수도 있다. 장점과 단점이 서로 버무려지고 어우러지면 결국 큰 차이가 없을 수 있다. 내가 알 수 없는 내 미래를 두고 이러쿵저러쿵 계산해 봐야 결국에는 허무한 것일 수도 있다.

짬뽕이나 짜장면과 비슷하다. 이 둘은 완전히 다른 음식이고, 맛과 느낌도 완전히 다르다. 먹은 직후에도 다르다. 짬뽕은 얼큰해서 땀까지 나고 개운하지만, 짜장면은 그렇지 않다. 그런데 중요한 것은 일단 먹고 나면 배부른 건 마찬가지라는 점이다. 짬뽕을 먹은 지 6시간이 지난 후에 '그래, 아까 짬뽕 먹기를 정말 잘했어'라고 생각하는 사람이 있을까? 거의 대부분 먹은 직후에 과거의 고민은 완벽하게 사라진다. 어쩌면 '짬뽕이냐, 짜장면이냐'를 치열하게 고민했던 자신의 모습이 무색해질 수도 있다.

나 역시 선택의 기로에 설 때가 많다. 그럴 때마다 스스로에게 이렇게 말한다. "이제 진짜 중요한 결정이라면 신께서 나한테 결정하라고 했을 리 없어. 내가 결정해야 하는 문제라면 정말로 사소한 문제일 거야." 그러면 훨씬 마음이 가벼워진다.

경제학적인 선택에 대해 이야기해 보자.

은행에서 대출받을 때 직원이 "고정금리 3.7%와 변동금리 3.4% 중 어떤 것을 선택하시겠어요?"라고 물어볼 때가 있다. 이럴 때 머리를 싸매고 고민하곤 한다. 그런데 왜 은행이 나에게 이런 선택을 하라고 했을까? 본질적으로는 은행도 뭐가 유리한지 모른다는 뜻이다. 만약에 고정금리 3.7%가 은행에 유리하다면 고객에게 선택하라고 하지 않았을 것이다. 그냥 "고객님, 이 상품은 고정금리 3.7%예요. 대출받으시겠어요?"라고 물어보면 끝이다. 결국 은행도 미래의 금리 변동을 예측할 수 없기 때문에 우리에게 선택을 맡긴 것이다.

사실 고정금리와 변동금리 중 무엇이 더 나은 선택인지 정확히 판단하려면 미래의 금리를 알아야 한다. 미래로 가는 타임머신이 있어 3년, 5년, 10년 후의 금리를 미리 확인할 수 있다면 우리는 정확한 결정을 내릴 수 있을 것이다. 하지만 현실적으로는 불가능하기 때문에 전문가들은 현재 가능한 모든 정보를 바탕으로 최선의 예측을 통해 금리를 책정한다. 그 결과, 고정금리 3.7%와 변동금리 3.4%가 결국 동등한 선택지라는 결론에 도달하고, 우리에게 선택의 기회를 주는 것이다.

이 선택은 마치 50 대 50 확률로 동전을 던지는 것과 비슷하다.

깊이 고민한다고 해서 미래를 완벽히 예측할 수 없기 때문에, 오히려 장점을 즐기며 선택하는 것이 현명하다. 물론 시간이 지나면서 결과적으로 어느 선택이 더 나았을지 알 수 있게 될 수도 있다. 하지만 지금 이 순간, 더 많은 고민이 더 나은 선택을 보장해 주지 않는다. 따라서 어떤 결정을 내리든 그 결정을 받아들이고, 결과를 즐기며 최선의 선택을 했다고 믿는 태도가 중요하다.

위험해 보이는 선택이
위험하지 않은 이유

우리는 때로 최소한 '위험한 선택'을 하지 않는 것만으로도 매우 훌륭한 선택을 했다고 생각할 수 있다. 더 나은 선택은 아니더라도, 일단 위험한 것만 피해도 '선방'했다고 여길 수 있기 때문이다. 그런데 여기에서 생각의 방향을 좀 바꿔 보자. 내가 위험한 선택이라고 생각했는데, 사실 그게 더 장점이 많은 선택이었다면? 물론 우리가 미래를 미리 다녀오지 않은 이상 현재 시점에서 위험한 선택인지, 그렇지 않은 선택인지 알 수 없다.

하지만 선택의 문제에서 반드시 한번 생각해 보고 넘어가야 할 것은 '위험한 선택'이라고 보여도 때로는 위험하지 않은 선택일 수 있다는 사실이다. 예를 들어 비가 많이 내리는 날 지붕 위에 올라가서 지붕을 고치는 건 위험한 일이지만, 그게 위험해 보인다고 그 일을 하지 않으면 비가 많이 내려서 지붕이 무너지는 더 큰 사고를 당할 수도 있다. 우리의 마음 속에는 손실 회피 성향이라는 위험을 본능적으로 거부하는 성향이 있는데, 그것이 오히려 나쁜 선택을 하게 만들기도 한다.

■ 마을을 떠난 사람들의 소득

누군가 당신에게 이렇게 제안한다고 해 보자. 동전을 던져서 앞면이 나오면 급여를 100만 원 깎겠지만, 만약 뒷면이 나오면 150만 원을 올려준다는 것이다. 확률로만 보자면 어차피 반반이기 때문에 응해야 할 것 같지만, 실제 대부분의 사람은 여기에 응하지 않는다. 왜냐하면 150만 원을 더 받을 때의 느낌보다는 100만 원을 잃었을 때의 손실이 더 크고 아프기 때문이다. 이것은 인간의 본능 때문에 발생하는 나쁜 선택이다. 이런 어처구니없는 경우가 발생하는 것은 인간은 기본적으로 이익을 더 얻기보다는 손실을 회피하려는 성향을 가지고 있기 때문이다.

사람들의 이런 성향을 활용한 마케팅도 있다. 병원에서 환자에게 "선생님, 이 검사를 하시면 암을 조기에 발견해서 건강하게 살 수 있습니다"라는 것보다는 "선생님, 이 검사를 안 하시면 암이 몸

속에서 자라는 걸 모른 채 암을 키울 수도 있어요"라며 부정적인 면을 더 강조하는 것이다. 그러면 검사를 받을 확률이 더 높아지게 된다. 이 역시도 손실 회피 성향을 활용한 마케팅 방법이다.

손실과 위험을 회피하려는 우리의 본능은 마치 '이미 약간 꺾여 있는 핸들'과도 비슷하다. 만약 자동차 핸들이 왼쪽으로 약 10도가 꺾여 있다면 어떨까? 자동차를 고칠 수 없다면 이 왼쪽으로 꺾인 각도를 감안하면서 핸들을 움직여야 정상적으로 갈 수 있다. 마찬가지로 내 마음속 손실 회피 성향을 감안해서 선택해야 보다 올바른 선택을 할 수 있다는 이야기다.

어느 마을에 큰 화산 폭발이 있었다. 그리고 용암이 흘러나와 마을 전체에 아주 큰 피해를 입혔다. 그런데 일부의 집은 그럭저럭 복구하면 사람이 살 수 있을 정도이고, 또 일부는 완전히 파손되어 복구할 수 없는 지경에 이르렀다. 그래서 집의 파손 정도에 따라 절반 정도의 주민들은 그곳에 남아 그대로 살았고, 나머지 절반은 마을을 떠나 다른 도시로 가게 되었다.

추후에 이 두 집단의 소득을 조사해 보았다. 그랬더니 놀랍게도 마을을 떠난 사람들의 평균 소득이 훨씬 더 높았다. 용암이 집을 파손할 때 돈을 잘 버는 사람의 집만 골라서 큰 피해를 입혔고, 그 결과 돈 잘 버는 사람이 그 마을을 떠났을 리는 없다. 그러니 결국 '마을을 떠났다는 그 사실'이 사람들의 소득에 영향을 미친 것이다.

사실 마을을 떠난다는 것은 처음에는 매우 위험한 선택으로 볼 수밖에 없다. 이제까지 살던 터전을 벗어나 잘 알지도 못하는 낯선 곳으로 가야 하고, 낯선 사람들과 섞여 살아야 하고, 새로운 직업을 또 구해야 하기 때문이다. 하지만 이러한 낯설고 위험한 환경 자체가 소득을 올려준 근본적인 이유였다. 그 비밀은 바로 '부가가치'라는 것에 있다.

예를 들어 20년 경력의 어부가 자신이 평생 살던 어촌 마을에 남아 있다고 해 보자. 그 지역에서는 거의 대부분의 사람이 경력이 많은 어부이기 때문에 그는 자신만의 차별화된 부가가치라는 것을 만들 수 없을 것이다. 그런데 만약 이 사람이 서울로 올라와서 자신의 경력을 살린다고 가정해 보자. 서울에는 20년 경력의 어부가 별로 없으니 여러 가지 색다른 일을 해 볼 수 있다. '20년 경력의 어부가 하는 횟집'일 수도 있고, '어부가 들려주는 물고기와 삶의 지혜'라는 강의를 해 볼 수도 있다. 그것이 무엇이든, 자신의 부가가치가 높아질 수 있는 낯선 곳으로 가면 소득이 훨씬 더 많아질 수 있다는 이야기다.

■ 파키스탄인이 인도인인 척하는 이유는?

내가 사는 동네에 한 인도 음식점이 있는데, 그곳에는 완전히 인도인처럼 생긴 직원이 한 명 있다. 그 친구가 하는 일은 그냥 식당에서 어슬렁거리면서 서빙하기도 하고, 유창하지 못한 한국어를 구사하면서 손님들과 즐겁게 대화하기도 한다. 한국인들은 이 이색적인 분위기가 좋아 식당을 자주 찾는다. 그런데 사실 그 친구는 인도인이 아니라 파키스탄인이다. 두 나라는 완전히 다른 나라지만 생김새가 비슷해서 우리나라 사람들은 구분할 수 없다. 마치 한국인이 백인 식당에서 근무하면서 일본인인 척하는 것과 다르지 않다.

그런데 중요한 점은 그 파키스탄인의 월급은 자신의 나라에서 받는 것의 10배에 이른다. 만약 그가 지금도 파키스탄에 살았다면 도저히 꿈도 꿀 수 없는 금액이다. 종합해 보면 그 친구는 삶의 터전을 옮겼다는 이유만으로 소득이 10배가 늘어난 것이다.

어떻게 보면 그 친구도 처음 파키스탄을 떠날 때 매우 힘들고 불안했을 것이다. '한국어도 잘 못 하는데 내가 잘할 수 있을까'라고 고민하지 않았을까? 하지만 한국에서 '자신의 부가가치를 높이는 일'을 선택하자, 그의 인생이 완전히 달라졌다.

이런 사례에서 알 수 있듯, '손실 회피'라는 우리 마음속의 약간 꺾여 있는 핸들을 감안해서 조금은 더 위험한 선택을 해 볼 수도 있다. 이 말은 '지금 당장 하던 일을 그만두고 이 도시를 떠나세요'라거나 '외국으로 가서 당신의 부가가치를 올리세요'라는 의미는 전혀 아니다. 뭔가 새로운 선택을 할 때는 이러한 점을 염두에 두고 가중치를 달리 하면서 색다르게 생각해 보는 사고의 방법을 길러야 한다는 점이다. 그저 내 마음이 가는 대로, 본능이 이끄는 대로만 선택한다면 계속해서 손실과 위험을 회피하는 것에 중점을 두고, 그러다 보면 새로운 기회를 놓칠 수도 있기 때문이다.

　이제까지 우리는 게임의 본질과 선택의 역설에 관한 이야기를 나누어 보았다. 때로는 처음에는 전혀 비상식적일 것이라고 예상했던 것이 오히려 상식적이고, 생각보다 인간은 합리적인 선택을 하지 못하는 존재라는 생각이 들 수도 있다. 중요한 점은 우리는 앞으로도 살면서 끊임없이 선택의 난관에 봉착한다는 것이다. 그때마다 게임의 본질과 선택의 역설을 떠올려 보자. 아마도 조금은 더 현명한 선택을 할 수 있을 것이라고 믿는다.

에필로그

어린 시절 손님이 집에 오시면 어머니는 커피를 대접했다. 그러면서 나에게는 커피에 손도 못 대게 하셨다. 어린 아이가 커피를 마시면 머리가 나빠진다고 했다. 지금은 그 말이 거짓말이라는 걸 알지만 그때는 정말 그런 줄 알았다.

세상에는 이런 커피 같은 것들이 꽤 있다. 부채도 그렇다. 부채는 아주 위험한 것이고, 없앨 수 있으면 당장 없애야 한다고 생각한다. 하지만 부자들일수록 커피를 마시듯 부채를 즐기고 빚을 자유롭게 활용한다. 도대체 빚이란 뭐길래 누구에게는 독약이고, 누구에게는 보약일까. 다시 한번 생각해 보자.

우리나라의 지폐와 동전에는 '한국은행'이라고 적혀 있다. 그건 단순히 그 지폐와 동전을 한국은행이 제조했다는 의미가 아니라 한국은행에 오면 그 지폐와 동전의 가치에 해당하는 뭔가를 주겠다는 약속이다. 그것이 정확히 무엇인지는 아무도 모른다. 그러나 우리 모두는 그 약속을 의심하지 않고 지폐와 동전을 서로 주고받으며 살아간다. 종이 조각이거나 금속 조각일 뿐인 지폐와 동전에 가치를 부여하는 이유는 한국은행으로 들고 가면 한국은행이 그 가치에 해당하는 뭔가를 내줄 게 확실하기 때문이다. 한국은행의 입장에서 보면 그 지폐와 동전은 한국은행의 부채이며, 빚이자 차용증이다. 생각해 보면 우리가 사용하는 돈은 모두 한국은행의 빚이며, 우리는 한국은행의 부채를 기반으로 경제활동을 하고 있는 셈이다.

그런데 지폐나 동전만 사용하다 보면 아주 불편한 점이 있다. 누군가에게 돈을 빌려주면 빌려 간 사람이 돈을 갚기 전에는 내가 그 돈을 쓸 수 없다. 그러니 돈이 매우 넉넉한 사람이 아니면 돈을 빌려주기 어렵다. 정작 내가 돈이 필요할 때 돈을 못 쓰게 될 가능성이 크기 때문이다.

인류가 수천 년 동안 경제 발전을 거의 이뤄내지 못한 건 시중의 여유자금을 빌려서 뭔가를 하는 게 거의 불가능할 만큼 어려웠기 때문이다. 그 불편을 해소해 준 발명품이 바로 은행이다. 은행은 이렇게 말한다. "여윳돈이 있으면 그걸 남에게 빌려주지 마시고 저희 은행에 빌려주세요. 이자는 똑같이 받으면서 언제든지 필요할 때 돈을 찾아가실 수 있어요."

언제든지 필요할 때 돈을 찾아갈 수 있다니. 누군가 내 돈을 빌려갔는데, 그래서 그 돈이 지금 어디에 있는지 알 수도 없는데, 그럼에도 불구하고 내 돈은 언제든지 찾아서 쓸 수 있다는 건 생각해 보면 말이 안 되는 일이다. 이런 신기한 마술이 가능한 이유는 은행이 돈을 이중 삼중으로 복제하기 때문이다. 그리고 그런 복제가 가능한 건 은행이 실제 지폐나 동전을 빌려주는 게 아니라 '숫자로 된 가상의 돈'을 빌려주기 때문이다.

　은행이 이래도 될까? 된다. 정부가 그렇게 해도 좋다고 승인했기 때문이다. 그리고 정부는 그 '숫자로 된 가상의 돈'을 인정해 주고, 세금을 받을 때 그 숫자로 된 돈으로 받아 준다.
　정부가 인정하니 그게 돈인 것이고, 우리는 월급을 받을 때도, 거래처에 돈을 보낼 때도 지폐를 사용하지 않고 '숫자'로 받고 '숫자'를 보낸다. 이 '숫자 돈'은 누군가가 대출을 받을 때 그 순간 세상에 태어난다(누군가가 대출을 갚으면 그 순간 세상에서 사라진다). 동전과 지폐가 한국은행의 부채이듯, 세상에 돌아다니는 숫자 돈은 대출받은 사람들의 빚이다.

　은행에 대출을 받으로 가면 은행은 그냥 '숫자 돈'을 새로 만들어서 우리에게 준다. 정부가 그렇게 해도 된다고 했기 때문이다. 그렇게 태어난 '숫자 돈'들이 모여 우리나라에 돌아다니는 모든 돈이 되는 것이다. 사람들이 은행에서 대출받은 돈의 양은 세상에 풀려나온 돈의 양과 정확히 같다. 결국 우리나라의 모든 돈은 우리나라 국민이 받은 대출의 총합과 일치하며, 우리나라의 모든 돈은 우리나라의 모든 빚과 동일한 말이다.

조물주가 세상을 만들 때 "빛이 있으라"고 외쳤듯, 현대사회의 경제 시스템은 어느 날 갑자기 "빚이 있으라"고 외치면서 시작된 것이다. 인류가 수천 년 동안 거의 이뤄내지 못했던 경제 발전이 최근 수백 년 사이에 눈부시게 나타난 것은 이제 시중의 여유자금을 빌려다 쓰는 게, 아니 시중에 여유자금이 없더라도 내가 돈이 필요하면 은행에서 빌려 쓸 수 있는 게 가능해졌기 때문이다. 커피가 보약도 아니고 독약도 아니듯, 부채도 그러하다. 차이가 있다면 커피는 없어도 세상은 잘 돌아가지만, 부채는 그렇지 않다. 부채가 사라지는 순간, 세상도 끝난다.

이진우의 다시 만난 경제

나의 두 번째 교과서
✕
이진우의 다시 만난 경제

초판 1쇄 발행 2025년 1월 31일
초판 2쇄 발행 2025년 2월 11일

기획 EBS 제작팀
지은이 이진우
펴낸이 김선준, 김동환

편집이사 서선행
책임편집 송병규 **편집4팀** 이은애 **구성** 이남훈
디자인 엄재선
마케팅팀 권두리, 이진규, 신동빈
홍보팀 조아란, 장태수, 이은정, 권희, 박미정, 조문정, 이건희, 박지훈, 송수연
경영관리 송현주, 권송이, 윤이경, 정수연

펴낸곳 페이지2북스
출판등록 2019년 4월 25일 제2019-000129호
주소 서울시 영등포구 여의대로 108 파크원타워1 28층
전화 070)4203-7755 **팩스** 070)4170-4865
이메일 page2books@naver.com
종이 ㈜월드페이퍼 **출력·인쇄·후가공** 더블비 **제본** 책공감

ISBN 979-11-6985-121- 3 (03320)